湛庐CHEERS

与最聪明的人共同进化

HERE COMES EVERYBODY

新素养系列
New Literacy Series

人人都该懂的启蒙运动

The Enlightenment A Beginner's Guide

[英]
吉隆·奥哈拉 著
Kieron O'Hara

牛靖懿 译

走进启蒙运动的丰富世界

“启蒙运动”是一个十分常用的词语，人们对它也各自抱有不同的观点，但它所蕴含的意义却很难解释清楚。有人将 20 世纪发生的残酷灾难，如奥斯威辛集中营和一些恐怖主义都归咎于启蒙运动；也有人认为在“新蛮族”，即智能设计的拥护者、狂热的动物权益保护者以及伊斯兰恐怖分子的猛攻下，启蒙运动的遗产需要得到保护。

对有些人来说，启蒙运动是理性思维胜利的标志。但理性思维真的战胜了无知或者多元化吗？它带来了宽容还是虚伪？它支持性别和种族平等吗？这场运动有没有试图暗中强迫女性或非白人的种族否定他们自己的声音，抛弃他们自身的文化遗产，然后采取欧洲人的生活方式呢？它有没有驱使人类变得失去理智，无止境地挥霍践踏地球资源呢？它的重大发现是否成为确保人类福祉最大化的关键力量呢？

时至今日，对这些问题的争论依旧如火如荼。我并不奢望仅通过自己的简短介绍就能解答这些问题，但希望这本书至少可以提供一些提示。人们就哪些问题达成了一致意见，又在哪些问题上产生了分歧？这个过程中有哪些错误和误解？“启蒙运动”一词出现在社会或政治话语中时表达了什么意义？这些便是我想通过这本书试图回答的问题。

因为启蒙运动分布广泛，且涉及的现象、事件和机构繁多，故我们的研究必须有选择性地展开。启蒙运动在历史上有着鲜明的痕迹以及潜在的连贯性，所以在开篇我将先简述它的 6 大主题，接下来再简要探讨它的时间进程以及地域发展。启蒙运动所包含的思想会在接下来的五章中论述，它们分别是：启蒙运动的思想起源；这个时代的哲学思想，包括知识哲学理论（认识论）和心灵哲学理论；政治哲学理论的发展；关于自然的全新科学观点；关于宗教思想的讨论；思想变革对艺术表达的影响；启蒙运动留给今天的遗产，同时对支持和反对启蒙运动的观点进行一番回顾，而最后的结语则在借鉴以上所有内容的基础上，简略审视启蒙思想在过去 200 年的深远意义。

这本书将要探讨的内容时间跨度很大，并且覆盖两个大洲，涉及各类艺术和政治领域的发展。大家可以很清楚地从目录中看到，本书的内容是按照主题而非时间顺序来编排的。我会提到许多人名，尽管不是所有的都耳熟能详，但不会为了介绍他们而中断文章的连贯性。

在 21 世纪，阅读启蒙运动时期主要作家作品的读者数量比较少。虽然一些作品依旧很受欢迎，比如《老实人》《格列佛游记》《鲁滨孙漂流记》，但人们提及一些伟大的哲学和历史著作的次数显然比阅读的次数要多，比如洛克的

《人类理解论》、休谟的《人性论》、康德的《纯粹理性批判》和吉本的《罗马帝国衰亡史》。而在讲英语的国家，甚至鲜有读者能够认出伟大哲学家们的名字，包括狄德罗、孔多塞和孟德斯鸠。

目前，市面上不乏有一些启蒙运动时期的作品选集，我主要借鉴了艾萨克·克劳姆尼克（Isaac Kramnick）的《便携启蒙运动读本》（*The Portable Enlightenment Reader*）。这本书囊括了启蒙运动时期多位伟大的作家、科学家和思想家的文章节选，可以使学生从一本书中就能找到自己所需要的内容。

因此，在我的这本书中，我也会就每个章节里论证的话题提供一些补充资料。每份资料只会出现一次，以免不必要的重复。但是这当中的许多资料广泛适用于各种话题，值得进一步研读。阅读这其中的内容会是一种享受，我希望本书可以为读者开启快乐阅读的大门。

尤为感谢戴维·史蒂文斯（David Stevens）、玛莎·菲利翁（Marsha Filion）、唐·萨基特（Dawn Sackett）和一位不便透露姓名的审阅人，针对我前几稿提出的意见和建议，他们极大地提升了这本书的质量。当然，书中如果出现错误或措辞不当之处，全权由作者一个人负责，这是毫无疑问的。

测一测：你对启蒙运动了解多少？

1. 如果把启蒙运动的起始时间设定在 1688 年，以下哪个人不能算作启蒙运动的先导者？

   A 笛卡尔　B 皮埃尔 · 贝尔　C 霍布斯　D 培根

2. 下列选项中关于洛克的心灵“白板说”哪个是错误的？

   A 人类心灵本来的状态像白纸一样没有任何印迹

   B 我们的思想要么来源于感知，要么来源于我们大脑运转时产生的认知

   C 但我们从未见过或经历过的事物是个例外，它无法从经验中获取

   D“白板说”把人类心灵看得如此纯净，与复杂的动机理论相悖

3. 以下哪个选项是伏尔泰对自由主义与政治体制关系的观点？

   A 提倡建立以道德为中心的政体，社会受符合道德准则的行为所支配

   B 倡导立法权、行政权和司法权三权分立

   C 建立中央集权政府，散播理性思维和科学思想，同时消灭狭隘和迷信

   D 建议由一个技术官僚型政府委派专家去解决社会问题

4. 关于法国大革命，以下说法哪个是正确的？

   A 法国的一连串事件使各方形成了革命政治学和保守主义两大对立派

   B 伯克的《法国革命论》是阐述革命政治学的重要著作

   C 沃斯通克拉夫特反击伯克的主要著作是《女权辩护》

   D 托马斯 · 佩因认为法国大革命更具有英国“光荣革命”的风格

5. 以下选项中对启蒙运动时期艺术的描述哪个是正确的？

   A 新古典主义风格的绘画代表作有《荷拉斯兄弟之誓》《马拉之死》《舟发西苔岛》

   B 阿萨姆兄弟是出类拔萃的洛可可风格艺术家

   C 亨德尔创作的教堂康塔塔是教堂礼拜仪式的一部分

   D 启蒙运动时期的诗歌充满力量而又神秘莫测，至今仍让人遐想联翩

扫码下载“湛庐阅读”App，
搜索“人人都该懂的启蒙运动”，获取问题答案。

目录

THE ENLIGHTENMENT

前言 / I 走进启蒙运动的丰富世界

第一部分 什么是启蒙运动

1 / 003 启蒙运动的 6 大主题

基于人类能力的全新权威 / 008

自信心和乐观主义 / 011

怀疑主义 / 013

人类共有的理性思维 / 015

利己主义、幸福和人类本性 / 016

少数受教育人群的矛盾态度 / 018

2 启蒙运动的时间进程 029

争论不休的始末时间 / 031

启蒙运动的 3 大阶段 / 033

3 启蒙运动的地域发展 037

发源地：英国 / 040

先锋阵地：法国 / 043

保守启蒙的代表：美国 / 044

“常识”的摇篮：苏格兰 / 045

卓越的启蒙环境：荷兰 / 047

由开明君主主导的启蒙国家 / 048

分水岭：里斯本大地震 / 050

第二部分

启蒙运动的思想核心

4 启蒙运动的思想起源 057

先导者：培根、笛卡尔、斯宾诺莎和霍布斯 / 059

发起人：洛克、牛顿、莱布尼茨和贝尔 / 064

5 哲学 067

形而上学：世界的本源是什么 / 069

知识论：我们对世界的认识是怎么来的 / 077

人类心理：“我”是如何认识这个世界的 / 083

教育理论：孩童如何成长为成人 / 086

091

政治理论和革命之路

自由主义：选择哪种政治体制 / 094
人的权利和绝对命令：公民如何行使权利 / 100
功利主义：一切行为的目的都是获得幸福 / 104
经济学的开端：私有财产、自由贸易与市场机制 / 106
保守主义：对激进变革的怀疑主义 / 111
民主思想：自然状态与社会契约 / 115
性别：女性存在的目的 / 120
种族：退化论与废奴运动 / 123
开明的专制主义：启蒙运动是一场自上而下的运动 / 127
革命：美国独立战争和法国大革命 / 131

147

自然和科学

物理学：笛卡尔、牛顿和基本运动定律 / 151
科学机构：皇家学会及各种科学院 / 154
科学：光学、电学、化学、地质学、生物学和医学 / 156
改造自然：农业和工业革命的根基 / 162
数学和逻辑：牛顿、莱布尼茨、欧拉和康德 / 165

173

宗教

科学时代的上帝和奇迹：宗教与科学的和解 / 175
上帝观念：上帝是理性的 / 178
天主教会和耶稣会：宗教权威的削弱和宗教信仰的崩塌 / 185
人与自然：自然状态与理性思想的矛盾对立 / 189

9 艺术
191

美学：与大众越来越贴近的艺术审美 / 196
视觉艺术：从轻松到肃穆的流变 / 199
建筑：回归实用与合理 / 203
音乐：大师辈出的创新时代 / 207
诗歌和戏剧：被理性压制的神秘感 / 214
小说：批判现实成为流行 / 221
散文：用理性对抗狂飙突进运动 / 225

第三部分 启蒙运动的影响力

10 启蒙运动的遗产
233

反启蒙运动：对启蒙思想的批判性反思 / 236
浪漫主义者：对理性和秩序的质疑 / 240
意识形态的兴与衰：实证主义、马克思主义、新自由主义等 / 242
启蒙方案：涵盖启蒙运动宝贵遗产的愿望清单 / 251
宗教战争：宗教狂热与宗教宽容 / 257
开明的利己主义：反全球化与各文明之间的冲突 / 261
行为经济学和神经经济学：向一些科学假设提出质疑 / 263
最后一个科技术语：互联网 / 264

结语 在当今世界看启蒙运动
267

注释 / 271
补充资料 / 295
译者后记 / 313

THE ENLIGHTENMENT

A BEGINNER'S GUIDE

第一部分

什么是启蒙运动

THE ENLIGHTENMENT

A BEGINNER'S GUIDE

1 启蒙运动的 6 大主题

启蒙运动时期，人们的信仰发生了什么变化？
伏尔泰的《老实人》是如何抨击乐观主义的？
利己主义一定会危害社会和谐吗？
精英主义者是如何在启蒙运动中发挥作用的？
百科全书是如何诞生的？

关于如何定义启蒙运动，先辈早已为我们指引了方向。1784 年，启蒙运动迎来鼎盛期，当时最重要的哲学家之一康德撰写了一篇叫作《什么是启蒙？》（*What is Enlightenment?*）的文章。这篇短文精准地描写了启蒙运动来临前的黑暗期，不过也暗示了给启蒙运动下定义所面临的困难。

值得称赞的是，康德在文中的第一句便开门见山地将“启蒙”定义为“人类脱离由自我所导致的不成熟状态”。启蒙运动的目的是获得思想自由。人类需要解放自己，摆脱对权威引导的依赖。“敢于求知”，是康德对于那个时代的呼吁。所以，探索并获得思想自由也关乎道德，因为“懒惰和怯懦”是阻碍开启探索过程的罪魁祸首。任何一个人都应当挑战权威，因为每个人都应要求“获得公开运用自己理性思维的自由，无论何时何地”。当然，这并不意味着我们必须处于永无止境的争论当中。

在生活里，我们扮演着多重角色，虽然这些角色限制了个人的自由，但我们有一个处于中心地位的核心个体，它应当敢于认知、敢于争辩和敢于发现。康德在文中举了一位牧师的例子，这位牧师承担着向他的信众行施正统布道的义务，但他同时也是一个学者，因此运用自己的理性去检验、质疑和挑战所谓的正统信仰也是分内之事。

受到启蒙的人在理性思维被迫妥协时，会向正统信仰发起挑战，与权威进行争辩，同时也会意识到自己在社会中扮演的角色限制了运用理性思维的自由。使人们达到这种境界是启蒙运动的一大重要目标。但仔细分析其中的利弊不难看出，启蒙运动充满各种矛盾。例如，读者毫无疑问会发现这里使用的语言是带有性别特点的。启蒙思想家通常用“man”或者“mankind”指代全人类，包括所有男性和女性，即使是重要的女权主义思想家玛丽·沃斯通克拉夫特（Mary Wollstonecraft）也被如此表述。

若去指责这些250年前的作者缺乏我们现有的敏感性，不仅毫无意义，而且不合时宜。但是，他们的设想确实常带有性别歧视的意味。因此，带有性别色彩的语言也透露了一个事实，那就是这些作家在无明确动机的情况下，给予男性经验特别优待，并将它凌驾于女性经验之上。例如，康德断言，尝试运用个人理性思维这件事对“绝大部分的人（mankind）来说是非常危险的，其中包括全部女性”。

在本书中，我将谈论一些人物，同时会使用他们曾用过的带有性别特点的语言。因为如果不这么做，就有可能误述关键的思想主张。另外，保留他们的语言特点也能留给读者两方面的思考空间：一是如何评价性别歧视，二是如果一篇文章使用了带有性别特点的语言，那它所表达的观点是否会因为这类语言而严重贬值。

康德还是一个毫不掩饰的精英论者。“偏见不论新旧，都蛊惑着缺乏思想的广大群众。”有一种观点是，让所有个体都学会自行思考是弘扬启蒙价值观的最佳途径。但这种说法令康德感到担忧，他更偏爱由一个激进的君主带领自己的子民“摆脱野蛮”这样的观念，而这时他想到的是普鲁士腓特烈大帝（Frederick the Great）这样的领袖。在康德眼里，能够让自己的子民进行辩论的君主，不仅要受到启蒙，而且要拥有一支庞大的、训练有素的军队。“一个共和国可不敢这么说。……公民自由程度越高，似乎越有利于解放人们的思想，但同时也不可避免地限制了人们的思想；相反，公民自由程度越低，每个人就越能在自己的思想空间里竭尽全力地发挥理性思维。”

其实，康德否认自己生活在一个“已经得到启蒙的时代”，虽然他曾说“我们确实生活在一个名为‘启蒙时代’的时代”。直到1784年，启蒙运动仍未能给广大群众带来真正的启蒙，甚至那个时代首屈一指的哲学家也没有做到。那么，这本关于启蒙运动的初学者入门指导该如何继续编写呢？

启蒙运动的界限十分模糊，细微之处无人能述，但有一个核心是可以明确的。我希望这本书可以围绕该核心去引导初学者，这样大家便可以了解启蒙运动大致涵盖的领域，并借此对这个时代做出自己的判断。

在接下来的内容中，我会简要叙述一些具有代表性的启蒙思想主张，同时也提醒读者在其他时代的思想家也提出过类似的观点，所以有时候启蒙思想家们的观点是毫无特色的。读者若不介意这样大量的概括，便可以从中得出启蒙思想在各个阶段所取得成果的清晰轮廓。

基于人类能力的全新权威

任何种类的信仰都有它合理存在的解释，无论是科学、宗教、哲学、政治还是常识，这也解释了为什么有人会相信它们。在启蒙运动时期，人们普遍改变了赋予信仰一个固有解释的做法，不再诉诸权威，而是依托于个人。人们期望个人可以为自己坚定的信仰承担更多的责任。这种态度的产生，至少部分归功于当时识字水平提高所带来的社会变革。城镇市民的态度变化尤为显著，当时百家争鸣、社会交融，为市民接触到不同观点提供了各种途径。

古老的权威源自国王、上帝、《圣经》或者传统，但它们已失去了支配能力。全新的权威来源，如实验观察、理性和逻辑，则显得更为得体。过去无权支配未来，正如康德所说："一个时代绝不能故步自封，强迫后来的时代停留在自己的框架内，否则它将无法拓展知识范围，无法清除错误，也无法大规模推进启蒙教育。"[1]这似乎是一个介于道德和实际之间的中立主张。让·勒朗·达朗贝尔（Jean le Rond d'Alembert）认为，真正的哲学家"仅尊敬他们应该尊敬的，仅重视他们愿意重视的，这是他们犯下的真正罪过"，也是他们声名狼藉的原因。随着罗伯斯庇尔改编了卢梭提出的"公共意志"的相关理论，并以此为理论旗帜领导了法国大革命，"人民"的观点变得格外重要。

对此我将举三个例子。第一个例子与政治有关。许多人曾经相信，臣民服从于统治者的指令之所以具有合法性，全因上帝的旨意，即国王拥有神授的权力。但在启蒙运动时期出现了“社会契约”的观点，即臣民遵守君主的指令是有条件的，国王必须按照契约履行各项职责，如建立法律和秩序、保护国家免遭贫困和外来入侵等。所以，虽然保皇主义在启蒙运动时期逐渐衰落，但它并未消失。像伏尔泰这样的保皇派，会用严密的逻辑来构建自己的观点，而不去理会传统和权力的现实情况。

第二个例子与宗教信仰有关。在17世纪，每个人都应遵守自己国家所认可的宗教教义，如果有人拒绝遵奉国教，无疑将会被处死。而到了18世纪，主张对所有宗教保持宽容的呼声不绝于耳，因为相比于在意你的信仰正确与否，上帝更乐意看到人们真正地去探索宗教的真理，哪怕到最后错了也无所谓。

第三个例子则与科学有关。当宗教权威或者古代思想家代表的权威，如亚里士多德和盖伦（Galen）等大势已去后，科学作为另一种权威出现了。人们不再从图书馆或《圣经》里探寻世界真理，而是通过实验和观察来研究世界的各种现象。如果观察结果与权威相违背，那么这种情况只会不利于权威。

关于为什么启蒙运动时期会出现这种全新的态度，有三个重要的原因。第一，传统的力量大幅减弱，陈旧的习惯和态度受到质疑。18世纪见证了人类自我意识的现代化进程。第二，宽容度普遍上升，持有对立观点的人们大体上能够和平共处，只要这些观点对其他人没有造成严重的影响。皮埃尔·贝尔（Pierre Bayle）认为，人不能被迫去相信一件事，即使人与人之间有分歧，我们每个人也都应该尽最大努力以真诚的态度去遵守上帝的旨意。当有人为非作歹时，我们可以指正并做出相应的处理。[2]经过仔细推敲后，洛克在《论宽容》（*A Letter Concerning Toleration*）一书中提出了一个更具有说服力的观点：世俗和宗教的领域也应该被区分开来，对良知的监督已超越了地方法官的能力和职权范围。

第三，个体作为一种政治实体变得更加重要，在研究个体心理状况并建立相关理论上投入的时间也更多了，实现个体自由日益成为重要的政治目标。以赛亚·伯林（Isaiah Berlin）以及其他作家[3]通过作品提醒我们，无论在启蒙运动时代还是其他任何时代，“自由”一词的诠释方法都不尽相同。但是不管从多么广义的角度来阐释，自由都是启蒙运动时代众多思想家的标语。

神秘的事物不再风靡一时，尤其是宗教和民间巫术的神秘感。炼金术和魔术苟延残喘，艺术作品的风格开始愈发清晰明朗。17 世纪以英格兰的多恩（Donne）和沃恩（Vaughan）为代表人物的隐喻诗歌不再兴盛，取而代之的是约翰·德莱顿（John Dryden）和亚历山大·薄柏（Alexander Pope）的以用词文雅和表达直接著称的作品。当一个诗人的诗句达到了“思想是常见的，但无人表达得如此恰当”的境界，就标志着他的诗歌艺术水平已经登峰造极。16 世纪，伯德（Byrd）和帕莱斯特里那（Palestrina）创作了复杂的复调音乐，启蒙运动时期，巴赫和亨德尔接替他们，带来了优美和欢快的音乐作品。

总体来说上帝是理性且公正的，这一设想取代了宗教的神秘性。

教堂确实利用宗教的神秘性阻碍普通人发现一些对教堂不利的事实，并掩盖管理国家和人民生活的理性之道。伏尔泰的短篇小说《天真汉》（*L'Ingénu*）中，一位来自休伦湖地区、高尚且天真的印第安土著被流放到18世纪的巴黎。他发现只要凡事清晰明了，社会上就没有任何冲突，几何学里就不分派别。既然如此，为什么上帝将几何学的真理阐释得如此清楚，却让道德的真理如此模糊不清呢？“这就好像在说，‘有一个对人类来说至关重要的真理，但上帝把它隐藏了’，但这种荒谬的说法是对全人类的侮辱，也是对无限至高存在的攻击。”

自信心和乐观主义

人类对待权威的态度发生转变的同时，对于自身的控制力也变得愈发自信。尤其是牛顿的力学研究表明，即便是极其复杂的现象，人类也可以建立精确的理论。这样的结果不仅能解释现象本身，还能利用它的原理干预甚至改变环境。牛顿的理论推动了物理界的发展，政治界也因洛克的理论取得了长足的进步。洛克的理论阐释了政府在保持宽容的同时，仍能掌握权力及其合法性。1688年后的英国政府就证明了洛克理论的可行性。

人类可以通过发展商业、建立崭新的交通和通信系统、开展农业和园林活动等来减少大自然的约束。例如，如何开发美国大面积的荒野是一个巨大的挑战，但这个挑战也并非无法攻克。这种自信也可以解读为人类对未来持有一种乐观主义态度，与过去数代人形成了鲜明的对比。在过去，人们容易怀念光辉的希腊、罗马文化，因为它们的遗迹仍四处可见；或者缅怀《圣经》中描绘的世界，因为在那里人们离上帝更近一些。

随后，乐观主义发展为“天意”（providence）这一概念，认为现存的世界在某种意义上是上帝创造的最好的一个。社会普遍认为这个观点是由德国哲学家戈特弗里德·莱布尼茨（Gottfried Leibniz）提出的，但实际上他并不是唯一一个提出这种观点的人。薄柏在《人论》（*An Essay on Man*）一书中就以最简洁的方式阐释了这一思想。

> 整个自然都是艺术，不过你不领悟；
> 一切偶然都是规定，只是你没看清；
> 一切不协，皆是你不理解的和谐；
> 一切局部的祸，都是全体人的福。
> 高傲可鄙，只因它不近情理。
> 凡存在的皆合理，乃是最清楚的道理。

人类将对进步怀有的自信心，转化为对自身能力的乐观态度。一个人可以对社会的各种事态了如指掌，因此所有的可变因素都能得到解释。精确性愈发受到人们的重视，工具、仪器和测量结果的准确度不断攀升，人们对棘手的复杂问题不再束手无策。抽象方法和数学方法成为重要的工具，牛顿在此方面做出了突出的贡献。人们十分重视专业知识和专家的意见。科学家约瑟夫·普里斯特利（Joseph Priestley）将整体的幸福和乐观主义的联系阐释得十分明确：

> 所有的知识都将得到细分和延伸，正如培根爵士所说，知识就是力量，是人类特有的、不断增长的力量。大自然的物质和定律都将服从于人类的支配，人类会将自己在这个世界上的生存环境打造得更加安逸舒适。他们也许会延长寿命，每个人将一天比一天开心，一天比一天更有能力，也会更加乐于向他人传递快乐。所以，无论最初世界如何，结果都将远远超乎我们的想象，如天堂般极致辉煌。[4]

怀疑主义

怀疑主义和自信心在天平的两端永远无法保持平衡。人们对旧式权威的怀疑很快转移到新的权威上。贝尔甚至对牛顿的理论都无法相信，而伏尔泰在 1759 年出版的《老实人》则巧妙讽刺了启蒙运动时代的乐观主义哲学。在这本书中，伏尔泰刻画了潘格洛斯博士（Dr. Pangloss）这样一个人物形象来嘲弄莱布尼茨。身为形而上学者、神学家和宇宙学家的潘格洛斯博士，几经堕落，不仅染上了梅毒，烂了半截鼻子，而且遭遇过奴役和鞭打，最后被绞死，尸体还被解剖。即使这样，他还不忘宣扬乐观主义思想，即“这个世界是众多世界中最好的一个，一切都是美好的”。

一个人有多怀疑教堂过时的神秘教条和仪式，就有多怀疑启蒙运动时期流行的观念。该时代的许多思想家亦是如此，但这种怀疑态度并不一定像不作为那样会导致严重的后果。詹姆斯·鲍斯韦尔（James

Boswell）曾引述塞缪尔·约翰逊博士（Dr. Samuel Johnson）的话："我举个病人的例子。我找来了两位医生，但他们的意见不合。即使这样，我既不能躺着不动，也不能在他俩的争执中等死。我必须做点什么。"[5]

怀疑主义和自信心两者之间产生冲突的影响之一，就是美洲大陆思想（Anglophone thinking）和欧洲大陆思想（Continental thinking）之间至今犹存的分歧。在政治上，美国革命家们偏向怀疑和保守，而自信心则是法国革命家们的特点。基于两个国家各自不同的政治历史变迁，现在的美国人民本能地希望政府能置身公共事务之外，而法国人民则期望采用自上而下的方法来解决社会问题。

两种不同政治文化的子孙后裔们到现在仍常常彼此冷眼相待。[6]托马斯·杰斐逊（Thomas Jefferson）的《弗吉尼亚笔记》（*Notes on the State of Virginia*）基本上以事实为依据，描绘了他当时居住的弗吉尼亚州的政治情况，在某种程度上反驳了法国著名博物学家布丰（Buffon）的"美洲退化论"观点。布丰的言论并非基于一手经验，他称对比一下新世界和旧世界的自然条件，会发现前者就是一个不毛之地，森林遮天蔽日，沼泽成片，这也是美洲人如此孱弱，而欧洲人却充满雄浑气魄的原因。

在法国帮助美国击败英国并赢得美国独立战争的胜利后，美法两国暂时恢复了友好关系。杰斐逊积极支持法国革命事业，对那些强调法国大革命是美国独立战争的延续的人而言，杰斐逊是一位重要人物。不过，法国革命家们激进、固执的自信令许多美国思想家十分担忧，甚至一开始持赞同态度的沃斯通克拉夫特和托马斯·佩因（Thomas

Paine）最后也变得不安。两位思想家对政治和历史理论的自信都因现实事件而发生了动摇。历史学家乔纳森·伊斯雷尔（Jonathan Israel）称，虽然对各种理论持怀疑或保留态度在短期内也许是恰当的，但真正为我们现代社会提供珍贵自由的，是那些拥有丰富理论知识、自信而又激进的理论家们，而非怀疑论者。[7]

人类共有的理性思维

要摆脱权威就意味着个人需要有能力弄清事实，并得出关于这个世界正确的结论。怀疑权威本身没有问题，但只有在怀疑过后找到更好的替代物，这种行为才有意义。这个“更好的替代物”便是理性思维，一种从明确的迹象中发现隐晦真理的能力。在启蒙运动时代，人们开始大量构建心理学理论，以示人有能力运用理性思维。这相应地助长了人们的自信心，也是该时代的标志之一。有人称理性思维是一种洞察力，类似于视力。

理性思维好比是驱动力，带动人类发现真理，即一种至高无上的核心价值。一个人只有在证实且确信权威所言即是真理之后才可以遵从它，且不能因为真理会引起麻烦或招致危险就拒绝向世人阐明并宣扬真理。正如达朗贝尔所说，“真理不会太谦和”。他还表示，启蒙运动时代激进的法国哲学家和作家群体逐渐成长壮大，形成了一个新兴的理性文学团体，即启蒙思想家们。

有人称理性思维是每个人都拥有的一种能力，这意味着启蒙运动必须在全球范围内普遍发生。事实上，对许多思想家来说，作为高高在上存在的上帝，必须是理性思维的终极使用者，因为理性思维是最高级的思维模式。因此，既然人人都有理性思维，那么上帝的思考过程，人类至少可以有所了解；而上帝的行为，哪怕一个不完美的人也是可以略知一二的。对理性思维的推崇成就了启蒙运动时代的乐观主义态度。许多人质疑或者拒绝接受基督教义中的原罪一说，因为他们认为人类可以无限期地通过有效利用理性思维去提升自我、完善自我。

对理性思维的推崇威胁着宗教的存在，尤其是天主教。新教教徒强调个人良知，这与启蒙运动的许多温和的思想相一致，但是传统的天主教团体却发现他们最珍视的观念受到了抨击。吉本是新兴进步思想的杰出代表，他在著作《罗马帝国衰亡史》中将基督教视为罗马帝国灭亡的主要原因之一。

利己主义、幸福和人类本性

个人主义的崛起导致社会上出现一种新的态度，即提倡追求纯粹的个人利益。1776 年 7 月 4 日美国国会通过的《独立宣言》主要基于洛克的哲学思想，它在第二段中庄严地载入了一个“不言而喻”的真理，即人人拥有不可剥夺的权利，包括生存权、自由权和追求幸福的权利。

杰里米·边沁（Jeremy Bentham）是功利主义哲学的代表人物，这种哲学思想提倡追求幸福。快乐不再是一种粗俗的追求或低级的事物，它变成一个人应有的期盼，其他任何人不得阻碍。

文化差异会导致人们对幸福感看法的不同，曾有若干美国思想家在造访巴黎时，被生活放荡的法国知识分子震惊了。[8]利己主义，只要是理性的，就不一定会危害社会和谐。确切地说，利己主义可以平衡理性对人的限制，正如薄柏所说：

> 人性之中两大禀性主宰一切：
> 自爱使人进取，理性使人收敛。

哲学家休谟进一步称："理性思维是且只能是感性思维的奴隶，为感性思维服务并服从它，绝不可自诩要担起其他职务。"而卢梭则把相互紧密联系的两种思维描绘得十分微妙：

> 无论伦理学家如何看待人类的认知过程和感性思维的关系，用"皮之不存，毛将焉附"来形容这层关系是社会普遍接受的。我们的理性思维通过感性思维活动并得以提升，我们之所以渴望获取知识，是因为我们希望可以享受知识带来的快乐。若非如此，为什么一个人既没有恐惧，也没有欲望，还要给自己添麻烦，运用理性思维呢？实在想不到一个合理的理由。[9]

休谟的好友亚当·斯密将这些观点扩展至社会经济学领域。他假设在自由市场经济体系中，虽然个人所作的决定仅仅是出于个人利益考虑，但会有一只"看不见的手"帮助市场决定如何"最优"地分配生产资源。不过，也有许多思想家深信诸如乐善好施等社会美德也促进了个人的幸福感，可以帮助他们解决个人欲望和社会需求两者之间的矛盾。

还有一个相关的概念就是自然，尤其是人类的本性。它超越了地域文化特性，是人类心理活动中十分常见且共通的一部分。许多启蒙思想家都有一个目标，就是建立相应的政治制度使人们可以本着天性生活和思考。在斯密笔下的市场里，我们可以按照自己“自然”的意愿开展贸易，没有任何阻碍；卢梭对大部分文明社会极力反对，正是因为它们使我们变得“不自然”。有理论称“未开化”的人类更接近他们真正的本性，于是社会上开始流行“高贵的野蛮人”这一说法。但矛盾的是，这些人对自己好战行为的解释通常是黑皮肤的人种“天生”就更低一等。[10]

理性思维和实验可以帮助我们发掘人类的外在属性和内在本性，以及探索两者之间如何相互影响。像孟德斯鸠这样的思想家和克雷夫科尔（Crèvecoeur）这样的艺术家，都相信客观条件和社会环境影响着人类本性和社会的发展。

少数受教育人群的矛盾态度

“高贵的野蛮人”并不是全凭他们自己获取启蒙思想的。例如，同为哲学家和数学家的孔多塞指出：“在殖民地人民眼中，我们优越的知识和商贸系统创下的裨益一开始为我们赢得了尊敬和声誉，但现在都因我们的种种行为而付之东流了。我们垄断贸易、背信弃义，对有色人种或有其他信仰的人嗤之以鼻，我们蛮横无理、篡权夺位，我们的牧师也诡计多端。”话虽如此，他还是希望“居住在殖民地的欧洲人做一件事：要么使这片土地上的野蛮民族变得开化，要么和平地让他们离开”。

与许多其他启蒙思想家一样，吉本反对无组织的神恩宗教，并对它不抱任何希望。他认为“僧侣圣人只会令哲学家鄙视和怜悯，君王和人民反倒尊敬甚至崇拜他们”。他们口中“夸大其词”的奇迹故事“都是虚构的事，也没有诗歌的文采，严重影响了基督教徒的理性思维、信仰和道德品行”。[11]

孔多塞和吉本的这些观点表明启蒙运动是一场自上而下的运动。总的来说，这场运动关乎一类人的态度，他们只占人口的一小部分，受过高等教育，在社会上通常算得上有钱又有地位。他们感受到启蒙运动蕴藏着推进自由的力量，但同时也意识到，有时候还很担忧，社会上占主体的还是那些“不会思考的广大群众”。这些群众因缺少教育、金钱和礼节，或者可能仅仅因为没有接触到启蒙运动的观点，而被禁锢在黑暗里。

以先前讨论过的美国为例，也许大多数以农业为生的人压根就不关心启蒙思想。“总体上讲，基督教新教以各种形式更好地满足了大多数美国人的情感需求”[12]，在欧洲，有可能也一样。启蒙思想家们不曾妄想可以不费吹灰之力就使启蒙运动的观点发扬光大，所以他们热切地营造有利条件，以便这些观点可以盛行于世。因此，有许多思想家发展了教育理论。

有时候很矛盾的是，原本宽容的精英主义者反倒对未受到启蒙教育的人不够宽容。当时伟大的思想家们明显对那些未能成功“吸收启蒙思想”的人缺乏耐心，并且经常在言语中将穷困工人阶级、女性以及非白种人的殖民地人民归为低等人群。正如美国历史学家伦纳德·克里格（Leonard Krieger）所说：“他们处在一个反常的位置，一方面他们是代表整个社会发声的，另一方面却向社会上的大部分人群发难，谴责人们积习难改。例如，他们批评政府不公正、贵族无端享有特权，以及群众唯唯诺诺。”[13]

前面说过，启蒙运动是一场关乎社会交融的运动，是以友善的对话、辩论、讨论和各抒己见为前提的。在英格兰，来自中产阶级和商人阶层的辩论者们经常在伦敦的咖啡屋里探讨公共事务，其中一家咖啡屋还发展成为伦敦非常著名的劳埃德保险公司。

俱乐部也是讨论的场所，这之中就有伯明翰的月亮协会（Lunar Society）。1765 年到 1813 年，一群实业家和知识分子每月都定期在月亮协会共进晚餐。聚会的成员包括马修·博尔顿（Matthew Boulton）、伊拉斯谟·达尔文（Erasmus Darwin）、约瑟夫·普里斯特利、詹姆斯·瓦特（James Watt）、乔赛亚·韦奇伍德（Josiah Wedgwood）和威廉·维瑟林（William Withering）。[14] 就连理查德·阿克赖特（Richard Arkwright）和本杰明·富兰克林也曾到访过月亮协会。在爱丁堡，知识分子聚会的俱乐部有择优学会（Select Society），成员包括亚当·斯密和大卫·休谟等，还有波克俱乐部（Poker Club）。

在法国，哲学家们在家里或沙龙里聚会。沙龙最早由居住在巴黎的女士们建立，如埃皮奈夫人（Madame d’Épinay）、孔多塞之妻苏菲·孔多塞（Sophie de Condorcet）、朱莉·莱斯皮纳斯（Julie de Lespinasse）和罗兰夫人（Madame Roland），她们都极具凝聚力。所以不难看出，启蒙运动的观点都来源于较小众的社会团体。

英法两国社交背景之所以不同，也许是因为英国启蒙运动中具有革命性和颠覆性的元素被削弱了，而法国人则更倾向于“思所不能思”。格特鲁德·希默尔法布（Gertrude Himmelfarb）认为，英国启蒙运动宣扬的是社会公德，但法国人对“理性的意识形态”更感兴趣。[15] 诚然，自上而下的启蒙运动才更容易产生激进的思想。

尽管如此，在所有正在兴起启蒙运动的社会里，普通人也会聚集在一起讨论公共事务，这便产生了我们现在所说的公众舆论。虽然这是当今社会生活中非常重要也很正常的一部分，但在当时却是一大创新之举，促进了政治体制的改革。英格兰的咖啡屋、法国的沙龙和苏格兰学者发起的协会……知识分子们填满了这些公众舆论的领域。杂志开始刊登辩论的内容，然后逐渐形成分支，于是有了期刊《旁观者》（*The Spectator*）和《漫步者》（*The Rambler*），也有了早期的报纸。人们讨论的话题包括商贸、司法、哲学、科学、政治以及外交政策。讨论的场所是公开的，谁也不会被同伴蒙在鼓里；但也足够私密，人们可以不用为自己的言论负责。公众舆论对促进民主和推动革命力量发展的重要性非同小可。[16]

公共场所的出现，以多样化的方式改变了政治。公众舆论是对宫廷中的决策和辩论的重要平衡，也能替更广大阶层的利益发声。17世纪十分普遍的统治阶层的权力寻租行为受到公众抨击，因为公众认为减少战争或降低关税才能使他们获益。中产阶级获得话语权后，便自然而然地进入政治雷达的监测范围内，即使他们无权无势。他们加入政治语境后，立马引发了针对政府合法性的辩论，这场争论历时颇久，贯穿了整个启蒙运动时期。

此外，既然我们这里谈到的公众都是比较富裕且有文化的，那么他们谈到政治时，毫无疑问会提到自己之外的“乌合之众”。又过了好几十年的时间，绝大部分民众才都可以参与到公众舆论中来。公共领域面向更多人开放，是推进民主的重要一环，但这也只是向前迈了一步，影响力的蔓延方向仍然主要是自上而下的。

启蒙思想家们明白这种自上而下的传播方向，也清楚他们的思想比保守的政府和君王要领先一两步，所以处境不太安全，尤其在独裁统治的社会。于是他们发明了用迂回婉转的方法来阐述激进的观点，尤其倚重讽刺手法，说出来的话经常与他们实际想表达的想法相反。伏尔泰便是这方面的大师，吉本也很出色，他在《罗马帝国衰亡史》中谈到了君士坦丁堡的异教主教德摩腓鲁斯，字面上都是溢美之词，但实际上明显是在批评。[17]

启蒙运动的精髓：百科全书

启蒙运动具体是如何运作的？“启蒙”一词的法语是 Siècle des lumières，德语是 Aufklärung，它的寓意应严肃以待。启蒙运动时期的思想家们为原本黑暗的时代带来了光明，清晰明了取代了疑云重重，人们得以拨开云雾见天日。知识是公共财富，不是私人物品，所以不应被埋藏，而应人人共享。这也许是启蒙运动时代出现的最具革命色彩的思想，也是当今西方民主社会结构的根基之一。

于是，百科全书诞生了。它形成的过程综合体现了颠覆性的思想、商业的可能性、对每一位读者的尊敬以及对科学和知识进步的信念。它有足够的广度，启蒙运动时期的真实与不真实都体现在其中。一本百科全书将从各种渠道获得的信息汇总起来，以清晰明了的方式呈现给读者。它旨在满足每位读者的阅读需要，尽管读者不会从头读到尾，但至少想要了解的内容都能从书中找到。

虽然百科全书由来已久，但是启蒙运动时期的百科全书改变了编书的方式，变得更加通俗易懂：书写语言从拉丁语变成了方言，因为愈发富有和具有影响力的中产阶级都使用方言。百科全书通常根据订阅的数量分卷出版，这样出版费用便可以在可控时间内分期支付。

文章的编排也出现了一个新趋势，即将短篇文章按首字母排序，而不再使用按主题划分的长篇文章。因为后者不便查阅，搜寻单项信息如同大海捞针，读者需要耗费太多精力，这样的百科全书怎么能称得上近代社会理想的“便捷式参考书”呢？按首字母编排短文还有一个好处就是便于更新，后来的人们在18世纪出版的百科全书基础上又补编了数卷内容。这种做法印证了培根的观点，即科学是一种开放式的累积活动，而不只是对先前存在的“完整”知识体系的保护和梳理。

各个版本的百科全书都不乏上乘之作，其中有个人独立完成的，也有团体合作撰写的。伊弗雷姆·钱伯斯（Ephraim Chambers）于1728年创作了两卷本的“通用词典”，或称《百科全书》（*Cyclopaedia*）。这本书努力解决超文本的种种问题，按首字母编排文献，开创了互相参照条目的方法，将知识分类归于47门学科内。目前仍在发售的英文百科全书中，最古老的当属《不列颠百科全书》(*Encyclopedia Britannica*)，它是启蒙运动的产物，第一版由威廉·斯梅利（William Smellie）编纂而成，于1768年至1771年间问世，共3卷。

之后，更专业化的百科全书相继出版。布丰因在1749年至1788年间出版了《自然史》(*Natural History of Animals, Vegetables and Minerals*）而备受景仰，整套丛书共36册，其中包括《动物史》《矿物史》《植物史》等。他在书中对生物界的物种等级作了细致的划分，阐释了地理环境对生物的影响。塞缪尔·约翰逊编纂的《约翰逊字典》(*A Dictionary of the English Language*）自1755年出版后，一直是重要的参考书，直到一个世纪后才被《牛津英语词典》(*The Oxford English Dictionary*）取代。

对一些百科全书的编纂人来说，通过书本传播意识形态比传播知识更重要。他们把这场百科全书运动当作特洛伊木马，偷偷往书里加入具有颠覆性的政治思想。贝尔在1697年出版了《历史批判辞典》(*Historical and Critical Dictionary*)，分析了一系列思想主张以及它们的发起者，并通过审慎的评论论述了宽容的重要性。整部著作几乎都表明了贝尔对史学存有怀疑，但是他利用百科全书的体例，巧妙地将激进的观点藏在不那么引人注意的脚注中。

伏尔泰于1764年发表的《哲学辞典》(*Philosophical Dictionary*）也是一部重要且有趣的读物。这本辞典的大部分内容基于宗教和哲学概念，简要论证了宽容和正义的主题。看到辞典目录时，可不能望文生义，例如，在“中国教义问答”一节中，伏尔泰以对话的形式探讨了道德和宗教的关系，却一次也没有提到中国的教义问答。他认为百科全书体例完全就是天赐的礼物，他可以在各个版本的辞典中匿名发表不同的短文，没有中心思想也可以，安全得很。

伏尔泰还善于利用调查表，高明的讽刺功力一览无余，例如，《亚伯拉罕》（*Abraham*）一文开篇列举了好些亚洲和阿拉伯的神秘人物，其中包括亚伯拉罕本人。接着，伏尔泰说了一番言不由衷的话，他称《圣经》“显然是由圣灵自己编写的”，这是多么幸运的事，我们没必要怀疑亚伯拉罕是否真实存在，毕竟妄加怀疑可是件惊世骇俗的事。伏尔泰没有明确表明亚伯拉罕是一个虚拟的神话人物，而是隐约暗示“如果我们遵循近代历史书中所述的分析方法，那么就很难相信《圣经》中的亚伯拉罕是真实存在的”。

启蒙运动时期所有的百科全书中，最著名的当属法国的《百科全书》（*L'Encyclopédie*）。这本书于 1751 年至 1772 年间在巴黎问世，一开始只是单纯想将钱伯斯的《百科全书》译为法语版，但经过杰出的哲学家狄德罗和达朗贝尔一手编辑后，这本百科全书涉及的方面就更广了。狄德罗领头编辑并出版了 28 册，其中 11 册有完整图解，其他人补充编辑了 5 册内容和 2 册索引。书中共有 70 000 篇文献，许多都出自狄德罗和其他启蒙大师之笔，包括伏尔泰、孟德斯鸠和卢梭。

狄德罗在书中用一篇文章总结了这套《百科全书》的编纂工作。他说这样一个浩瀚的工程，只会在哲学时代兴起，“因为它始终需要颇具胆识的思想，而不是俯拾即是的平庸论调”。

归纳阐明各种现存知识的目的带有革命色彩。第一，要编纂百科全书，就有必要对一切事物进行辩论和检验，挑战既得利益也势在必行；身为百科全书的编辑，职责就是巨细无遗地检验一切事物。第二，百科全书公开展示了所有事物。那些因知识不流通而获利的人，宁愿百科全书“是一本巨大的原稿，小心地被封锁在国王的图书馆里，只有国王自己能看到”。当然，他们肯定会狡辩说，法国的优越感取决于它对工业和艺术知识的垄断，所以，为了维持这种优越感，没有必要去启蒙外国人，最好永远把他们禁锢在黑暗里，甚至让他们沦落到野蛮的地步。

狄德罗这样回答，如果“人类”一词富含意义，那么作为人类的一员，我们有义务向世界宣扬启蒙思想。狄德罗相信传播知识可以破除迷信和偏见，虽然他并没有明说。例如，在法国《百科全书》中也有类似于钱伯斯《百科全书》中的树状图，按照由高到低的次序整合各类知识。而在“用来展示人类知识结构的树状图”里，宗教仅仅作为哲学的一个分支出现，这表示它受理性思维的支配，与黑魔法和占卜同处一级。

法国《百科全书》前7册问世后，就遭到政府勒令禁止出版。但我们已经谈论过，君主统治下的法国呈现的是一味“维持表象”的虚伪世界。所以，羸弱无能的国王路易十五为了讨好教会，才禁止出版《百科全书》，但他又为了取悦情妇蓬皮杜夫人（Madame de Pompadour）而没有强制执行禁令。狄德罗原本应为国王的踌躇而感到高兴，但他的出版商却不那么尽如人意。出版商因为害怕出事，删减了书中许多带有激进思想的文章。

百科全书的编纂人对于自身革命性的认知尚无定论，但法国《百科全书》为 18 世纪的法国革命浪潮做出的巨大贡献是有据可查的，罗伯斯庇尔便称它为“变革的序篇”。《百科全书》的作者由各个领域的专家和博学者组成，这本百科全书在当时社会上形成了一股对抗政府和天主教会的势力。[18]

启蒙运动的核心宗旨是传播知识以动摇令人诟病的旧制度，法国《百科全书》出版后引起的影响确凿不移地印证了这一点。但是，在不同的地方，旧制度的根基动摇的程度不一。在接下来的两章里，我们会从时间和空间两个角度一探启蒙运动的发展。

要点总结

1. 在启蒙运动时期，人们普遍改变了赋予信仰一个固有解释的做法，不再诉诸权威，而是依托于个人。
2. 人类将对进步怀有的自信心转化为对自身能力所抱的乐观态度。
3. 怀疑主义让人们对旧式权威的怀疑很快又转移到新的权威上。
4. 理性思维好比是驱动力，带动人类发现真理，即一种至高无上的核心价值。
5. 功利主义哲学提倡追求幸福。快乐不再是一种粗俗的追求或低级的事物，它变成一个人应有的期盼，其他任何人不得阻碍。
6. 百科全书形成的过程综合体现了颠覆性的思想、商业的可能性、对每一位读者的尊敬以及对科学和知识进步的信念。

THE ENLIGHTENMENT

A BEGINNER'S GUIDE

2 启蒙运动的时间进程

启蒙运动开始于何时，又结束于何时？

启蒙运动的发展历程是怎样的？

争论不休的始末时间

上一章从 6 大方面概述了启蒙运动。由于在相当长的一段时间里，社会对这几个方面的内容都有不同程度的感知，所以不太可能精确计算出启蒙运动的起始和结束时间。

对此，历史学家们各执一词。伦纳德·克里格将启蒙运动的开始年份设定为 1689 年，格特鲁德·希默尔法布则将其定为 1700 年，而诺曼·汉普森（Norman Hampson）在阐释启蒙运动的历史时，是从 1715 年开始说起的。罗伊·波特（Roy Porter）称至少在英格兰，1660 年就已经出现了代表启蒙运动的观点，而克里斯托弗·希尔（Christopher Hill）却认为这些观点早在 16 世纪末就已经出现了。

西奥多·阿多诺（Theodor Adorno）和马克斯·霍克海默（Max Horkheimer）对启蒙运动的经典批判是从讨论培根的观点开始的。莫里斯·克兰斯顿（Maurice Cranston）则认为孟德斯鸠于 1721 年出版的《波斯人信札》（*Persian Letters*）标志着“历史关键的一刻”。乔纳森·伊斯雷尔则追溯至1650年前后在荷兰崛起的激进主义，他认为在那之后，“无论多么基本和根深蒂固的事情，人们都会运用哲理的眼光去质疑它”。[1]

历史学家们能达成共识的就是法国大革命标志着启蒙运动的结束，但具体标志性的事件究竟是1789年推倒巴士底狱、1793年恐怖统治彻底垮台、1779年雾月政变，还是1815年拿破仑兵败滑铁卢？在世界上许多其他地方，这些事件发生时，启蒙运动才刚刚兴起。在南美洲，西蒙·玻利瓦尔（Simón Bolívar）领导委内瑞拉人民对抗西班牙的统治，获得了独立战争的胜利。他熟读伏尔泰、洛克和亚当·斯密的著作。作为革命家，他采取的是保守的美国模式，而非法国的意识形态模式。1807年，玻利瓦尔从欧洲回到拉丁美洲后，才开启自己的政治生涯，而在那之前，启蒙运动在它的发源地却早已大势已去。[2]

不同作家试图证明的事情各异，导致他们在启蒙运动的起始和结束时间这一问题上观点不同。法国沙文主义者认为启蒙运动兴起的时间较晚，他们更愿意相信在思想政治发展势头转移到法国时，启蒙运动才算开始，所以通常把起始时间定在路易十四结束其落后统治，孟德斯鸠最早的作品问世后。那些想要强调激进思想是启蒙运动基础的作家，就会将运动开始的时间定得早一些，这样一来，荷兰的进步思想家们也算是启蒙思想家，比如斯宾诺莎。持保守观点的评论者以及英美评论家们则倾向于选一个中间的时间作为启蒙运动的起点，而我同意他们的观点，毕竟启蒙思想这道微光，似乎是借助牛顿、洛克和“光荣革命”的力量才开始变强的。

那些逐渐发展成为启蒙运动的代表性思想在欧洲思想体系中已初见端倪，但是只有在人们认可它们是切合实际以后，这些思想才开始传播开来，而这里面起关键作用的是一起事件和一本出版作品。这本作品是牛顿的《自然哲学的数学原理》(*Mathematical Principles of Natural Philosophy*)。书中牛顿称所有物体的运动，无论多复杂，都可以用三大定律解释清楚。这本书在 1687 年出版，虽然它所蕴含的价值并未立即得到认可，但却标志着理性思维可以战胜事物的复杂性。

而那一起事件，在我看来，则真正标志着启蒙运动的开端，它表明理性思维在政治中可以占据上风，而且人们可以指引历史朝着前进的方向发展。这起事件就是 1688 年发生在英格兰的“光荣革命”。长期以来关于英格兰君主是否拥有神授的统治权力的争论，在这场革命中画上了休止符。革命推翻了无能却一心想成为独裁者的詹姆士二世的统治，荷兰的威廉三世继任王位，他引领的政体兼顾了各方利益。

要说哪起事件宣告了启蒙运动的结束，我提名 1789 年爆发的法国大革命。且不提启蒙运动的始末都极为对称地以一场革命作为标志，我想强调的是，从法国大革命中我们可以看出，理性思维并不是万无一失的，由它主宰的历史也不一定会带来社会进步。

启蒙运动的 3 大阶段

上一章归纳了启蒙运动的 6 大主题：

1. 人类开始依赖个人的能力，而非传统、权威和《圣经》的启示去认识世界、社会和其他人。

2. 人类对自身掌控世界的能力愈发自信，对进步报以乐观态度，深信理性仁慈的上帝之天意。

3. 社会上出现怀疑主义态度，包括对 1 和 2 的质疑。

4. 人类意识到理性思维的重要性、普遍适用原则优于局部原则的重要性，以及真理作为一种价值观的重要性。

5. 从人类的本性出发，关注个人利益，比如幸福感和理性的利己之心。

6. 受过高等教育的少数人群，他们的观点和信念得到关注。

以上就是启蒙运动时期的主题，当然，在不同时间段和不同地点，这些主题的显现程度和受重视程度也不尽相同。例如，诺曼·汉普森称，在启蒙运动早期，洛克和牛顿所体现的思维万能的乐观主义大行其道，但是到了 18 世纪中期，取而代之的是一种更具消极意义的怀疑主义。[3] 另外，乔纳森·伊斯雷尔称温和的启蒙思想有悖于早期受斯宾诺莎影响的荷兰思想家们的激进观点。洛克就是温和派启蒙思想的代表。[4]

对变革与日俱增的渴望贯穿了整个 18 世纪，美国独立战争告捷后，这种渴望愈发强烈，所以怀疑主义接替乐观主义不仅仅是巧合。怀疑主义的重要性日益凸显，社会对变革的渴求远超于技术官僚的认知和乐观主义的依据。最初对社会和政府的现代化起推进作用的动力，演化为一种坚定的意识形态，即否定过去。

这样，启蒙运动的三大阶段就一目了然了。在各个阶段，启蒙运动 6 大主题的重要性各不相同。

早期阶段：1688 年至 1740 年或 1750 年前后。依赖个人能力的信念、乐观主义和重视理性思维的观念盛行于世，怀疑主义和利己主义也逐渐出现。1750 年时，乐观主义达到了鼎盛期。这个时期，传统形式的政府、君主和贵族仍占主导地位，教会仍然强大，启蒙思想集中体现在中产阶级身上。

中期阶段：1750 年前后至美国独立战争后不久。保守思想抬头，怀疑主义开始针对启蒙运动以及更早时期的思想本身，发生在里斯本的特大地震灾害促成了此发展进程。怀疑主义和利己主义开始主导社会思潮，乐观主义开始衰弱。启蒙运动中期，多个国家宗教热情复燃，社会上开始有人认为洛克和牛顿两位所留下的思想财富逐渐僵化，成了自命不凡的理性主义。政治上发生了诸多改变，因为统治阶级开始吸收启蒙思想，政府开始开展政治实验，开明的专制君主对此给予了支持，其中包括普鲁士腓特烈大帝、俄罗斯帝国的叶卡捷琳娜大帝（Catherine of Russia）和奥地利的约瑟夫二世（Joseph of Austria）。

晚期阶段：1780 年前后至法国大革命结束。这个时期，乐观主义重获新生，成为一种渴望变革的社会意识形态，理性思维也好似枯木逢春。民主化进程在前进，受过高等教育的少数人群得到重视的现象则势头不再。美国独立战争又掀起了启蒙运动的另一波高潮，而后伴随法国大革命的结束而宣告落幕。

当按照各个主题而不是时间顺序来梳理启蒙运动的发展历程时，

我总会牢记人物活动时的社会背景。每种思想，在处于不同发展阶段的不同社会中，被接受的程度和打下根基的牢固程度都不同，所以传播也不均衡，我们将在下一章节中简要讨论这一问题。

要点总结

1. 不同作家意图证明的事情各异，以致他们在启蒙运动的起始和结束时间这一问题上观点不同。
2. 在不同时间段和不同地点，启蒙运动各个特点的显现程度和受重视的程度也不尽相同。

THE ENLIGHTENMENT

A BEGINNER'S GUIDE

3 启蒙运动的地域发展

启蒙运动在英国和法国有哪些代表人物？

美国的启蒙运动有何特点？

苏格兰启蒙运动的主要作用是什么？

叶卡捷琳娜大帝对俄国的启蒙运动有何贡献？

里斯本大地震对启蒙运动造成了什么影响？

启蒙运动在时间和空间上都分布不均。不同社会应对它的方式各异、程度不一，而且当时主要的思想家都主动或被迫辗转多个国家。一些天才思想家因本身所处的社会环境太过严峻而惨遭流放，而荷兰和英国这些传统上就非常自由的国家便成了这类思想家的接待国。同时，一些君主对启蒙思想颇感兴趣，十分享受最进步的思想家们的陪伴，尤其是普鲁士腓特烈大帝和俄罗斯帝国的叶卡捷琳娜大帝。

虽然如此，伊斯雷尔仍给出了非常具有说服力的观点，他认为过多强调多样性是错误的，我们不应忽视“核心思想问题”。[1]将启蒙运动按照国家、文化或宗教分门别类的做法太具误导性，但同时可以很容易看出这场运动是横跨整个世纪、在多个国家上演的运动，或者说它更像一场集思想碰撞、政治变革和社会交融于一体的运动。

只有最活跃的作家才会即时跟进所有的争论。但是如果我们看一下启蒙运动时期主要著作的销量，就会发现即便不是从最新的视角出发，相当一部分群众也是熟悉启蒙运动的主张的。[2]1759 年，《老实人》

一书出了 8 个版本，单英译本在法文版面世 6 周后出版，售出了 6 000 本；即使像《百科全书》这样昂贵的图书，也有 4 000 位订阅者。

从地理位置上看，启蒙运动的发源地粗略形成了一个三角形，这三个角分别是伦敦、巴黎和阿姆斯特丹。启蒙运动的传播速度取决于社会形势、边缘城市与中心点的交流、政府的态度、大众受教育水平、宗教，乃至于机会。例如，美国启蒙运动的兴起，就是因为 1714 年一批书籍作为礼物抵达耶鲁大学，这其中就包括牛顿和洛克的著作。[3]

发源地：英国

启蒙运动发源于欧洲，这一点肯定没错，但如果要选出一个国家作为启蒙思想的熔炉，那么英国是当之无愧的。[4] 许多启蒙运动早期的主要思想家都来自英国，包括培根、霍布斯、牛顿和洛克。1688 年的“光荣革命”表明政治变革也可以有进步意义。英国社会的相对自由，意味着人民的思想活动相当丰富且富有成效，启蒙运动时期许多哲学家，包括孟德斯鸠、伏尔泰和狄德罗，都对英国思想和政治生活中的某些方面推崇备至。18 世纪涌现了更多伟大的思想家，小说作为新的文学体裁进入公众视野，而英国出现了大批优秀的小说家。

无论是在足球、板球、汽车产业还是在启蒙运动方面，英国人都擅于创新，就是执行力差了点。启蒙思想的确改变了英国，但却没有使英国彻底改变。1688 年“光荣革命”后达成的妥协、自由的坚实传统，以及相对软弱的王室，都使得怀疑和争论不受权力中心的限制。英国是贸易大国，这意味着在活跃的贸易交流中人们会吸收许多启蒙思想，从而促成许多理论的建立，包括财产理论、贸易理论和宽容理论。同时，众多伟大的英国思想家也都参与到了实践开发工作中，比如约瑟夫·普里斯特利和理查德·阿克赖特。

活跃是一方面，但另一方面却是极具破坏力的不稳定性。从笛福的《摩尔·弗兰德斯》（*Moll Flanders*）或者亨利·菲尔丁（Henry Fielding）的《汤姆·琼斯》（*Tom Jones*）中，我们可以看出当时人们的生活是多么混乱不堪，但鲜有人想要推翻那种社会秩序。

英国人毅然决定在整个世纪都保持平庸。他们的诗歌风格清晰，使用的语言十分统一，“建筑物遵循既定模式，比例均衡，风格阳刚而质朴”。[5]绘画风格要么如乔舒亚·雷诺兹爵士（Sir Joshua Reynolds）和托马斯·庚斯博罗（Thomas Gainsborough）的作品一样优雅，要么就像威廉·荷加斯（Wiliam Hogarth）的作品一样画面宏伟且能反映当代生活，音乐界的人才则都来自国外。杂志散文家约瑟夫·艾迪生（Joseph Addison）和理查德·斯蒂尔爵士（Sir Richard Steele）在打磨写作技艺的过程中，都负有高度的责任感，以确保作家成为深谙世故的人，他们还在自己的作品中隐晦地描写了一个文明人的理想生活和应有的礼仪。沙夫茨伯里伯爵三世（3rd Earl of Shaftesbury）却对此不以为然，巧妙地揭穿了“热情”的真相。

此外，博采众长的英国人还乐于运用启蒙运动时期的诸多方法和设想，去预先阻止启蒙思想的传播或对其展开攻击。18 世纪有四位伟大的思想家因开明的思想主张而大放异彩，他们都住在英国，其中两位是爱尔兰人。乔纳森·斯威夫特（Jonathan Swift）是不屈不挠的怀疑论者，他的小说对统治阶级进行了无情的讽刺，反映了普通人民的困苦。在《格列佛游记》中，斯威夫特最著名的暗喻当属用利立浦特小人国和不来夫斯古小人国之间关于该从哪一头吃鸡蛋的战争，来影射 17 世纪毫无意义的宗教纷争。小说里拉普达岛上的辉煌艺术和科学没有半点实用价值，也正嘲讽了启蒙运动时期夸夸其谈的哲学思维。

埃德蒙·伯克（Edmund Burke）支持美国独立战争，但是他运用解构分析理论对法国大革命进行了批判，令同为辉格党的成员勃然大怒。人口学家托马斯·马尔萨斯（Thomas Malthus）预言人口增长将导致食物供应严重短缺，虽然他完全同意人口之所以增长，是因为政治、科学和农业的改革。塞缪尔·约翰逊身为散文家、评论家和辞典编纂家，是启蒙运动时期的标志性人物。他促使英语语言标准化，并运用颇具启蒙色彩的方法和词汇为托利党坚守的传统信念辩护。

英国伟大的革命思想家托马斯·佩因发现他的祖国十分不友善。他没有被打压，反倒直接被忽视了，听取他关于涨薪和改善工作环境呼声的人少之又少。所以，他移民了。美国独立战争和法国大革命，佩因都有参与其中，甚至在法国险些被处死，但他的敌人罗伯斯庇尔先遭斩首。尽管他的一生不算如意也不算成功，但不可否认的是，如果他没有选择离开嘈杂而保守的英国，那么他对诸如托马斯·杰斐逊和本杰明·富兰克林这些人物的影响就无法如此深远了。还有一些英国的思想家渴望挑战社会的普遍看法，他们认为在国外居住的经历大有裨益，这其中就包括曾在瑞士的洛桑居住过的吉本和曾在巴黎居住过的休谟。

先锋阵地：法国

如果我们把英国看作启蒙运动的发源地，那么法国就是这场运动的先锋阵地。也许伏尔泰的《英国书简》(*The English Letters*) 于1734年在巴黎出版的那一刻，就标志着法国从英国手中接过了启蒙运动的接力棒。一群才思敏捷的哲学家开始出现在由巴黎女贵族建立的沙龙里，这些女士将思想家、作家和艺术家汇集在一起，共商哲学和煽动性的革命思想。君主统治时期的法国社会远不如英国社会运行合理，一直保持着“头重脚轻”和极不平等的状态，贵族数量过多，君主在豪华的凡尔赛宫和卢浮宫里过着奢靡的生活。

从沙龙商议中演化而来的学说比英国咖啡屋里谨慎的商务闲谈显得更加激进，也许是因为在沙龙里进行的谈话内容与我们所谓的“平凡生活”相去甚远。它涵盖的范围包括科学、美学、道德伦理、神学，但是从根本上来说它是围绕政治展开的。围绕平等、自由和统治者的合法性建立的理论不胜枚举。正如克里格所说，启蒙运动的重心从伦敦转移至巴黎，就表明了启蒙运动的核心从英国的相对主义变为法国的绝对主义，后者传播性更强，也更容易写成简单的文字和标语来做宣传。伊斯雷尔也表达过相似的观点，他认为启蒙运动中的激进思想更多诞生在法国，这些思想更易于人们去争辩、讨论、交流和贯彻实施，与温和的观点不同，它们未受到各种妥协的限制。[6]

启蒙哲学家们定义了启蒙运动。伏尔泰、孟德斯鸠、狄德罗、卢梭、孔多塞和达朗贝尔等思想家是法国启蒙运动时期知识分子的典范。进步的英国思想家也在巴黎功成名就，比如休谟和吉本。风格和内容，两者的重要性不分伯仲。在启蒙运动时期，英国散文的风格偏朴实无华，而犀利睿智的文风则博得法国社会的称许。

总体上，哲学家们呈现出的哲学思想都迎合了上层人士的口味，尤其是伏尔泰。而那些出身相对贫寒的人们，只要有些聪明才智，都可以融入巴黎的高级沙龙里。然而，启蒙哲学家们经常特地从英国寻求灵感。在政治方面，伏尔泰和孟德斯鸠都研读过英国宪法，并视之为他们政治理论的基石。一个多疑的英国人也许会质疑他们二位理论的价值，因为这两位伟大的思想家，在对同一套社会制度进行推敲思量后，竟然得出了截然相反的结论。

保守启蒙的代表：美国

美国的启蒙运动尤以保守主义著称，虽然它跟法国的启蒙运动命运相似，都在大革命中落下了帷幕。[7]启蒙运动时期，有两件事情对美国的启蒙思想产生了重大影响。

第一，革命前的美国是隶属于英国的殖民地。殖民地人民自然而然会对殖民者萌生恨意，但是当地人民都是近期移民到美国的，而美国印第安人则没有发言权。这种局面导致被殖民的美国人产生一种好似精神分裂的态度，他们将英国视为文化上的引领者，同时又深知两国间存在差异，并为之感到骄傲。

第二，许多抵达美国的殖民者都曾是新教教徒或清教徒，也就是说启蒙运动要想在美国落脚扎根，就必须拥护新教思想。社会普遍对政治制度报以怀疑的态度，许多作家都质疑政府解决问题的能力。但是，在英法两国非常显著的宗教怀疑态度，却在美国鲜有踪影。本杰明·富兰克林是个特例。虽然休谟、吉本和伏尔泰这样的怀疑论作家在美国也广为人知，他们清晰易读的散文也大获褒奖，但除了实行奴隶制的大州外，这种怀疑态度在其他大州荡然无存。

以哈佛大学和波士顿大学为中心的社区理性、开明，也对宗教虔诚，却遭到了其他地方更依靠直觉做出判断的宗教教徒的口诛笔伐。即使到现在，马萨诸塞州仍然被人们视为更加自由的大州之一，美国东海岸还在努力抵制大量反理性主义者的主张，这些主张明确表明宗教凌驾于科学之上。[8]

只有处于革命时期的美国，才对启蒙运动做出了经久不衰的贡献。美国的独立战争是对英国暴政和欧洲不平等君主制的有力回击，也是对恢复自由做出的一次尝试，而与之形成对比的是法国却通过革命新建了一个自由的社会。在后革命时期，开国元勋们集思广益，运用理性思维为一个已具雏形的社会打造坚实的基础，而无须重新探索社会交融和政治制度的可能性。伟大的领导者们设法解决重大的政治问题，杰斐逊和富兰克林这样的人物，以及《独立宣言》和《联邦党人文集》（*The Federalist Papers*）这样的作品，至今仍享有很高的地位。

“常识”的摇篮：苏格兰

美国人的灵感大部分来自苏格兰。苏格兰的启蒙运动不同于英格兰，前者形式单一，后者的形式在 18 世纪逐渐变得多样化。苏格兰似乎并不是一个理想的启蒙运动的摇篮。它死气沉沉，阴郁不堪，在神权统治的社会，严苛的宗教传统不容亵渎。但是有两位伟人在苏格兰兴起了宗教改革并创立了加尔文神学，为启蒙运动奠定了基础。约翰·诺克斯（John Knox）呼吁创办国家教育体制；而早在洛克之前，乔治·布坎南（George Buchanan）就坚持称政治的合法性来自人民。结果就是，约翰·诺克斯在高度民主的原则上创立了长老会。

并且，17 世纪羸弱无能的斯图亚特君主向苏格兰人民灌输了争取独立和奋力反抗的精神。在苏格兰低地，一个拥有政治意识且思想独立的民族，无论教会多么严苛，他们都能够以自己独特的方式探寻到启蒙思想。诺克斯的教育理念被庄严载入 1696 年的《建校法案》（*The Act for Setting Schools*）中，该法案决定在苏格兰的每个教区都建立一所学校，这样一来，启蒙运动成熟之时，苏格兰便成为全欧洲国民读写和计算水平最高的国家。也许正因如此，苏格兰的启蒙运动与改变世界并无多大关联，更多的是起着认识世界和归纳知识的作用。

1707 年，苏格兰、英格兰和威尔士合并为大不列颠，尽管爱丁堡和伦敦贸易往来频繁，但是苏格兰人民仍旧保留着他们自己的个性。苏格兰思想家对待运用理性思维改善社会一事的态度严肃认真，相比于英格兰的思想家们，他们很少持怀疑态度。当然，也有一大例外，就是大卫·休谟。而他们在经验主义和实干能力上，也与法国的哲学家们不同，他们为科学进步和工业革命前的发展做出了巨大的贡献。

苏格兰人将“常识”放在首位，并建立了相关理论，尤其以哲学家托马斯·里德（Thomas Reid）的作品为代表，这为美国人民提供了至关重要的灵感源泉。里德称那些巧用哲学外衣来进行包装的说法，往往是自相矛盾且充满诡辩逻辑的，相比于它们，常识是更可靠的向导。

毕竟，即使哲学家声称自己怀疑是否真的有马车向他疾驰而来，他也会力图防止摔倒在那假想的车轮下。[9]

卓越的启蒙环境：荷兰

荷兰，或称尼德兰联省共和国，一路奋力抗争，终于在1581年宣布独立，废除了西班牙哈布斯堡王朝对荷兰各省的统治。所以在启蒙运动的初期，荷兰也仅算是一个新成立的国家。但是，它作为启蒙运动的熔炉之一，占有举足轻重的地位。荷兰作为一个新兴的国家，自然资源短缺，获得自由后又肩负繁重的外交政治压力，在这种情况下，必然需要一个好的政府。

荷兰政府依靠贸易维持人民的生计，使荷兰走向繁荣昌盛，这一切仰仗的是自由的制度。许多人正是看中了这种自由，才逃离他们原本居住的国家，来到荷兰生活、工作和出版作品。荷兰因此成为欧洲出版业的核心。偏爱自由和逃亡的人不计其数，笛卡尔、洛克和贝尔只是其中最著名的。包括伏尔泰、孟德斯鸠和卢梭在内，很多人认为在荷兰出版作品是一个权宜之计。具有讽刺意味的是，真正出自荷兰本国的天才斯宾诺莎的作品却遭到出版禁令，只能暗中印发，来自本国的追随者也寥寥可数。

但是，总体上讲，荷兰只是为启蒙运动提供了发展环境，并不是这场运动的第一大功臣。早在1730年，荷兰共和国就对自己卓越的地位失去信心，经济危机爆发，自然灾害肆虐，缺乏道德领袖。这时荷兰人不得不独善其身，在整个欧洲的启蒙运动发展中，扮演着微乎其微的角色。有一个非常流行的观点是，荷兰因为采用了“法式”的社会行为，而削弱了本国的优势，整个国家变得比较保守，希望能重振商业文化。[10]

由开明君主主导的启蒙国家

以上提到的这几个国家就是启蒙运动的中心，但是其他国家也有参与。德国也涌现了一批主要人物，包括康德、歌德和巴赫家族，但是这个国家在政治上却极为分裂。伏尔泰在《老实人》一书中，便通过描述男爵森特·登·脱龙克的领地，讽刺了那些又小又弱的德意志邦国。不仅如此，三十年战争（Thirty Years' War，1618—1648）使德国元气大伤，修复工作耗尽了数十年的时间。普鲁士腓特烈大帝或许是所有君主中最开明的一个，尽管如此，他依然打压刚刚兴起的德国文化，弘扬法国文学、音乐、哲学和礼仪。德国大力推动了启蒙运动到浪漫主义的过渡，此期间，歌德是文学领域的先驱，而康德对 19 世纪的哲学思想产生了重要的影响。

女王玛丽亚·特蕾莎（Maria Theresa）和国王约瑟夫二世（Joseph II）是两位重要的君主，在维也纳统治着种族混杂的奥地利帝国。他们积极地采用启蒙运动的思想原则，一心想让这片由不同族裔构成的国土更加有秩序。启蒙运动中现代化建设的理念比怀疑主义思想更加受到两位君主的青睐，而他们施政的主要阻力来自匈牙利、中欧和巴尔干半岛的高度保守的贵族阶层。奥地利为音乐的发展做出了伟大贡献，尤以作曲家海顿和莫扎特为代表。

在东欧，只有说法语的贵族才能赏阅最新的哲学理念，很少有作品被译为东欧方言。俄罗斯帝国的叶卡捷琳娜大帝十分与时俱进，她时常邀请狄德罗到她的宫廷，在狄德罗去世后，还买下了他的图书馆。同一时期，波兰立陶宛联邦的国王斯坦尼斯瓦夫二世（Stanislaw II）正在推进国家的现代化，他于1764年至1795年间当政，1798年逝世。由波兰的保守权贵组成的塔戈维查联盟（Targowica Federation）反对斯坦尼斯瓦夫二世重新修订宪法的做法，叶卡捷琳娜大帝便与他们合作，在1795年瓜分了波兰立陶宛联邦。斯坦尼斯瓦夫二世被废黜，失去了人身自由，最终殒命于圣彼得堡。

意大利、西班牙和葡萄牙为启蒙运动做出了不同程度的贡献。在意大利，法国文化风气盛行，对抗着繁荣的本土民俗艺术，古典和文艺复兴的光辉文明在那时已经消亡，并有已被近代学识取代。即便如此，当时意大利还是有重要的思想家存在，如历史学家詹巴蒂斯塔·维科（Giambattista Vico），虽然他的作品在当时未得到认可，还有法理学家切萨雷·贝卡里亚（Cesare Beccaria）。

在西班牙，社会的上流阶层认可启蒙运动的目标，国王查理三世（Charles III）虽说没有天赋，却力争改革。但是，天主教会的反对势力难以消除，首都马德里的思想体系呈现出一片日薄西山的状态，这都表明改革和现代化进程无法推动下去。

葡萄牙的情况就截然不同了，直到1755年还仍然处于启蒙运动的边缘。当年偶然发生的一个事件，才把它推向了启蒙运动思潮的前沿。

分水岭：里斯本大地震

里斯本大地震使启蒙运动时代的乐观主义遭受重创，天意信念受到冲击，虽然展示了仁慈君主的典范，但也表明为什么仁慈的君主专制不能保证社会进步。另外，一些作家从这场灾难中获得启发，撰写出启蒙运动时期最著名的文学作品。

同西班牙一样，葡萄牙的启蒙运动在 18 世纪的上半叶面临双重阻碍，可谓是举步维艰。第一，宗教势力十分凶恶，天主教会统治权势鄙弃新兴的学问，对各个学科的研究都要审查，包括数学、哲学、逻辑学和科学。科英布拉大学极具声望，但学校的课程都是围绕教会法规、民法、神学和医学设置的。第二，权贵们更倾向于寻租活动带来的收益，并不认可商贸可能会为社会做出的贡献。对他们而言，重要的是要做一位绅士，精通战术，而不能被贸易玷污了。

帝国的贪婪成性和对人民的层层剥削，都隐藏在极具欺骗性的表象下。早年间，一代颇具创业家精神的葡萄牙探险家和旅行家建立了庞大的贸易帝国，国内社会如寄生虫一般依附于它。17 世纪 90 年代，葡萄牙人在巴西发现黄金，成为奴隶贸易的主要经营者，但能享受收益的只有一小部分人，人民大多贫困和无知。征收来的原材料通常会再出口到欧洲各个国家，经过其他更加活跃社会中的工匠们，比如荷兰的钻石工人或者意大利的金匠打磨后，抬高了价值。同时，20% 的进口宝物都归葡萄牙的国王所有。

1755 年 11 月 1 日，一场规模巨大的地震冲击了整个大西洋东部，里斯本损失惨重。三次震动后，大多数建筑物被夷为平地；教堂里的蜡烛和油灯引起熊熊大火，人间变成一片燃烧的地狱；最后，骇人的大海啸横扫而来，大部分沿海地区惨遭摧毁。这场地震的准确伤亡人数不得而知，但是据可靠估计，大约有 25 000 人在灾难中丧生，相当于当时里斯本人口的 10%。天主教会将人类罪恶的生活方式视为这次灾难的根源。但是，里斯本是欧洲最虔诚的城市之一，地震发生在万圣节的上午 9 点 30 分，正是做弥撒的时间，许多信徒在走向教堂的途中命丧黄泉。相反的是，红灯区却丝毫未损。

葡萄牙为数不多的启蒙运动代表人物中，有一位名叫卡瓦略（Carvalho）的官员，在行政真空期主持工作。国王若泽一世（José I）不幸屈服于他的胁迫下，全权委任他负责里斯本的重建工作，对抗天主教会的反对势力。里斯本在启蒙运动的原则和审美观的指导下缓慢重建，卡瓦略也利用他的应急权力，向宗教反对势力开战。现在人们尊称他为蓬巴尔侯爵（Marquis of Pombal），就这样他凭借一己之力，引领葡萄牙迈向了 18 世纪。

里斯本地震的影响力持续了几十年，启蒙运动的各个方面因此得以重塑。谈到灾难所产生的文化冲击，里斯本地震可与广岛原子弹爆炸相提并论。[11]

第一，天主教会的合法性被大大削弱。对重建工作极度不满的葡萄牙神职人员，在奋力阻止和嘲弄重建工作时却惹祸上身，蓬巴尔侯爵借此机会将他们边缘化。对于一些显而易见的问题，教会却没有条理清晰的回答。为什么地震困住了教堂里这么多信徒？为什么地震发生在一个重要的宗教节日？为什么地震没有影响到繁华的商业都市伦敦或者充斥着异教徒的阿姆斯特丹？关于这些问题，最合理的解释就是，这是一场自然灾害，没有针对谁的恶意，也没有特殊方向或目的。

第二，这场地震撼动了许多启蒙思想家对天意精神和“上帝本是仁慈的”信仰的信心。看到里斯本遭受的磨难后，人们真的还可以说神祇是道德的、正义的和按逻辑办事的吗？人们开始质疑“上帝是理性的”这一信仰。地震还引发了对启蒙运动时期乐观主义的强烈抵制。一些思想家，比如卢梭，质疑一个善良的上帝是否会原谅人类愚蠢的做法，他写道：“为了阻止在某个地方发生地震，我们是否只能在那里建一座城市？”最明确的回答来自伏尔泰的《老实人》，书中的一些场景设定在地震发生时的里斯本，这本书彻底批判了乐观主义哲学和天意精神。

第三，震后发生的事件动摇了启蒙运动时期的开明专制主义理论。蓬巴尔侯爵接受了伏尔泰，也就是后来康德的观点，认为一个充满决心且开明的君主是启蒙思想的最佳执行者。他很快就成了国王若泽一世最重要的首相，几乎是仅凭一己之力就将葡萄牙变成了一个更加宽容的国家。蓬巴尔侯爵支持发展工业和教育，多次发起自由主义改革，比如废除奴隶制，虽然只在葡萄牙本土，并不包括以奴隶制为经济支柱的殖民地。他还取消了对改变信仰的犹太人所施加的法律限制，宣扬法律面前人人平等。

毫无疑问，葡萄牙人民的生活得到了改善。但是蓬巴尔侯爵的政治决策都要通过国王才能实现，所以政府也未能按照洛克和孟德斯鸠笔下描述的那些保证自由的宪法原则重组。蓬巴尔侯爵借有人企图暗杀若泽一世的机会，逮捕了他的政敌，一番折磨后，将其处死。

启蒙运动并未在葡萄牙形成多大的气候，若泽一世逝世后，他的继承人玛丽亚一世（1777—1816 年在位）极端反对改革，取消了蓬巴尔侯爵的大部分政策。玛丽亚一世在统治葡萄牙时被称为“虔诚的玛丽亚”，而在她为了躲避拿破仑侵略逃至巴西时则被称为“疯狂的玛丽亚”。只有所有的君主都十分开明，专制主义才会奏效。政权更迭过程中一次灵光一现的改革不可能成为启蒙世界的根基。启蒙运动的发展可以向前，亦可后退。[12]

葡萄牙的这段插曲说明了思想的命运与制度和社会结构之间的密切联系。将此铭记于心，我们接下来会仔细研究这些思想。首先，我们将一探从 17 世纪传承下来的思想源头，那时启蒙运动刚刚掀开扉页。

要点总结

1. 从地理位置上看，启蒙运动的发源地粗略形成了一个三角形，这三个角分别是伦敦、巴黎和阿姆斯特丹。
2. 启蒙运动发源于欧洲，但如果要选出一个国家作为启蒙思想的熔炉，那么英国是当之无愧的。
3. 如果我们把英国看作启蒙运动的发源地，那么法国就是这场运动的先锋阵地。
4. 只有处于革命时期的美国，才对启蒙运动做出了经久不衰的贡献。
5. 苏格兰的启蒙运动与改变世界并无多大关联，更多的是起着认识世界和归纳知识的作用。
6. 里斯本大地震使启蒙运动时代的乐观主义遭受重创，虽然展示了仁慈君主的典范，但也表明为什么仁慈的君主专制不能保证社会进步。

THE ENLIGHTENMENT

A BEGINNER'S GUIDE

第二部分

启蒙运动的思想核心

4 启蒙运动的思想起源

笛卡尔的二元论是如何引导启蒙运动的?

霍布斯是如何阐释权力的本质的?

皮埃尔·贝尔的怀疑主义有何影响?

先导者：培根、笛卡尔、斯宾诺莎和霍布斯

把启蒙运动的起始时间设定在 1688 年，并不表示启蒙思想在那时是凭空出现的。哲学家们和其他思想家也都明确承认前辈们为他们铺垫了思想的基石。尤其需要注意的是，我们虽然为启蒙运动划定了时间，但也不能忽视培根、笛卡尔、斯宾诺莎和霍布斯这些人所做的贡献。

培根向我们阐释了如何运用实验方法发展知识体系，知识的发展因此迈出重要的一步。在 1620 年出版的著作《新工具》(*Novum Organum*)中，他倡导尽可能多地搜集观察结果，并将据此累积的知识列入表格进行分类，再看从这些知识中能否归纳出一些结论。虽然这是十分传统的科学实验法，但却产生了重要的影响，比如 1660 年皇家学会的建成。[1] 而且不乏有人从科学方法角度认为自己是培根哲学的信徒，达尔文就是代表之一。达朗贝尔曾高度赞扬培根是思想上的先驱，称“我们的知识之树枝繁叶茂，最应该感谢的就是培根大臣”。

笛卡尔的观点也体现了许多启蒙运动的精神，特别是他对理性思维的信念。思想领域取得的若干进展都归功于他，尤其是数学领域。笛卡尔几何坐标体系，如 $x^2+y^2=r^2$ 是了解 n 维空间的关键工具。他还发明了简易符号，把 x 的平方写为 x^2。在物理领域，笛卡尔为光学的发展做出了贡献。他发现了反射定律：光入射到一个界面上，会发生反射，反射光与入射光在同一平面内，与界面法线形成同等大小的夹角。

笛卡尔最闻名的作品都在哲学领域。《谈谈方法》（*Discourse on the Method*）和《第一哲学沉思集》（*Meditations on First Philosophy*）仍是经典之作，从多个方面来看，它们是现代意义上第一批哲学作品集。在这些作品中，笛卡尔把哲学思想的焦点从研究现实本质的形而上学，转移至探讨我们如何获取知识的知识论。换句话说，哲学研究从对生命、宇宙和万物毫无依据的猜测变为对人类思考过程的知识性研究。但是，他的目标却很形而上学，他希望运用理性思维去证明上帝的存在，但使用的方法却是集中利用我们已知的事情。首先确立我们可以肯定的事情，通过这些事情再去推断上帝的存在，这便是他的策略。

笛卡尔主张“我思故我在”。如果我在思索自己是否真实存在，那么我肯定是存在的，因为思索这件事需要一个施动者，那便是我。无论我们对这个世界多么地不确信，这件事肯定是毫无疑问的。仅凭这个简单的推断，笛卡尔就得出结论：整个世界，连同上帝都是真实存在的。

这个观点还得出另一个推论，即从某种意义上讲，我们的思想和身体是相互分开的不同存在。我们可以不确定身体的真实存在，但是无须怀疑思考功能，比如怀疑我们是否真实存在的这个想法。所以，笛卡尔推断，包括身体在内的物质世界和思想是由不同的“东西”组成的。他还进一步宣称，动物本质上等同于复杂的机械，完全由物质的“东西”打造而来，而在所有生物中，人类之所以如此独特，正是因为拥有思维。上帝的存在也意味着，他在创造思维时，已经往思维里注入了思想，使我们可以正确认识世界。

身心分离的二元论，在当今许多西方思想体系里仍然依稀可见，虽然批评家们在当时就直接提出异议：如果思维和身体是完全分离的，那么除了超自然现象，思维是如何影响我们身体行动的呢？笛卡尔预料到会有人这样反驳，他也提供了回答，但却没有什么说服力。

在向人类担保上帝是存在且善良的时候，笛卡尔运用的方法是理性推理而不是宗教信仰。这种做法在天主教会看来太激进了，于是他们在 1663 年将笛卡尔的作品列入禁书名单。尽管笛卡尔怀揣着宗教目的，但提出的问题却令宗教立场很尴尬。他把理性思维放在首位，称上帝是善良的，且无所不知，所以如果我们能够凭理性思维去想清楚一件事，这件事便肯定是真的，因为上帝不会为了削弱理性思维而去创造世界。

但这个观点又引发了一个问题，那就是理性思维的有效性能否独立于神学之外。2 加 2 之所以等于 4，是因为上帝规定必须这样？如果答案是肯定的，那么上帝也可以为了达到自己的目的，规定 2 加 2 等于 5，这样一来，理性思考得出的结果就可以因情况而异了，但这说得通吗？如果答案是否定的，那么上帝似乎就得屈从于算数定律了，那上帝就不是万能的。如果我们按照笛卡尔希望的那样，通过理性思维去认识上帝，似乎反而会发现，上帝是理性思维的奴隶。在笛卡尔的观点中，上帝丧失了他的人性，不再是《圣经》里那个怀有嫉妒心和富于同情心的上帝，而是被奉为一种抽象的信条，是一切运动的源动力。

达朗贝尔在赞赏“杰出的笛卡尔”是启蒙运动又一位先导者的同时，又言辞激昂地说：“即使在证明上帝存在时，他非常明察秋毫，但依然免不了遭到牧师的指控，而这些牧师可能本身对上帝并没有多么真诚的信仰。”达朗贝尔称赞笛卡尔能“挣脱经院哲学、舆论和权威的枷锁，简而言之，就是摆脱偏见和野蛮的态度”。他还指出笛卡尔的普遍怀疑方法本质上是一把双刃剑，但令人钦佩。“如果他最终能相信自己已经解释了一切，那至少他得从质疑一切开始。我们也用怀疑的武器去针对笛卡尔，但这丝毫不影响这个武器本身就属于他的事实。”达朗贝尔如是说。

虽然培根和笛卡尔的哲学理念违反常规，但在他们之后很快就出现了两位更加“臭名昭著”的思想家。一位是英国的政治哲学家霍布斯，他没有多大野心，而是注重实际经验，且具备基本常识。另一位则是荷兰的形而上学理论家斯宾诺莎，他朝更加大陆理性主义的方向发展了笛卡尔的观点。这两位思想家在他们所处的时代都未被重视，但影响力却非同小可。

斯宾诺莎为笛卡尔的机械论哲学画上了一个逻辑严密的句号。他不相信世界可以分为物质世界和精神世界，相反，他认为宇宙本身必须是一个简单的整体，精神和物质都是固有存在的。由此断定，宇宙间只有一个实体，这个实体必然是上帝，物质和精神只能是上帝的一部分属性。世界上发生的一切都是必然的，所以无所谓偶然事件、自由意志，也无所谓奇迹。善和恶作为道德的两种极端在这个理论里都是不存在的。

在英国政治大动乱的年代，霍布斯从现实主义角度研究政治学。或许除了马基雅维利（Machiavelli）以外，没人将权力的本质想得如此清晰透彻。但是霍布斯比文艺复兴时期的前辈们想得更远，他的观点可以从两方面说起。第一，他不认为国家权力是神授的。权力需要合法性，需要与人类的自然权利建立平衡关系。霍布斯的大多数主张，目的都是利用权力谋善果，避免权力产生消极作用。第二，霍布斯尝试着像斯宾诺莎那样进行系统性的论证。他十分钦佩他的友人伽利略，遂试图借鉴几何学的确定性去建立政治学说，使之成为可演绎的科学。

霍布斯的成果为公民提供了合理的理由去服从统治者，但前提是要建立统治的合法性，即统治者必须保证公民的生活水平。他的结论在当时并未讨得统治者的欢心，统治英格兰和苏格兰的斯图亚特君主不喜欢民意这个观点，而在 1649 年至 1660 年间短暂的共和国时期，国会议员们则反对他对绝对统治权力的持续支持。霍布斯理论体系中的基本主张都是从机械论角度出发的，他认为人类所有的行动都可以解释为构成身体和思维基本运动的一部分。但他对人类本性持极度悲观的态度，认为一个人的权力大小取决于他超过社会上其他人权力的多少，所以人在使用自己的权力时必然会妨碍其他人的权力。

霍布斯刻画了一个自然状态，即在无组织、无法律、无文明的情况下人们的生活状态。这个假设成为启蒙运动一个极端重要的思想出发点。在主要的启蒙哲学家中，只有达朗贝尔指出，既然人们对自然状态一说存在分歧，那就意味着它并不是推演政治真理的可靠方法。在霍布斯的构想里，自然状态存在危险，既然如此，人们可以签订有效的契约，赋予国家合法的统治权，毕竟一个组织合理的社会比混乱的自然状态更受人青睐。契约规定了一个合法的君主，人民可以将自己的部分权利寄托在他身上。曾经盛行的属于勇士或贵族的以荣誉为中心的行为准则，在霍布斯的政治体系里是看不到的。

发起人：洛克、牛顿、莱布尼茨和贝尔

有两位思想家为启蒙运动的兴起创造了有利条件，可谓是功勋卓著。一位是英国的哲学家约翰·洛克，他的精神和政治哲学理论，从过去到现在一直影响深远。与许多政治哲学家不一样，洛克并不只是理论家，还积极投身于“光荣革命”，推翻国王詹姆斯二世的统治，他的著作也因这次革命的胜利而更具权威性。洛克开创了从实际出发、宽容和有原则的政治学，让人们看到终结专制统治的可能性。

另一位则是艾萨克·牛顿爵士，英国的物理学家和数学家。他的成就已经声名远扬，无须过多介绍。牛顿的重力理论和三大运动定律闻名遐迩，至今仍是现代工程学的根基。[2]他通过思考运动的本质而得出理论，表明人类可以应用理性思维去掌握大自然的规律。我将会在“自然和科学”一章中详细地探讨牛顿的成就。跟他同处一个时代的人也视他为崇拜的对象。亚历山大·薄柏为牛顿写了著名的墓志铭：“自然

和自然的法则隐藏在黑夜之中。上帝说：‘让牛顿来吧！’于是一切都被照亮了。”法国建筑师艾蒂安－路易·部雷（Étienne-Louis Boullée）为牛顿设计了一个充满未来感的纪念碑。这个巨大的球体直径为 150 米，内部是无限蔓延的空间，被透过球体表面的小孔照射进来的光照亮，像星星一样闪烁。

还有一些处于过渡期的人物，一直到启蒙运动初期，仍依稀可见他们活跃的身影。丰特内勒（Fontenelle）虽然是个失败的诗人和戏剧家，但还是成功骗取了法国文学界的信任，跻身其中，并普及了笛卡尔的科学新知识。他于 1686 年出版了《关于宇宙多样性的对话》（*Conversations on the Plurality of Worlds*），极大地动摇了天主教会在形而上学问题上的权威。

戈特弗里德·莱布尼茨是德国的哲学家和通才，他跟随笛卡尔和斯宾诺莎的理论传统，开创了许多重要的数学理论。事实上，他们三位经常被并称为“17 世纪的理性主义者”。莱布尼茨在哲学领域却走进了一个死胡同。他发展了斯宾诺莎关于“实体”的概念，但是却未能获得多少支持。莱布尼茨逝世后名誉受损，一部分原因是他未能成功建立一个哲学学派，另一部分原因则是他在伏尔泰的小说中被刻画成潘格洛斯博士，遭到一顿戏谑。

这里还需提及一位重要人物，相比其他人，他的名字或许不那么家喻户晓，即法国哲学家皮埃尔·贝尔。他是一个怀疑主义者，在对新教的信仰动摇多年后，开始向一切试图认识世界的举措发起攻击。他主要的著作《历史批判辞典》是一本旨在摧毁所有人类狂妄自大的汇编集。贝尔一方面很乐于拿古代思想家开刀，比如亚里士多德和伊壁鸠鲁（Epicurus），一方面也享受推翻近代受尊敬人物的观点，比如笛卡尔和斯宾诺莎，甚至连他的盟友洛克、莱布尼茨和牛顿也不放过。

事实上，贝尔更深入地扩展了怀疑主义。笛卡尔是怀疑主义者，认为质疑一切事物的目的是发现那些不证自明的真理，这样一来，我们对世界的认识才足够可靠；而贝尔怀疑的目的是证明对世界的认识根本无据可依。关于那些不证自明的真理，比如“我思故我在”，他唯一的回应就是，一件不证自明的事也可能是错误的。[3] 虽然在当今社会贝尔的名字鲜被提起，但他的怀疑主义思想影响深远，使他成为启蒙运动思潮的重要人物。

到 1688 年，一系列思想体系和思想争论都已就绪，只待融为一体，共同掀开启蒙运动的正式篇章。下面五章的主题便会围绕哲学、政治学、科学、宗教和艺术各个领域持续进行的辩论展开。

要点总结

1. 尽管我们把启蒙运动的起始时间设定在 1688 年，但也不能忽视培根、笛卡尔、霍布斯和斯宾诺莎这些人所做的贡献。

2. 洛克和牛顿为启蒙运动的兴起创造了有利条件，可谓是功勋卓著。

THE ENLIGHTENMENT

A BEGINNER'S GUIDE

5 哲学

笛卡尔的二元论和莱布尼茨的单子论主要区别是什么?

洛克的心灵“白板说”对教育有何影响?

如何理解“我思故我在”?

启蒙运动时期，思想不受任何约束，人类思想的力量在那时开始受到关注，且无人能望见这力量的尽头。哲学是历经长时间发展起来的一个研究领域。本章会阐述在整个哲学领域里较为重要的思想，尤其是形而上学、知识论和心理学这些关键话题。这些思想尽管很抽象，但很快就与政治问题相互交织，而政治思想正是启蒙运动时期成就最突出的领域。下一章将会详细探讨政治哲学。

形而上学：世界的本源是什么

形而上学围绕世界万物的本质是什么来思考众多问题，贯穿了整个 17 世纪。先辈们在这个方面的思想主张为启蒙思想家提供了最多的借鉴。

二元论

主要的问题之一就是关于实体：世界由什么组成？霍布斯是彻彻底底的唯物主义者，他认为生命仅仅就是四肢的运动，所以机器人或机械的生命可以说是人工授予的。笛卡尔的观点跟霍布斯相似，但是他认为在规律面前，人类是一大例外。虽然动物和自动装置完全受制于物理学定律，但是人类是不同的。人类位于松果体内的灵魂，与肢体取得联系，从而赋予身体生机。

松果体理论几乎经受不起任何严密的分析，很快就被笛卡尔学派放弃了。但笛卡尔提出的世界有两种实体，即精神和物质相分离的二元论，建立了一个正式的思维角度，受基督教影响的西方思想在数个世纪内一直维持着从这个角度进行思考。遗留给启蒙运动时期的哲学问题则是如何调和这两种实体，也就是说如果它们是分离的不同实体，那么思想是如何影响行动的，反之亦然？这个问题不仅涉及形而上学探讨的这两种实体的因果关系，还引发了一个关于知识的问题，即思维是从何处获取关于世界的信息的，以及它是否可靠。

斯宾诺莎在回答这个问题时与霍布斯一样，都尝试着把两种实体简化为一种。我们以及眼前所看到的一切，都是上帝固有的一部分。但是，无论是基于霍布斯的唯物主义理论，还是斯宾诺莎的泛神论，世界只有一种实体的思想都站不住脚，因为它与观察到的事实不相符。同时，也并非一切事物都是物质，因为思想就是无形的；但一切事物也不都是思想或精神，即使是上帝的精神，因为思想没有广延性，它不能在世界上占据任何空间。

单子论

莱布尼茨在很多作品中，都试着将二元论反对到底，尤其是《单子论》（*Monadology*）。考虑到莱布尼茨还有大量未出版的作品，这本著作其实并不能完全代表他的思想主张。《单子论》创作于 1714 年，在莱布尼茨逝世后才出版。在这本书中，他认为构成实体的每个独立的元素是最基本的，没有广延性，这些元素叫作单子。但是将这些单子集合在一起后，它们就有了广延性。每个单子都是单纯的，没有更细分的组成部分，世界上有无限个单子，不会消失。单子集合在一起后，就组成了物体和人；这些物体和人，每一个都有独立的灵魂。我们每个人都是由单子组成的，众多单子中有一个处于优先地位，那就是这个人的灵魂。

在莱布尼茨看来，单子不能互动，因为如果它们相互作用，就需要变化。按这个道理来看，单子论就有点问题了，因为了解世界需要去感知，而这又需要单子发生变化并互相交融。但是莱布尼茨坚持认为，单子一直保持单纯的形态，任何物体都不能进出其内部，因此每个单子都“没有可供事物出入的窗子”。还好上帝是仁慈的，每个单子在反映世界时都体现了预设好的和谐性。这种和谐性使单子看起来似乎有感知能力，但是实际上它们只是恰好与其他单子的发展过程相一致。就好比有两个非常准时的钟，到了 12 点，一个钟敲击报时 12 点，另一个钟的时针和秒针也都指向了 12，看上去这两个钟在互相影响，但实际上完全没有。

莱布尼茨借这种和谐性解答了世界上的邪恶这一问题。他认为，预设的和谐性可以证明上帝是存在的，如果不是上帝设定了和谐性，那么还会是谁呢？他进一步表明，上帝本可以随便创造任何一个和谐的世界，但是上帝那么善良，在他创造的世界里，善远远大于恶。不可否认，上帝本可以创造一个没有邪恶的世界，但如果这么做，世界上的善便减少了，因为只有在拯救邪恶和战胜邪恶的过程中，才会出现更多的善。例如，自由意志是大善，但是它也可能隐含罪恶的可能性。如果上帝完全杜绝罪恶的发生，那么意志也就谈不上自由了。所以，莱布尼茨认为，这个世界是众多世界中最好的一个。这个主张在伏尔泰的小说《老实人》中被嘲弄了一番。

科学思想

哥白尼、开普勒、伽利略、培根和牛顿，开启并发展了另一条思想传统，即发展科学，科学大于一切。“自然和科学”一章将会谈到在启蒙运动时期，有关自然世界的观点，但是在这里，我也会提及一些科学思想，因为它们对哲学产生了影响。

物理理论将泛灵论（animism）从欧洲思想体系里抹得一干二净。正如牛顿所想，也许我们需要上帝来“启动”宇宙，但是一旦启动后，运动定律的存在就表明宇宙不再需要超自然的干预就可以自行运转。一系列自然事件的发生，不需要硬扯上帝之目的这种说法来解释它们的合理性，通过它们所处的物理环境就完全可以解释得通。科学无法解释为什么事情是这个样子的，但是可以解释它是如何变成这个样子的。

另外，17 世纪见证了人类对自身在世界所处地位的认知变化。哥白尼推翻了“地心说”，认为文明是宇宙运行的一种副产物。小行星围绕不起眼的星体运转，行星上面居住着互相争吵的群体，吵着吵着就产生了文明。这种新出现的卑微感，在斯威夫特的《格列佛游记》和伏尔泰的《微型巨人》（*Micromégas*）等作品中都有体现。微型巨人米克罗美加斯身高足有 39 公里，来自天狼星，地球上发生的一切在他看来都微不足道。具有讽刺意味的是，这种卑微感也让人类对自身的可能性产生新的自信，“仿佛宇宙中的尘土到底落在哪里，对作为万物之灵的人类来说真的很重要一样”。[1]

精神和物质的相对性

乔治·贝克莱（George Berkeley）是爱尔兰克洛因地区的主教，他抵制将上帝从哲学中移除的做法。他在青年时便完成了主要的哲学作品，也就是在 1713 年出版的《海拉斯与斐洛诺斯对话三篇》（*The Dialogues of Hylas and Philonous*）之后便鲜有作品问世了。在这本书中，海拉斯代表科学和常识，斐洛诺斯则代表贝克莱的主张，负责驳倒海拉斯。贝克莱探究了精神和物质的相对性，虽然他通常被认为是与洛克和休谟一派的人物，但他的思想主张在笛卡尔和莱布尼茨等理性主义者看来，也是有道理的。

贝克莱的主张建立在笛卡尔的身心绝对分离说的基础上。一个实体要么是精神实体，要么是物质实体，不可能两者都是。我们关于万物的思想，如脑海里一棵树的形象，肯定是精神实体。这便是海拉斯和斐洛诺斯第一次对话讨论的问题。树是物质实体，但是关于树的记忆，脑海里形成的画面或者认知都是精神实体。从这点出发，贝克莱得出一个结论：我们无法推断出脑海里的这棵树在现实中是真实存在的；事实上，因为精神和物质是分离的，所以物理世界所有事物的真实存在性都无法推断。我们能确定的就只有自己的认知。这么说来，事物是否存在与人类对它的认知是紧密相连的；如果一个事物不能被一个人感知，那么它便不存在。

由以上论点得出的推论似乎就有点玄乎了。关上门后，房间里的一切事物就会消失，房间便是一个空房间，但再打开门时，它们又神奇般地再次出现；坐在马车里，窗外的风景会不停地快速消失、出现、消失、出现，因为在没有被树挡住的时候，它是可见的，但是被树挡住后，它就又不见了。对于什么是真正的感知者，人们提出了很多有趣的问题：感知者必须是一个有感知能力的人吗，它可以是一只猫吗？一只老鼠，或一只苍蝇呢？好在，有个可以快速解决这个问题的答案，那就是无所不在的上帝在世界每个角落都创造了稳定性。如果别无他人，上帝便是身在这个空房间里的感知者，即使门被关上了，上帝还在房间里感知里面的事物。所以，贝克莱认为上帝的存在，对于我们维持现实生活中对常识的认识至关重要。

大卫·休谟在 1739 年出版的《人性论》给出了自己关于这个问题的观点。他认为我们对现实的认知似乎永远无法告诉我们，什么定律“在幕后”操纵着事件的发生。如果一句话说 A 类事件导致了 B 类事件，但我们关于 A 和 B 的任何感知，都无法证明二者之间的因果联系。我们能看到的只是 B 类事件恰好在 A 类事件发生后不久出现，在这个基础上，我们就对什么类型的事件会出现在 A 类事件之后产生了一种预期，而这种预期就变成了因果联系理论。但是，我们的观察结果却没有为这种理论提供支撑，正如休谟所说，“我们无法看穿两起事件同时发生的原因”。[2]

我们围绕世界展开的研究不能让我们获得任何满意的知识，只要这些知识超出了我们认知里现存的知识范围。对休谟来说，世界本就不可预知，虽然事实上我们被引导着去做出好的预测，但这并不是因为我们的理性思维，而是因为这种做法本就是形成我们的一部分。

如果我们想要给出一个原因，来解释为什么 B 类事件会出现在 A 类事件之后，那是不会成功的。这种推理过程叫作归纳，我们以此方法可以假设密切相连的两件事之间的关系。休谟认为归纳法虽说不一定完全错误，但却是站不住脚的，这给了我们正常的思维习惯重重的一击。他认为我们如此深信归纳法，全因它在过去一直是非常可靠的推理方法。换句话说，归纳法之所以合理，是因为人们在应用它，所以这是一个循环论证。

综合性先验知识

休谟对归纳法提出的质疑把康德从“教条主义的睡梦中”唤醒了。从此康德的研究促成了一系列令人敬畏的著作，其中最著名的，虽然也许不是最广为人知的，便是 1781 年出版的《纯粹理性批判》。

康德称，过去的哲学家一直将两种不同的概念区别混为一谈。第一种是两类知识的区别，先验知识（a priori）和后验知识（a posteriori）。先验知识是仅凭反思、演绎就可确定的知识，逻辑和数学便属于此类。我们不需要做任何实验去证明 5 乘以 17 等于 85。后验知识就需要借助研究和观察去证实了，这类知识包括一些日常的表述，比如“猫在垫子上”，也包括科学类观点的表述，比如“地球围绕太阳运转”。正因为这种区别，我们可以确信先验知识，但对后验知识就没那么有把握了，因为我们对由自身理性判断所得来的证据不能百分之百肯定。

第二种是分析性语句和综合性语句的区别。前者的真实性仅凭句子本身的意义就可以判断，所以，分析句子中的各个概念就可以一辨真假，比如，“一个单身汉就是一个未婚的男人”是真实的，因为“单身汉”这个概念与“未婚男人”的概念完全吻合。因此，如果一个句子里每个单词的意思你都知道，那么这句话是否真实你自然就很清楚了。其他类型的句子都属于综合性语句，理解它们需要经验。康德称哲学家们把自己引入了一个误区，他们不应该把分析性语句和先验知识混为一谈，也不应把综合性语句和后验知识一概而论。

通常情况下，哲学家们的这种做法都是无可非议的。但是康德称，不能因为分析性真理可以通过对概念的先验分析获得，就错误地认为综合性真理就不是先验知识。比如，他认为数学和几何学都属于先验知识范畴，但实际上也是综合性真理；它们的真实性可以通过反思获得，但是也需要经验才能理解它们。康德反对休谟的怀疑论，他认为休谟在表达观点时没有意识到因果原则不是分析性的，而是综合性的。然后，休谟继续错误地认为关于因果关系的知识肯定属于后验知识，所以才不确定因果关系的真实性。在康德看来，因果关系只是综合性先验知识的另一个例子罢了，人需要经验才能理解它，但是它的真实性通过先验知识分析就可以证明。

康德的思想主张很复杂，令人难以捉摸，但是他关于综合性先验知识的思想在哲学领域掀起了一场革命，在整个 19 世纪都占据着主导地位。这种思想向我们描绘了人类思维的模式图，我们通过感官能力从周围世界获取知识，然后通过思维将这些知识整理归类为不同的概念和关系。例如，因果关系不能通过观察确定，而是我们运用大脑的思考能力赋予感官的。其他类似的概念，包括空间和时间，也是思维赋予感官的。

世界自身存在的物体，康德称为“自在之物”，原则上都是不可知的，所以休谟的怀疑论有一半是正确的。但是按照康德的理论，我们面临的许多矛盾和哲学上的困难都是因为我们没有意识到形而上学的思想，比如空间和时间，都不在世界本身属性的范围之内，而是由我们创造出来的秩序和原则。康德的哲学理论，在过去和现在都有着深远的影响，德国也因为他才开始在 19 世纪的哲学领域独占鳌头。

知识论：我们对世界的认识是怎么来的

从上述内容我们可以看出，形而上学很快就与其他的一些理论交织在一起了，包括我们如何获取知识以及获得的知识到底有多可靠的思考。17、18 世纪是科学发展和我们对世界了解加深的黄金时期，也是研究我们如何获取这些知识的重要时期。探讨知识的本质、起源和范围是哲学的一个分支，虽然在当时并未有明确的分类，但我们现在称之为知识论。

信仰和理性思维

培根认为信仰和理性思维之间有区别，由此他提出了许多关于知识论的重要问题。如果我根据我的信仰去相信一件事，意味着我相信信仰追根溯源都是真实的；如果我凭借理性思维去相信一件事，则表明是我自己把这件事情思考清楚的。我们可以依靠自己想通很多事情，但是有些真理，如果它们确实是真理的话，似乎需要依托信仰才能相信，特别是要相信上帝的存在。培根认为，当一件事情可信度极低时，信仰的力量就达到了最大值，它可以让我们相信这件事是真的。贝尔看出了这个说法中自相矛盾的地方，他在《历史批判辞典》中把这个思想带向了极端，巧妙地向读者展示了这种基于信仰的思想有多么奇怪。

天赋观念

笛卡尔将实体区分为精神和物质，同样也把通过理性思维获得的知识与通过感官获得的知识区分开来，虽然在这件事情上，他对前者的兴趣要远远大于后者。他对知识论做出的贡献在于对确定性这一概念进行了完善，并为它的重要性进行了辩护。在笛卡尔看来，外界，即信仰的形式，是不能将确定性强加到一件事情上的，不管是通过习惯、偏见还是上帝的启示，都不可能。一个人想要确定一件事，就必须运用自己的能力。每个人都拥有理性思维，正因为我对这种思维能力享有自主权，所以其他人不应该代替我思考。笛卡尔甚至认为其他人不应该与我一起思考，我应是一个人独立思考，依靠自己把一切都弄明白。

鉴于笛卡尔将精神和物质分离，那么一个人是如何获取对这个世界的认识的依然不太清楚。毕竟，精神只能识别和理解世界的部分内容，获得知识则需要精神和物质之间产生某种形式的交融。笛卡尔觉得知识有很多种来源，其中最重要的便是天赋观念，因为人类大脑的特殊构造，这种观念可以直接被植入大脑中，而不依赖人类的感官。天赋观念包括我们对上帝的看法，对数学、逻辑概念的理解和对形而上学观念，比如身份和实体的见解。

在众多的知识来源中，培根和笛卡尔直接把由偏见形成的来源给铲除了，为洛克在知识论方面的成就铺平了道路。在洛克看来，天赋理性是帮助我们判断是非的“检验标准”，去发现那些旧时，即孔多塞形容的“灵魂任人摆布”的时代，人们因缺少教育而犯下的错误。理性思维应该用确定的真理来取代那些根深蒂固却大错特错的旧观念。

心灵“白板说”

洛克在第一本书《人类理解论》中强烈反对天赋观念说，他指出那些看上去是与生俱来的能力，比如，人类可以区分颜色和味道，其实是由于感觉器官在子宫里的发育或者是在婴儿开始说话前的阶段培养出来的。洛克转而阐释了一个极具影响力的思想观点：心灵“白板说”（*tabula rasa*），即人类心灵本来的状态像白纸一样没有任何印迹，“忙碌而又充满无限幻想的人类在这张巨大的白纸上作画，经验让人类在创作过程中拥有无穷的可能性”。[3] 洛克认为，我们的思想要么来源于感知，要么来源于我们大脑运转时产生的认知。总而言之，所有的思想都来源于经验。即便是我们从未见过或经历过的事物，比如神话中的“双翼飞马”，也是我们将从经验中获取的思想结合而得来的。在这个例子中，我们把关于翅膀和马的想法相结合后，便产生了“飞马”，即使我们从未见过这种生物。

这种自成体系的哲学思想有一个问题，就是我们无法判定对世界的认识是否真实。如果我们真正熟悉了解的都是各种思想、经验或者各种感知，那么怎么才能知道这些思想是否与大脑外的一切有关呢？很有可能我们所有的思想观点都在误导我们，它们很可能根本就不是来源于经验。对于这个问题，洛克没有给出答案，也不怎么在乎。他对形而上学的思辨并没有多大耐性，形而上学思考的关于实体的问题也引不起他多少兴趣，他的选择就是不要太过于操心这个问题。

洛克对笛卡尔思想体系的改进就是，他提出确定性有一定的局限性。他认为数学方面是确定无疑、毫无问题的，而关于道德的自然法则，通过认真思考，也可以获得一点确定性。科学产生的真理不一定千真万确，但对的可能性极高。洛克曾说，关于空间、时间和万物“真实”本质的思想观点，事实上都不是很确定。他之所以会这么想，也是因为他对形而上学缺乏兴趣。有多少证据可以证明一个主张的真实性，一个人对这个主张的信任度就有多高。我们必须接受一个事实，虽然可能性很小，但我们对世界的认识有可能是错误的。不可避免的是，我们一直得在不确定中行事。所以我们要摒弃教条主义，也要容忍同胞持有的错误观念。对洛克而言，怀疑主义态度带来的是宽容和节制。

有一种观点认为我们的思想内容是从经验中寻根溯源的，该观点在哲学和科学领域极具影响力，被称作经验主义。经验与世界的关系这一问题仍然让人困扰，而经验主义理论本身也并非完全站得住脚，一直都有思想家驳斥此理论。尽管如此，这个理论还是颇有成效的。我们已经看到，贝克莱就被这个理论吸引了，并得出结论：存在即被感知。经验主义将“真正”的实体和表象区分开来，使思想家们朝着怀疑主义的方向思考问题：如果我们能接触到的都只是万物的表象，那为什么还要费尽力气去理会那些虽然起根本作用但却无法接近的实体呢？

大卫·休谟在贝尔的影响下[4]，深入分析洛克的哲学思想，研究经验主义面临的危机：经验主义会导致怀疑主义。他试着从洛克的思想角度将怀疑主义与常识相结合，结果却使哲学思考更加脱离日常生活。他在《人性论》一书中描绘了这样一幅景象：人类探寻知识和真理，在本性的驱使下相信自己的所见所闻，但是却没有得到可以满足思维的合理解释。人类必须要相信，是自身构造之本性，而不是任何哲学理论的作用，导致了怀疑主义。当一个人得到一个印象，或者用休谟的话来说，一个观念，比如有一张桌子摆在他面前，他显然会相信事实确实如此，但是不能证明这是真的，而如果他严肃对待哲学理论，那么理性思维会告诉他，拥有一张桌子的印象是无法推断出一张桌子是否真实存在的。甚至数学和逻辑上确定无疑的事都可能受到质疑，“在所有证明式的科学中，规则都是千真万确、毋庸置疑的。但是当我们运用规则时，本身很容易犯错误，能力又不太稳定，所以常常会偏离规则”。[5]休谟想表达的就是，任何一个人都不可能每时每刻都是哲学家。

休谟认为，我们的理性思维能力十分孱弱。如果我们强迫自己依赖理性思维，那么人类终将灭亡。人类的身体构造迫使我们需要针对事实、道德和哲学来做出判断，但这些判断都算不上十分合理。作为判断这些问题时的指导，理性思维远不如经验、习惯和我们作为会思考的存在的本性值得依赖。罗素称：“大卫·休谟的哲学思想……表明18世纪完全缺乏合理性。”[6]

在法国，休谟很快就成为不受欢迎的人，旧思想和新思想都被他拒之千里，因此遭到哲学家霍尔巴赫男爵（Baron d'Holbach）和狄德罗的大力批评。我们已经看到康德受他哲学思想的影响，对纯粹理性思维展开批评。

在休谟的出生地苏格兰，人们对怀疑主义难以理解，苏格兰哲学家托马斯·里德就主张彻底推翻怀疑主义，从而创立了“常识学派”。里德认为对世界充满怀疑绝不可能是生活之道，它肯定是错的。关于“正常人”在哲学主张即常识面前，选择相信什么以及会继续相信什么的探讨，形成了反对怀疑主义的哲学体系，它以上帝的善意为支撑。后来，休谟以及包括约瑟夫·普里斯特利在内的其他思想家，注意到怀疑主义和常识哲学之间拥有共同的思想前提，于是指出里德的观点差不多就是休谟的观点，只是两者强调的内容不同罢了。但是，常识学派逐渐强大，对美国也产生了重大影响。苏格兰裔人约翰·威瑟斯庞（John Witherspoon）作为普林斯顿学院（即后来的普林斯顿大学）的院长以及美国《独立宣言》签署者之一[7]，将该学派的思想带到了美国。

并不是所有的思想家都抨击怀疑主义。孔多塞，按他本人的爱好来说，是一位数学家，也是一个乐观主义者。他设法将休谟的主张转化为一种呼吁，去建立基于经验的社会科学。孔多塞认可休谟所证明的任何知识都是不确定的。但是，正如洛克所说，一切都表明科学主张的可能性只有一个；而思想家们也已达成共识，关于人类和社会的主张也都只有一个真理。所以在得到真理的基础牢固与否上，社会科学同自然科学是一样的，这便是休谟怀疑主义的结论。对孔多塞而言，要使理性思维重返人类社会，就必须确定和理解人类互动中的概率法则，这样我们才能摒弃阻碍社会进步的习惯和风俗。

人类心理："我"是如何认识这个世界的

谈到人类心理学，启蒙运动时期的哲学思想偏向个人主义。"我思故我在"是笛卡尔思想的基石，这个观点也让可以证明个人存在的证据成为所有人类知识的基石。大部分哲学家都产生了这样的观点：相比于外界，一个人更可能从自身或是自身所属的团体中找到认识这个世界的基石。这种个人主义哲学与科学研究不应将权威作为评判标准的要求，以及商业中卖家和买家应该自己确定价格的要求恰好吻合。大部分人跟随霍布斯的"自然状态说"，认为人类拥有"自然"的性情，但会受到社会制度的影响，从而发生改变。认为人类心理有社会基础的人少之又少。狄德罗强调人类天生倾向于群居；休谟则指出，人类的每个行动实际上都需要与他人合作。

18 世纪关于心理的哲学探讨中，最具影响力的思想与洛克的经验主义息息相关，它认为人类心灵本来的状态像白纸一样，后来才逐渐从世界接收到各种观念，在心里留下烙印。这些观念通常简单到无法分析，而复杂的观念则是简单观念的结合。休谟指出，印象（即直接的感官认知）和观念二者之间有区别，后者更为抽象。这种观念也许包括记忆中的印象，以及由无数简单观念所组成的复杂概念和想法。不管哪种情况，我们思想的基石都是我们的经验。

洛克"白板说"的影响可以从两个方面说起。第一，在这个理论基础上产生了这样一个观点：无论后天经历如何，人的智力生而平等。

此观点与法国哲学家爱尔维修（Helvétius）有紧密关联。人类以什么样的方式填满心灵这张白纸，决定了他们在心理和智力上的区别。所以，进步的关键是教育。爱尔维修认为，能不能成为天才不过是机遇的问题，在正确的时间获得正确的经验可以改变一切，并且，经过精良设计的教育机制可以增加人类获得有效经验的概率。相反，愚蠢的人之所以愚蠢，也是因为受到了不良教育。每个人之所以属于不同的社会阶级也只是机遇的问题，血统并没太大作用。庄园领主与田地间劳作的农民，两者之间唯一显著的差别是前者受到了更加丰富的优质教育。

第二，“白板说”把人类心灵看得如此纯净，与复杂的动机理论相悖。对幸福的追求是解释个人行为的主要原因。有人希望“对幸福的渴望”可以在政治和心理思想中扮演重要的角色，如同重力之于牛顿的物理学。[8]正如卢梭在《论人类不平等的起源和基础》（*A Discourse on Inequality*）一书中所说：“利己心态是一种天性，它驱使每只动物看守自己的领地，而在人类身上，它经过理性思维的引导，受到怜悯心的影响，最后产生了人性和美德。”

这种观念融入了政治哲学。个人追求自己的利益或幸福，在亚当·斯密和孟德斯鸠看来，也是在促进社会的集体利益。[9]一些哲学家很欣赏这个悖论，比如颇具影响力的诗人和讽刺作家伯纳德·德·曼德维尔（Bernard de Mandeville），甚至连伏尔泰也会偶尔表示赞赏。富人的贪婪支撑着由工匠、酿酒人、酒店老板和农民组成的庞大产业，个人的恶习在这里被看作公共美德的一部分；如果世上无盗贼，警察和锁匠会变得一贫如洗。这样的观点对很多哲学家来说有点太过了，其中包括霍尔巴赫男爵，他认为只有那些试图直接为集体利益奉献的人才能真正做出贡献。

启蒙运动接近尾声时，杰里米·边沁建立了关于人类心理的基本理论，其中包含“最大幸福原则”：心存善意等同于快乐或幸福，相反，心存恶意就等同于痛苦。所以，人类的行动，都应该是为了将快乐最大化和将痛苦最小化，尽管人们通常对自己的最佳利益以及未来事态的发展都不甚了解，导致很多时候人类都无法达到他们仁慈的目的。这种简单的动机观点至今仍在流传[10]，成为功利主义这一重要政治学说的焦点。

但是，一些思想家注意到，人类为了获得快乐而做的很多事情都不能给予他们长时间的幸福感。弗朗西斯·哈奇森（Francis Hutcheson）曾在格拉斯哥大学为亚当·斯密授课，也在边沁的许多思想中留下了烙印。哈奇森认为，人类不仅天生倾向于群居，而且生来充满仁爱，一个人幸福与否不可避免地取决于其他人的幸福感[11]，而这种心理上关于爱的维度通常在个人主义理论中莫名地消失了。[12]

霍尔巴赫认为幸福和快乐二者有别，幸福是好的，而快乐则不一定。幸福是长期都保持喜悦，而且肯定与道德的行为相关，而快乐则是获取短暂的愉悦。所以，他否认南太平洋诸岛居民淫乱的性生活可以给他们带来幸福，因为他们的行为违背了道德。塞缪尔·约翰逊在短篇小说《拉塞拉斯》（*Rasselas*）中称，无条件或永恒的幸福是永远无法实现的，人类注定要不停地争取，而康德则认为追求幸福不可能也不应是人类行为的终极目标。许多思想家发现想要脱离基督教思想，即“正确”的行为要有最好的回报，是件很难的事；崇尚无神论或唯物主义的思想家则发现，这种难以摆脱的基督教思维使他们的理论出现了不一致的地方，显得复杂矛盾。

教育理论：孩童如何成长为成人

洛克的“白板说”对培训和教育具有显著影响。通过这个理论，我们可以得知：教育的目的就是在心灵这张白纸上写下真理；从道德上看，儿童天真无邪，丝毫未被原罪沾染。

关于教育的启蒙思想原则通过洛克在 1693 年出版的《教育漫话》（*Some Thoughts Concerning Education*）走进了欧洲和美国的家庭。正是在这本书的影响下，美国建立了保守的教育体制，培养了一代又一代严于律己的美国人。他们衣着简朴，积极投身于公共事业，掌握有用的技术。洛克建议：“家长们和管理者们要牢记，要把儿童看作理性的生物。”这意味着应该要放下棍棒，因为“它是最不合适的教育工具”。这样一来，孩子可以做自己意愿的主人，倾听理性的声音，按照其指示去做应该做的事；家长也可以确保孩子的“精神是简单、活跃，以及自由的；与此同时孩子也可以克制自己不去做那些想做却不该做的事”。

洛克认为教育要务实。拉丁语“对一个绅士来说是绝对必要的”，但是对那些注定要从商的人来说则没有半点意义。普里斯特利赞成这个观点，他认为教育最初的目的应带有功利性质，即培养出善良、思虑周全，可以对世界做出贡献的公民，以及优秀的商人。用罗伊·波特的话来说，教育是“治疗”糟糕行为的灵丹妙药，是确保传播理性思维的途径；如果一个人未受过教育，做出不理智的行为也可以解释得通了。[13]

教育还可以理解成它让人变得更易于操控，这也是耶稣会会士提出的设想。他们曾经自吹自擂，称给他们一个男孩，就可以把他打造成一个男人。启蒙思想家们很少有人明确表示过这种操纵论的观点，但是从英国国教徒在美国殖民地各大奴隶州提出的主张中可以看到这个观点最极端的版本：教导奴隶学习《圣经》可以让他们变得更容易驯服。奴隶贩子却持相反的观点，他们更担心让奴隶受教育可能会带来的后果。南卡罗来纳州发生叛乱后，教奴隶写字一事被勒令禁止了。[14] 耶稣会会士也完全高估了他们可以对儿童施加影响的能力。伏尔泰、萨德侯爵（Marquis de Sade）、孔多塞、狄德罗、贝卡里亚、布丰和贝尔都接受过耶稣会虔诚的思想教育，而达朗贝尔和拉·梅特里（la Mettrie）则都受过詹森教派的熏陶，这两个教派的成员都是热诚的天主教徒。

启蒙运动后期最重要的教育著作是卢梭在 1762 年出版的《爱弥儿》（*Emile*）。这本书与卢梭其他著作一样，给法国大革命带来了深远影响。在这本书里，卢梭对洛克的设想提出了质疑。洛克认为儿童就像娇小、无知的成年人，需要用理智填满自己的大脑，从而不受阻碍地运用理性思维。卢梭却坚持认为童年是人生中一个特殊的阶段，“我没有发现比跟儿童讲道理更愚笨的事了”。

> 大自然希望儿童在成长为成人之前，就应该有儿童的样子。如果我们坚持要颠倒这个顺序，没错，我们是可以早日收获果实，但是收获的是未熟无味的果实，是有可能很快就腐烂的果实。这样一来，我们的学者很年轻，儿童却很老成。儿童有他们自己独有的看法、想法和感情。如果我们用自己的看法、想法和感情来替代他们的，就是做了最愚蠢的事情。我宁愿让10岁的小孩长到一米五，也不愿意看到他变得精明审慎。真的，在这个年纪，拥有理性思维能力又有多大用处呢？

卢梭在美德和社会这两方面也有自己的思想主张，他所倡导的童年应有不受拘束的自由生活这种思想，也受到了这两方面思想主张的影响。在同一时间，卢梭撰写了另一本书《论政治经济学》（*Discourse on Political Economy*）。在这本书中，他表达了一个听起来有点可怕的观点："从出生的那一刻起，人类就应该开始学习如何让自己值得活着。"国家应向儿童灌输美德意识，鼓舞他们，让他们认为自己的存在只与国家有关系。卢梭观点的两大对立面，即不受拘束的自由生活和为了社会而活的集体主义，是难以调和的。从很多方面来看，为了完成调和而做出的尝试推动了启蒙运动时期政治思想的发展。下一章我便会探讨启蒙运动时期的政治思想。

要点总结

1. 笛卡尔提出的世界有两种实体，即精神和物质相分离的二元论，建立了一个正式的思维角度。
2. 康德关于综合性先验知识的思想在哲学领域掀起了一场革命，在整个19 世纪都占据着主导地位。
3. 笛卡尔觉得知识的来源有很多种，其中最重要的便是天赋观念，因为人类大脑的特殊构造，这种观念可以直接被植入大脑中，而不依赖人类的感官。
4. 洛克认为我们的思想要么来源于感知，要么来源于我们大脑运转时产生的认知。总而言之，所有的思想都来源于经验。
5. 谈到人类心理学，大部分哲学家都产生了这样的观点：相比于外界，一个人更可能从自身或是自身所属的团体中找到认识这个世界的基石。
6. 卢梭教育观点的两大对立面，即不受拘束的自由生活和为了社会而活的集体主义，是难以调和的。

THE ENLIGHTENMENT

A BEGINNER'S GUIDE

6 政治理论和革命之路

孟德斯鸠的三权分立主张的思想基础是什么?

美国《独立宣言》和法国《人权宣言》分别体现了什么启蒙思想?

边沁的幸福最大化原则的主要内涵是什么?

亚当·斯密的《国富论》是如何体现自由市场思想的?

如何理解开明的保守主义这个概念?

女权和种族歧视问题在启蒙运动时期有何表现?

从“哲学”一章中我们已经清楚了解到，为什么启蒙哲学家们很快便发现自己已经涉足政治领域。哲学方面关于实体、大脑和知识的理论被卷入那个时代的各大讨论中。也正是在这些讨论中，浮现出我们现代所熟悉的大多数意识形态。本章将探讨政治领域的发展，首先我们要了解几大主要的辩论主题，接着去研究理论如何影响政治，最后我们将看到历史上爆发的首次激烈的意识形态冲突。从某种意义上讲，启蒙运动之所以标新立异，是因为在这个时期出现的理论和意识形态不胜枚举，为意识形态之间的冲突碰撞提供了可能性。

讲到这里，16、17 世纪发生的神学纠纷，对启蒙时期的意识形态产生了重要影响，这可以从两方面说起。第一，教育、各种主张和年轻人的思想进步，在神学思维碰撞的过程中成为社会关注的焦点。第二，更重要的是，紧接着发生的宗教战争导致社会对流血事件产生厌倦，所以提高社会宽容度成为一大理想。[1] 霍布斯说，发生流血事件表明社会还缺少权威机构，需要指定一个强大的中央政府来维持和平，但他几乎完全没有意识到，一个国家的人民，不管是君主还是臣民，他们的利益是互相抵触的、需要平衡的。启蒙哲学家们就想得更为透彻。

自由主义：选择哪种政治体制

宽容与贸易

启蒙时期占主导地位的政治哲学，发源于北欧这个贸易中心，尤其是英格兰和荷兰。启蒙运动早期的自由主义，从很多方面来看，都是当时各种社会态度的汇总，这些社会态度是从一种较为宽容的基督新教衍生而来的。在不考虑购买者拥有什么肤色和信条的情况下，货物和服务的产出和销量决定了贸易大国的兴衰命运。不仅如此，在社会形势稳定且可预见的国家，贸易会更加繁荣，因为人们可以满怀自信地做出投资和购买的决定。宗教战争、内部战争和政治迫害都不利于贸易的发展。早期的自由主义者反对宗教战争，部分原因是考虑到人道主义因素，还因为宗教战争极具破坏力且毫无意义。

早期自由主义思想倾向于宽容和贸易，原因有以下几点：在自由主义者看来，不断壮大的中产阶级与贵族君主势力相比，前者的利益要重于后者，因为后者追求的是寻租活动，而不是创造价值。在私有财产保护体系的庇佑下，私有财产不会被任意没收，这种重要的体系也要求对一个社会的契约协议和法治原则报以尊重的态度，尤其是来自统治者的尊重。虽然也存在争议，但洛克看待自由的观点颇具影响力：制定法律以扼制我们现在所谓的反社会行为是非常有必要的，但是自由在于我们可以做任何法律并未禁止的事情。人是独立的个体，如果工作太艰辛，他们应该有权利逃离生活中的处境。由于以上各种原因，早期的自由主义思想反对中世纪的封建制度，并在不断的反思中走向“现代化”。

初为自由主义者的思想家们已做好准备，知道会有人提出合乎逻辑的主张来推翻他们的观点。这种合理的理性主义与践行商议和讨论的政府体制有很大关系，尤其是议会民主制。同时，那些基于宗教信仰确定无疑的事情，理性主义无疑会对它们构成威胁。洛克认为，“明辨公民政府的事务与宗教事务二者之间的区别，并在中间确立一条合理的界限”是很有必要的，需要用批判的眼光去审视宗教信仰启示的真理。洛克以及其他很多思想家，比如沙夫茨伯里，都坚决抵制“宗教狂热”，也就是盲目、不加批判地信仰宗教真理的行为。

若不以逻辑深究，自由主义与上文概述的洛克经验主义其实是息息相关的。所以，自由主义也面临着经验主义的一些问题。最明显的就是，自由主义也从经验主义的“内在”视角看问题，认为我们一切行为的出发点都因它们能带给我们利益，用之后经济学家的话来说就是，我们尝试“将效用最大化”。但是，这样一来，霍布斯的《利维坦》中提到的问题便显露出来，即如果人类只考虑自己的个人愉悦感，那么我们将如何保证社会或公共利益。

自由主义者试着辩解道，只要我们足够深思熟虑，就会明白公共利益和个人利益是一致的，至少在中长期看来是这样。诸如洛克这样试着从宗教角度来解释这个问题的人可能会说，如果有需要，上帝会担任严厉的法官这一角色，所以那些有可能越轨的人不仅需要考虑到今世会获得的利益，还要考虑来世。不过，这种乐观主义一直是自由主义哲学思想中比较矛盾的一点。

法国针对自由的讨论

洛克成功地将自由议题置于政治哲学思想的中心，这在独裁统治的法国引起了一场辩论。大多数哲学家将“自由”视为至高无上的政治利益，但是，对于自由到底意味着什么，他们的看法可谓是大相径庭，虽然这场辩论中大部分参与者都将洛克的观点视为参考对象。关于哪些政治体制可以保证自由，他们也产生了分歧，比如贵族制度下的残暴和不平等可以被清除吗？又或者，是不是必须实行议会制度？

伏尔泰非常崇敬洛克和培根，支持他们的主张，倡导不要干预公民社会，尤其赞成宗教宽容。伏尔泰早期在英格兰的经历以及后来在巴士底监狱的受押体验给他留下了深刻的印象，他称“在英格兰，每个人都可以按照自己的方式去天堂”，并对此大加赞赏。理性思维和科学永远拥有强大的效力，他提议建立中央集权政府，散播理性思维和科学思想，同时消灭狭隘和迷信。这种形式的政府，可以强制社会步入现代化进程。它隶属于一个人，一个专制却仁慈的君主，不受反动势力的阻碍。从伏尔泰的这种立场可以看出霍布斯思想对他产生了一定影响，也可以解释为什么他在腓特烈大帝统领的王朝里这么受欢迎。

在伏尔泰看来，专制制度要获得合法性，社会步入现代化是至关重要的。相比之前的专制主义思想家们，如罗伯特·菲尔默爵士（Sir Robert Filmer）、马萨林（Mazarin）或者黎塞留（Richelieu），伏尔泰提出了一个全新的观点：一个专制君主有责任启迪他的子民。用奥地利国王约瑟夫二世的话来说，就是“凡事为人民，凡事不靠人民”。

至少在编纂《百科全书》期间，狄德罗对专制主义是持有相似观点的，他希望有一个强大的政府可以促进科学发展。但是，虽然他支持伏尔泰对待科学时的培根式乐观主义思想，但却对君主政体没有多大信心，他宁肯由一个技术官僚型政府委派专家去解决社会问题。

孟德斯鸠支持洛克在政府目的这一问题上所采取的自由主义怀疑态度。他倡导国家三权分立，即立法权、行政权和司法权；他认为伏尔泰倡导的政体中，任何裨益都被中央集权产生的危害抹杀掉了。孟德斯鸠主要的创新是，在科学领域首次应用归纳法后，坚持在建立政治理论前先开展实验并对结果进行描述。他探讨的不仅仅是什么才是好的政治体制，在《论法的精神》（*The Spirit of Laws*）一书中，他还尝试构想出社会法则，用以解释什么样的宪法内容才可以与一个特定社会的“天赋本领”相得益彰。这并不代表他反对普遍适用的原则，例如，他认为“正义是永恒的，不依赖人类制定的任何协定”。[2]孟德斯鸠相信任何形式的权力垄断都易引火烧身，但他是基于经验而非哲学思想提出这个主张的。

孟德斯鸠一开始倡导共和制，但是当他游历过意大利和荷兰这样真正的共和国后，幻想破灭了。他还在英格兰游历过一番，对 1688 年的“光荣革命”心怀敬意，还提倡宪法内容应该参照宽和适中的英国宪法。美国历史学家格特鲁德·希梅尔法布（Gertrude Himmelfarb）就认为“相比于法国启蒙运动，孟德斯鸠更能代表英国启蒙运动”，他肯定是英国启蒙运动中被遗漏掉的一环。

“宽和适中”是孟德斯鸠表达最高赞誉时会用到的词汇，而且他的政治思想无一不体现社会背景的重要性。其他思想家在讨论主权和权力时总是比较抽象，通常借用数字来谈论统治方式。这种方法源自亚里士多德，他用一个人统治的国家定义君主政体或暴政，用由少数几人统治的国家定义贵族统治或寡头统治，而由多人统治的国家则代表宪政或民主制。[3]满腹经纶的孟德斯鸠关注的则是具体的统治制度和方法。所以，虽然孟德斯鸠仍对共和制难以割舍，但还是抵制这种制度，因为他认为共和制是一种不切合实际的理想政体。

孟德斯鸠比较倾向于君主政体，但是他详细说明了两种不同的君主政体，一种是法国实行的绝对君主制，另一种是英国实行的君主立宪制。后者在政府机关相互制衡的情况下，自由得到了更好的保障。而在实行共和制的国家，鲜有什么事物可以妨碍多数人的意愿，有没有自由可就难说了。美国人最终践行了孟德斯鸠的三权分立思想。但在他眼里，英国推行的三权分立并不是行政权、立法权和司法权的彻底分立，从前和现在都不是，而是在英国的社会背景下，三种权力能够相互有效制约，但这种制约又不会严格到使政府无法运作。

孟德斯鸠如此重视每个国家的国情，意味着他不会提倡要法国完全照搬英国的体制。他钻研法国历史，目的就是能够建立最“符合法国国情”的体制，使权力得到分散。他预见到贵族、牧师、特许城市和最高法院将会扮演重要的角色。

在公民自由和对公民的惩罚两个领域里，孟德斯鸠的著作都有着深远的影响，尤其是对实际参与到宪法制定过程中的人来说，比如富兰克林、杰斐逊，甚至叶卡捷琳娜大帝。但是，在1755年孟德斯鸠逝世后，法国形势危急，政治观点呈现两极化，建立宽和适中的君主立宪政体的进程受阻。人人都渴望改革，却永远无法有效地实践权力相互制衡。不仅如此，孟德斯鸠对过去历史的关注，对传统上在法国国事中发挥重大作用的体制的关注，表明在法国面临困难重重的政治形势下，他的思想似乎并不够“现代化”，不够进步。

相反地，伏尔泰认为受贵族控制的牧师和体制是阻碍自由的罪魁祸首，而且最高法院在执行工作时只会维护他们自身阶级的利益，反倒让法国的法律更具压迫性。国王可不愿看到这样的法律，比如，国王路易十五曾希望废除酷刑，但是最高法院没有通过。伏尔泰在公众面前的大部分时间都是在披露最高法院在受理案件过程中存在的不公正、残忍以及不人性的行为。

霍尔巴赫男爵在英格兰游历的日子，并没有令他对英格兰产生太多好感。于他而言，与其说这个地方像自由之家，不如说它所呈现的是无政府状态。霍尔巴赫男爵的经验告诉他，实现自由需要一个优越的国家，充满秩序和美德。他理想中的国家，人人德厚流光，人人高风亮节。他提倡建立以道德为中心的政体，社会受符合道德准则的行为所支配，与任何教堂或其他机构都没有关系，从而提升幸福感，而不仅仅是愉悦感。当其他思想家，尤其是卢梭和罗伯斯庇尔迫切地在弘扬美德的时候，这种思想就显得尤为引人入胜。但是话说回来，霍尔巴赫男爵似乎很享受在作品中打造虚构的国家，但在现实中却没有什么实际行动。

人的权利和绝对命令：公民如何行使权利

天赋人权

洛克在1689年出版的《政府论》(*Two Treaties on Government*)中反复提到天赋人权思想，与启蒙运动时期的典型思想相吻合，也就是某种形式的社会关系不能因为存在的时间长到无法计算，就可以继续保留。即使是一个合法的政府，在对它的公民行使权力时也应该有所限制。

人民有他们自己的自尊心。借用杰斐逊的话来说："群众不是生来背负马鞍任人驾驭的，而少数人也并非天生优越，理当穿着皮靴、套着靴刺，凭借上帝的恩赐驾驭别人。"这是杰斐逊在离世前几天写下的话，彼时也是《独立宣言》问世的第15周年。自从早期针对弗吉尼亚殖民州的议会激进分子写过文章后，杰斐逊就一直是将天赋人权思想带到公共场合的领军人物。在这场重要的辩论中，他将大量的新理论与宪法结合起来，让美国人知道他们有天赋的权利去管理自己。

1776年7月4日，《独立宣言》在大陆会议上发表。该宣言主要由杰斐逊执笔，领导五人委员会共同起草，其中包括本杰明·富兰克林和约翰·亚当斯等，再于国会辩论期间逐步进行修订。通过这个宣言，美国宣告独立，强调人权和自治，使用的语言和概念都体现了启蒙运动时期代表自由的思想。

> 我们认为这些真理是不言而喻的：人人生而平等，造物者赋予他们若干不可剥夺的权利，其中包括生命权、自由权和追求幸福的权利。为了保障这些权利，人类才在他们之间建立政府，而政府之正当权利，是经被统治者的同意而产生的；当任何形式的政府对这些目标的实现具有破坏作用时，人民便有权予以改变或废除，以建立一个新的政府。新政府所依据的原则和组织其权利的方式，务必使人民认为唯有这样才最可能使他们获得安全和幸福。

这些真理既然是不言而喻的，那么任何人只要顺利运用他们的理性思维，便可以清晰理解。造物者赋予了我们与生俱来的权利，虽然没有明确提到上帝，但是从这句话可以看出这个文件并不是基于无神论撰写的。追求幸福这种正在壮大的心理显得更加理所当然了。既然权利是不可剥夺的，那么它们也是不可赠予和兜售的。若一个政府不支持人类的这些权利，它便是不合法的。[4]

“绝对命令说”

康德的思想严谨而一丝不苟，这意味着他永远不会像洛克或杰斐逊一样，为政治哲学做出行动上的贡献。但是他在道德哲学方面的成就，尤其是 1785 年出版的《道德形而上学的奠基》（*Groundwork of the Metaphysics of Morals*）和 1788 年出版的《实践理性批判》（*Critique of Practical Reason*）开创了重要的思想传统，其中正义、公平和公正的待遇是道德伦理的主要准则。康德认为，道德规范并没有除自身以外的其他意义，它不是为了其他任何因素而存在的。道德是自成一体的领域，经得起理性思维的检验，因为它属于综合性先验知识：一个人需要获得经验才能理解道德律令，但是如果仅通过反思，也可以想清楚道德真理。康德运用了他自己的形而上学思想。

康德关于道德的思想构成了“绝对命令说”，意指道德律令不能也不应该受到限制，“只按照你愿意且能够遵守的准则行事，这样的准则才能成为普遍法则”。如果我们的想法符合道德准则，那么它们也必须适用于社会每个人，没有例外。如果一个人因犯罪而受到惩罚，那么任何一个犯下同等罪过的人都应该受到一致的处罚。同样，评判某种行为是否符合道德准则时，与它所产生后果的性质没有关系；按最极端的说法就是，说谎无论如何都是不对的，即使你讲了一个“善意的谎言”，这个谎言最后还导致了一些好的结果，这也是不对的。最重要的是，每一个人都应通过自身去达成生活的目的，你不能把其他人仅看作达成某种目的的手段，即使是善意的目的。所以，康德最后做了一个非常抽象的总结，听起来像是在说人类的权利，在强调一般性，比如职责、权利和义务，而并不是在讲道德的特殊性质，比如信任。

《人权宣言》

1789 年 8 月，法国革命家们在革命初期颁布了他们自己的《人权和公民权宣言》，简称《人权宣言》。制宪议会肩负着代表法国各方利益的重担，在路易十六的勉强同意下，负责撰写新的宪法。这部文件对启蒙思想做出了大胆和权威性的总结。特别是，它更改了政治贸易条款，从平衡全体利益，即神职人员和贵族的利益，变为确保个人的普世权利、天赋权利和不可剥夺的权利。这部宣言受到诸多思想的影响，最明显的是洛克提出的天赋人权说和卢梭的公共意志说，以及孟德斯鸠的三权分立思想，但三权分立思想之后在法国大革命中被否决。美国的《独立宣言》也在一定程度上影响了《人权宣言》的撰写，实际上，在《人权宣言》筹备期间，杰斐逊正身在法国。

这部宣言包含 1 个序言和 17 项条款，尽管篇幅很短，但却产生了深刻的影响，构成了目前法兰西共和国宪法的一部分。它主张人人平等，即不论社会地位，人人享有平等的权利。这些权利特指个人自由、私有财产、人身安全和反抗的权利。主权和权威从根本上源于国民，法律应体现公共意志，在实施过程中，也应本着公平、公正而不是任意的原则。凡未经法律禁止的行为不得受到妨碍，除非是在法律确定的情况下，任何人均不受控告或逮捕。公共的武装力量要采取行动，必须是为了全体人民的福祉，而不是为了任何小团体的利益。国家应按照财产比例，向全体公民平等征税。自由交流思想是自由权利的重要一部分，社会应容纳所有思想和意见。

虽然有人指控这部宣言里的一些提议是对君主政体的含蓄批评，但大部分的提议至今都是无可争议的。尽管如此，它作为一部宣扬人权的宣言仍然不够完整，因为它尚未提及奴隶制或女性。孔多塞以及其他思想家主张宣言里应明确提及女性的权利，但被否决了。

功利主义：一切行为的目的都是获得幸福

考虑到启蒙运动时期心理学说的基础，如果一个人想变得激进，是不必支持人权的。英国哲学家杰里米·边沁的一个非常著名的主张就是，人权观念简直就是在胡诌，人权是不可剥夺的这种说法更是“踩在高跷上的废话”。他所支持的观点则是，一切行为的目的都是获得幸福，个人的幸福感是他最关心的话题。边沁对自由议题不那么感兴趣，除非自由可以促进幸福感。他认为相比于自由，安全更有助于人类收获幸福。尽管如此，他的心理理论促成他得出了激进而又进步的结论，其中包括女性的平等地位、动物的权利、自由贸易、离婚权以及同性恋合法化。但他在启蒙运动结束后发表的一些结论，已经淡出了哲学圈。

边沁基于他自己提倡的幸福最大化原则，推导出了自由主义的另一种形式，至今还受到人们的景仰。他并没有尝试阐释清楚关于如何判断事态好坏的复杂理论，而是从幸福原则出发，推断出一个结论：政治以及道德上，哪一种事态带给其他人的幸福总和最大，那么这种事态就优于其他事态。立法者在立法时，要达到的目的应是协调统一每个人对幸福的追求，以达到公众总体幸福感的最大值。

但这并不代表功利主义不提倡追求传统的权利和自由，不同的是，对这些权利和自由做出判断的标准变了。道德上错误的行为，比如盗窃或谋杀，从更深刻的道德真理上看，也许不是错的；但是不管在何种情形下发生的盗窃或谋杀，都会降低幸福感的总和，所以从这个角度来看，这种行为肯定是错的。惩罚的目的应是减少犯罪，而不是向罪犯痛加报复。

很多人都指出，边沁并不是他所命名的功利主义哲学理论的创始人。爱尔维修在《论精神》(*On the Mind*) 中谈到了这种心理，切萨雷·贝卡里亚在《论犯罪与刑罚》(*On Crimes and Punishments*) 中将功利主义原则应用到法律中，约瑟夫·普里斯特利在《政府论集》(*First Principles of Government*) 中将这种原则应用到了政治学。而早在 1725 年，弗朗西斯·哈奇森就在《论道德的善与恶》(*Inquiry Concerning Moral Good and Evil*) 中主张将"能为最多人提供最大幸福感"这一原则作为判断道德行为好坏的标准。所有以上提到的著作都在边沁的作品前出现，边沁主要的作品是 1776 年出版的《政府片论》(*A Fragment on Government*)。虽然如此，边沁对功利主义理论发展所做出的贡献，以及他的主张，即政府的主要任务就是实现大多数人的幸福，都影响极大，且易于理解，也被广泛应用于政治思想理论中。

功利主义是结果主义最简单的形式，即一个行为的后果，而非行为的意图，才是判断该行为是否属于道德善行的标准。这种思想在当时颇有争议，至今仍然是道德哲学领域里的一个关键话题。[5] 边沁应用幸福原则的一个益处就是简化了结果论思想，但是如果幸福原则被更复杂和更现实的原则代替的话，局面就会变得异常模糊和复杂，与洛克的自然法理论所面临的局面如出一辙。霍尔巴赫男爵试着重新定义幸福，将幸福看作对符合道德准则的行为的奖赏。但是，如果要这样演变幸福的定义，就会遇到一个难题，那就是明确什么才是符合道德准则的行为，而这个问题又需要艰难的推理论证。况且，即便是最有经验和最一丝不苟的道德理论家，在什么是符合道德准则的行为这个问题上，都有不同的看法。这样一来，基于幸福原则的功利主义也就充满不确定性了。

反对功利主义的人认为，这种哲学理论似乎是批准人们做出违背道德原则的行为。公众很有可能通过处决一个无辜的罪犯而获得幸福感；关押罪犯的妻子和孩子很有可能成为惩罚这个罪犯的手段，即使他们根本就没有参与犯罪。很多思想家，比如孔多塞，是无法接受这种做法的，他们更愿意延展洛克的天赋人权思想，坚持认为个人的权利应受到永久的尊敬，不能因维护集体的权利而忽视个人的权利。结果主义者们为将这种根深蒂固的道德直觉融入自己的理论体系中采取了多种方法，并在之后的一个世纪里逐渐发展。但是这方面的内容超出了本书的讨论范围，在这里将不会继续探讨下去。

经济学的开端：私有财产、自由贸易与市场机制

私有财产

在哲学家们针对个人的本性以及人类与周围世界、社会的关系建立理论的过程中，社会上隐约出现了经济科学的曙光。

哲学家们对此并没有达成共识。洛克认为保护私有财产和执行合约是社会运转的重要组成部分，但是卢梭却认为发明私有财产这种说法，就是在破坏原始社会特有的纯朴关系，并且弘扬正义与和平的法律实则是为永久维护社会两极分化而套上的伪装，这种法律造成了社会势力的不均等分配。包括曼德维尔和伏尔泰在内的一些思想家，认为穷人拿低工资是一件好事，而富有的爱尔维修则很可能在没有什么依据的基础上认为，穷人是活得最开心的。财产并不丰厚的狄德罗，

始终对穷人怀有恻隐之心。他指出，不管爱尔维修本人有多么才思敏捷，他关于穷人很幸福的这个观点很难说得通。

自由贸易

18 世纪 60 年代，法国开始实行自由贸易，随之而来的是猜疑、资源短缺和牟取暴利。狄德罗带头反对经济自由化，因为从务实的角度来看，经济自由化不会有什么好的结果。伏尔泰认为有钱人生产奢侈品可以给穷困的技工提供工作机会，所以是对社会有益的，而狄德罗则对这种看法不以为然。狄德罗的盟友霍尔巴赫男爵认为，我们现在所说的炫耀性消费引发人们花费超出实际拥有的钱，如此一来，他们的精力就都放在了无聊的活动上，而不是努力成为品行端正的人，而后者才能带来真正的幸福。不要忘了，在霍尔巴赫眼里，幸福和快乐是有区别的。

也许让人感到吃惊的是，革命家孔多塞却盛赞自由贸易，他认为自由贸易具有解放意义。他希望非洲的蔗糖业能够“帮助非洲摆脱在过去近两个世纪内所遭遇的剥削，这种可耻的行为导致非洲腐朽堕落，人口剧减”，而贸易垄断就是“向人民征税，为政府施行暴政提供新的手段”。在孔多塞看来，贸易自由是构成社会自由的重要部分，还能促进财产的广泛分配。

支撑自由贸易的道德论点得益于关于经济活动的本质展开的辩论。在重商主义阶段的初期，社会普遍认为金钱价值连城，相比于诸如食物或衣服这种凭借自身属性而获得价值的事物，金钱更经久不衰，这种观点也得到了洛克等人的支持。社会认为产品需求的变化“相对缓慢”，我们现在称为“无弹性”。因此可以断定，一个国家繁荣与否全凭它所拥有的资本。政府有职责确保贸易顺差，这就需要扩大出口，对进口商品征收高额关税作为抵制进口的手段，并允许受到青睐的商家进行垄断贸易。政府的职责还包括对帝国企业进行“投资”，以利用殖民地去保护最惠贸易条款，因为殖民地可以提供廉价劳动力、自然资源和出口市场。除此之外，政府还应在失业率较高的时期，吸收国内市场的剩余劳动力。

重商主义置心理理论于不顾，它深受维护国家独立和安全的政治思想的影响，因此在启蒙运动渐渐成形期间，它遭受了严厉的审视。法国经济学家，尤其是孔多塞的导师财政总监杜尔哥（Turgot），发展了重农主义理论。这种理论认为财富源于自然，所以应该大力推动农业发展，以促进国家繁荣。这个理论产生了一个令人高兴的结果，那就是统治者更加重视农民和农业劳动者。苏格兰经济学家和思想家将重农学派的主张作了一番概括后，转而开创了更具影响力、更强大的理论。休谟在一系列文章中抨击了金钱具有固有重要性的思想。金钱只是一种计量标准，用来测量更加重要的事物的价值，包括农业和原材料，以及一个国家人口的技术和能力。需求是有弹性的，而金钱只是衡量需求的媒介。

市场机制

或许在所有启蒙思想家出版的经济著作中，最重要的当属亚当·斯密的《国富论》，这本书以极具开阔的视野探讨了可以自我调节的自由市场。在前人观点的基础上，斯密在书中向我们展现了劳动分工是如何将“每个人在一定程度上都变成商人的”，以及如何通过售卖一件商品、一种服务或一项技能来促进经济增长。他最著名的观点是：一个人制作一个大头针，需要耗费相当长的时间，但是如果将制作过程进行分工，由多人共同完成，那么结果便是以更低的成本生产出成千上万个大头针。包括狄德罗在内的许多哲学家在《百科全书》谈论手工制作的篇章中，也提出了这种主张，但是都没有详说。斯密的《国富论》就主要讲解了这个主题，因为非重农主义者的他相信劳动力才是一个国家最重要的经济资源，而非土地。

斯密另一个非常著名的创新思想，也是在其他思想家的成就上建立的，即“看不见的手”。意思就是商品市场可以不受阻碍地自由运作，在这样的市场里，对商品的供需要求会不断波动，但是价格和利润会帮助市场生产出“适当”数量的商品。如果市场上缺少某件商品，那么它的价格肯定会上升，同时会吸引更多的制造商生产这种商品；如果某种商品供过于求，就会出现价格暴跌，这样一来，制造商也就不敢再生产了。这样的市场并不一定会保证供需平衡，但是这种自我调节机制肯定是大有裨益的。

如果制造商的决定要花很长时间才执行，例如农业领域，在农产品上市前的好几个月，生产商就得做决定开始种植了，那么在这种商品供应短缺期间，价格则会居高不下，商品也只能限量供应了。即便事实上人们关于买卖商品和服务所做出的所有决定，都是基于满足自身利益的目的和当地知识的影响，但是在整个经济领域，都有这只“看不见的手”在控制着供应水平。“看不见的手”也体现了自然而非传统，在帮助个人做出决定。

这些思想皆源自斯密的心理理论，即人类习惯交换和保存。试图表现出利他行为的人通常没有什么作为，然而这些人如果可以恰当地集结自身利益，最后的结果则是皆大欢喜的。“我们得以享用晚餐，并不是因为屠夫、酿酒师以及面包师有多仁慈，而是由于他们对自身利益的关切。我们应该注意的，不是他们的博爱之心，而是他们的自爱之心。”在经济学领域里，关于个人行为和职责的重要性，以及一个强大却较少干预的政府能带来的裨益，似乎在苏格兰和美国最受重视。美国人民对政府的许多问题都保持彻头彻尾的怀疑态度，而苏格兰隶属的英国政府却不怎么关心这两个问题。

斯密并不是一个没有道德观念的自由市场论者，这种夸张的标签让他成为20世纪新自由主义的代言人，同时也成为集体主义者憎恨的对象。他视市场为社会的一个重要组成部分，但是只有一部分市场对经济发展起着重要作用。他还认为市场的自由运作可以传播关于工作和合作方面对社会有用的思想。在他的两部巨著里，斯密都对“自身利益”展开了分析，他认为自身利益与自私是有很大区别的，而与以其他所有人为代价让自己变得强大的欲望更是大相径庭。许多解读他著作的评论者都错误地设想自身利益是人类行动的唯一动机，然而斯密却并非如此认为。

相反，关于我们对自身利益的理解和来自外部社会的无形压力之间错综复杂的关系，斯密都给出了真知灼见。他认为虽然我们确实力图满足自身利益，但是我们对其他人怀有坚不可摧的同情心，这使我们很难做到“纯粹”的自私。这种同情心也保证了大部分社会里，成员之间都有某种程度的合作，也会表现出道德善行。斯密说，我们的行为通常是为了打动“公正的旁观者”。我们在与其他人的互动交流中，才理解了什么是道德准则。市场在社会化进程中占据了重要地位，在许多人都职业高度专业化的复杂社会里，有效的市场机制有利于资源分配。

保守主义：对激进变革的怀疑主义

启蒙运动时期，落后无知却还引以为傲的保守分子大有人在。这些人通常是天主教会成员和贵族阶级，新兴的中产阶级势力对他们构成了威胁。更有原则的保守主义，也就是在思想或情绪上为抵制变化辩护，尽管这种人比过去少了，但是在英国和美国还隐约可见，而1688年和1776年发生的革命使自由观分别在这两个国家站稳了脚跟。保守主义派仍试图捍卫一个高尚的原则，也就是洛克主义的自由观。

怀疑主义是启蒙运动时期的一大重要主题，而保守主义就是对关于激进变革的理论持怀疑态度的一种哲学，它在很多方面有了关键的发展。开明的保守分子这个概念并不矛盾，这类人并不捍卫教条主义，对关于真理的主张，不管是传统的还是进步的，都保持怀疑态度。例如，詹姆斯·鲍斯韦尔通常称，塞缪尔·约翰逊以开明的态度对理性分析得来的观点进行审视后，得出了保守的结论，这种做法很符合启蒙运动时期的特色。约翰逊认为法律和体制的权威是从“礼仪”而非理性思维那里获得的，这种主张推理论证的前提是：如果法律不受尊敬，动荡便会席卷社会。

相似的例子还包括德国保守主义的奠基者尤斯图斯·默泽（Justus Möser），他的观点是，渐进式改革应先从体制改革入手，再到受过教育的公众。默泽的正职是奥斯纳布吕克（Osnabrück）幼年王子的法律顾问，同时他成了一名新闻工作者。18 世纪的保守主义者都试图证明理性思维和传统并不冲突，只是需要达成一个平衡。

洛克关于政府要获得合法性就必须与公民共同履行一个契约的理论，遭到了休谟的大力抨击。休谟并没有要支持洛克的理性主义精神，但是作为开明的怀疑论者，他认为破除权威来源的神学色彩是很重要的事，这样就可以避免回到君权神授这一不可信的理论上来。他认为政治权威并不是来源于人类理性的力量，也不是天意，为了弄清楚这个问题，他对人类的经验和历史展开一番考察。

休谟在 1754 年至 1663 年间出版了 6 卷本的《英国史》（*History of Great Britain*），现在人们通常称之为《英格兰史》（*History of England*）。这套书解析了当时热门的自由和权利的话题，他成功地向世人说明“自由”这个概念其实相对较新，是在洛克理论的影响下和 1688 年“光荣革命”的胜利中崛起的。社会要达到这种状态，必须对君权施加限制，而且还需要一个强大、稳定和公正的政府。就这一点来说，斯图亚特王室是永远做不到的。法治为自由提供了牢固的基石。

虽然社会习俗的出现并非由于人类理性思维的作用，但也不能完全说它们对社会百无一用。的确，如果一个习俗妨碍社会发展，那么它肯定会被淘汰掉。人类互动和社会秩序建立的同时，道德哲学也在发展，关于道德的“自然”法则似乎是存在的，但实际上它是历史事件和体制变化的产物。历史的变迁，而非纯理性思维，告诉你什么样的道德法则才是一个有秩序的社会应该遵守的。有趣的是，这个观点与培根在另一个语境中提出的观点不谋而合，培根曾探讨理性思维会如何误导我们，以及为何实验和观察因此变得非常重要。

虽然伯克自己的怀疑主义理论并未诠释清楚，但他在巨著《法国革命论》（*Reflections on the Revolution in France*）中表达了与休谟相似的观点。他在体现了保守主义思想的文章中强调，运用理性思维无法应对这个复杂的社会，还会招致意想不到的后果，理性思维寻求对每种体制或每个习俗都加以合理解释，但这种做法并无明确的动机。“政治体制应该顺应人的本性，而非理性思维来做出调整；当然，人的本性里包含理性思维这一部分，但它绝不是最重要的一部分。”运用理性思维是件很难的事，而且很容易出错；如果道德善行要求运用理性思维，那么社会可就遭殃了，因为正确运用理性思维太难做到了。

伯克思想中开明的部分体现在其中一个主张，他认为一个正常运转的社会里，传统、习俗和偏见之所以有价值，且有时超过了理性思维理想中应有的地位，并不是上帝赐予的，也不是神话可以解释的，而是因为在历史长河中，它们在真正的社会里起着实实在在的作用。伯克提出的主张中还含有轻微的迷信和偏见意味，这并不是对启蒙思想的纯粹反驳，反而恰恰是运用了启蒙时期提倡的理性思维和分析方法，对政治行为和道德行为进行论述。他很欣赏宗教在社会里扮演的角色，但是对那些受传统影响且变得社会化的宗教，他提倡宽容和尊敬。“我主张全力保护公民权利，其中包括宗教信仰免受任何干扰，公民在学校与庙宇里有权向犹太教、伊斯兰教，甚至是异教的教徒布道；尤其是如果他们已经在长时间相沿成习的宗教信仰中收获了益处，那么行使这种权利与其他权利一样神圣。”

伯克在第一部主要著作《为自然社会辩护》(*A Vindication of Natural Society*) 中表达了对启蒙运动的理解。在书中，他用一个蹩脚的论点对进步思想讽刺嘲弄了一番，在攻击政府和其他“人工社会”的基本构成部分时，又用到了在抨击宗教和教会时相同的观点。他的讽刺手法运用得太成功，以至于许多人都信以为真了，这导致他不得不发行第二版，并在序言中解释了他作品中反乌托邦的内涵。

伯克很早就欣然采用了斯密的观点，还会时不时地反对调控管理一说，因为从这个词的定义上看，就代表着对自由施加限制。与斯密一样，伯克的自由经济哲学理论也把支撑社会的无形的联系作为重要的考量，他不会支持 20 世纪的市场原教旨主义 (market fundamentalism)，因为这种思想忽视了社会变革的影响。贸易、生产和交易，与正在走向文明的道德体系、传统和宗教活动，或其他骤然沦落的野蛮行径，肯定是同时存在的。这种社会责任同样适用于早期的帝国企业。

伯克早期获得的知名度，是因为他企图弹劾首任驻孟加拉总督沃伦·黑斯廷斯 (Warren Hastings) 滥用职权未遂。虽然伯克的弹劾并没有成功，但他辛辣地痛斥了英国在印度的种种劣行。“英国人在印度赚取的每一卢比的利润，都表示印度永远失去了这一卢比……英国人没有在印度建立哪怕一栋教堂、一所医院、一座宫殿、一间学校，也没有建设哪怕一座桥梁、一条高速路，更没有挖掘哪怕一条航海通道、一座水库。”他用了同样的观点警告英国政府不要在美国做出不正当行为。

与欧洲相较之下，美国的文化氛围更能容纳保守主义，并且更能与当时主流的启蒙思想融为一体。例如，约翰·亚当斯就成功地结合了怀疑主义哲学和斯多葛哲学，塑造了一套保守主义思想体系，从其中可以看到其他人思想的影子，包括富兰克林和伏尔泰以及更早期的作家，尤其是马基雅维利。约翰·亚当斯怀有典型的美国人对英国托利党人的厌恶感，所以他并没有采纳休谟的观点，休谟在他看来就是个愤世嫉俗的人。亚当斯称，从道德上来看，人是不完美的，在历史洪流里，进步与衰落周而复始，所以乐观主义思想愚蠢至极。他支持孟德斯鸠的观点，认为社会要正常运转，美德不可或缺。对奢侈的追求可能会使社会道德沦丧，所以政治学的目的就是要创造政治体制，以弱化人类天生的贪婪欲望，并且保护不同阶级的人免于自相残杀：保护富人免于来自穷人的嫉妒，也保护穷人免于来自富人的剥削。亚当斯对民主一说却很不以为然，因为他认为当社会上绝大多数的人意识到他们有权力满足自己的欲望时，要他们克己忘我是很不现实的一件事。[6]

民主思想：自然状态与社会契约

认为“民主”一词很龌龊的并不止亚当斯一个人。这个词潜在的意思就是，在一个不稳定的体制下，大量未受教育的、无土地以及无财产的“暴民”会享有政治权力，并且可以不受限制地、近乎毁灭性地重新分配财产和财富。这个观点最早可以从柏拉图和亚里士多德的思想里看到，许多主要的启蒙思想家，包括伏尔泰都赞同这个观点。对科学和理性思维的崇敬促成了对专业知识的狂热崇拜，社会进而希望技术专家可以找到合理的办法来解决大部分社会问题；而与人民一起商议则是在纵容他们，会产生适得其反的效果。

洛克于1689年和1690年出版的《政府论》上下两篇，首次给了民主思想重重一击。他首先推倒了君主统治的合法性一说，指出认为真正的君主是亚当的后嗣这种说法是多么荒谬。君主有很多，但能肯定的是，亚当只能有一个后嗣啊！上篇里，洛克反对了君权神授的合法性，而在下篇里，他则支持了公民政府的合法性，强调了类似于霍布斯的自然状态观点。洛克设想，处于这种自然状态下的人类是有理性思维的，但是没有统一的上级。有自由，但并不纵欲。因为状态是“自然”的，所以一些社会权利和观念都是可以接受的，也就是在自然状态下是可能存在的，其中包括私有财产权、人人平等的权利，以及任何人不得伤害他人的生命、健康、自由或财产的原则。

但是，自然状态是不稳定的。为了使复杂的社会变得繁荣昌盛，政府的存在是非常有必要的，而且只有获得社会的默许，政府才能成立，这再一次呼应了霍布斯的观点。政府的合法性源于社会契约。政府不仅不能否决人民的权利，还必须承担保护这些权利的职责。这是在霍布斯思想基础上发展起来的观点，政治权力不再仅仅是展示势力，而是多了一个道德维度。正如加缪所说，“权力，不再仅仅是关于是什么，而是关于应该是什么”。[7]

在霍布斯的构想中，如果人民极度渴望保护，那么契约与暴政是可以共存的，但是在洛克版本的理论里，政府自始至终都需要社会的许可。创造出政府后，它还需要获得长期的合法性。儿子并不会从父亲那里继承契约所规定的职责，政府需要新的许可。洛克很清楚，在过去实际上没有任何国家是真正订立了社会契约的，它只是构想中的一个实验。如果处于自然状态的人类订立一个契约，来规定政府的职责，那么政府就是合法的。

颇具讽刺意味的是，伟大的民主论者卢梭，发自内心地喜欢与出身卑微的人做伴，却成了为民主演变为暴政提供思想基础的人。他在主要的政治著作《社会契约论》(*The Social Contract*)中基于古希腊城邦斯巴达的体制，为小国家的优越性辩护，比如他的出生地日内瓦。卢梭与这个地方的关系可谓是爱恨交加，因为《社会契约论》遭到日内瓦当局的查禁。这本书的第一句话非常著名，“人生来自由，但却无处不在枷锁之中”[8]，阐释了自由和平等之间存在的矛盾和冲突。

卢梭在阐释这个悖论时，称霍布斯和洛克都没有意识到在自然状态下，人类的本性与现在是截然不同的。如果我们继续本着“文明”的品性在自然状态下生活，生活只会是“肮脏的、粗野的和短暂的”，这是霍布斯对自然状态下生活的著名描述。一个真正意义上的自然状态，如果人类可以适应它，那么这种状态下的生活将是相当惬意的，卢梭在小说《新爱洛伊丝》(*The New Héloïse*)和戏剧《乡村预言家》(*The Village Soothsayer*)中以艺术的方式证明了这一点。社会压力，包括自然灾害和膨胀的人口，逼迫人类从自然状态下跳脱出来，被强制着与政府建立不自然的关系，成为被统治者。人类如何做到在保护自身自由的同时又允许自己被统治呢？自由与权威如何共存？

对于这个问题，大部分启蒙思想家都从契约思想出发，并在对自然状态说进行反复思量后得出一个答案：人类将以自由意志同意遵守具有约束力的法律。同意被约束，不代表失去自由。卢梭在解答这个问题时，则是在这些思想的基础上又再进一步思考，他认为一个人会将他自己融入所属团体，由此产生“公共意志”。如果一个人在达到融入状态的同时还想保留自己的权利，不会出现一个地位更高的中间人来解决个人和集体之间的争端。所以，也没有任何中间机构介于意志和个人之间。“我们每个人都把自己和自己所有的权利置于公共意志的至高指引下，并行使我们共同的职责，把每个成员接纳为整体中不可分割的组成部分。”以现代的眼光来看，这本书并不太像是维护自由的良方。“公共意志”是集体的意志，如果有谁拒不服从，也必须被迫遵从。“这其实就是说要强迫他自由。”

卢梭试着推翻这个悖论，他认为“从自然状态步入公民状态会让人类产生显著的变化，正义替代直觉，指引着他的行为举止，他们的行为也被赋予了道德维度”。只有到了那时，人类才可以运用理性思维，并诉诸诸如正义之类的道德原则。卢梭对公共意志的重视，表明他既不支持洛克更加现实和保守的思想，比如保护私有财产，也不认为有必要采用有约束力的体制，比如孟德斯鸠提倡的权力相互制约理论。但是，滥用权力的潜在可能性是很可怕的，甚至连康德这样崇敬卢梭的民主论者，也知道卢梭的这种哲学理念很有可能最后沦落为多数人的暴政。

卢梭的民主思想是形而上学的思想。公共意志的产生，不能由多数投票法或者全体一致同意来决定，但是公民必须顺从多数投票的结果，因为这是唯一可以诠释公共意志的方式。换句话说，公民遵从的不是大多数人的意愿，而是大多数人对公共意志的诠释。公共意志代表着整个团体的利益，而个人的意志则包含两部分，一部分是要考虑自身利益，一部分是要拥护团体利益。所以，如果众多个人聚集在一起辩论，那么肯定会发生自身利益相冲突的情况，总有一方的自身利益会被与之相悖的那些人的自身利益给抵消掉。

但是，卢梭也明白团体之中还有小团体，每个小团体都有自己的公共意志。他的解决办法便是禁止成立任何子团体，并坚持“每位公民只能自己独立思考”。伯克笔下的教堂、联盟、政党、利益团体，这些“小单位”都会被代表公共意志的政府和个人所代替。大部分人都不会把这种状态看作是自由。孔多塞就用“公共理性”思想替换了卢梭的“公共意志”思想，他这么做的目的是试图找到一个开明的办法来解决问题，因为真理驱使的不是一个人的意志，而是他的理性思维。

大多数理论家都认为自由就是不受束缚，但是卢梭添加了一个我们至今都非常看重的元素，那就是决定受哪些规定统治的权利和决定由哪些法官来监督这些规定的权利。孔多塞也在他的公共理性理论里加入了类似的民主元素，但是他面临的问题是如何在体制层面上践行理性。理性最好来自一小部分精英团体，最理想的状态是可以利用孔多塞开创的社会数学法选出这一部分人，但是同时也要防止这个团体成为另一个既得利益团体，像法国大革命前的法院。所以，精英治国团队必须由多个公民组成的省级议会选出。

公共理性理论最终导致孔多塞身败名裂。这个理论蕴含的精英主义，以及他对处死路易十六这一决定的反对，导致他被送进了大牢。入狱后不久他便逝世了，也许是为了逃避断头台而选择了自杀。颇具讽刺意味的是，孔多塞的贵族口音最终导致他被逮捕，他一直希望自己在农民阶级中保持隐蔽，但口音一下便出卖了他。

性别：女性存在的目的

民主思想的内部蕴含着一种默契，即在政治体制面前，无论能力多么不均衡，人人都该受到公平的对待。但是始终有些人会受到不公平待遇。卢梭在《爱弥儿》中相当详尽地阐释了他的一个观点，即女性存在的目的以及她们的职业就是去取悦男人，而这个观点在现代人看来是很矛盾的。

两性关系长久以来一直是热点话题，启蒙运动时期的两种比喻也在这个话题上竞争激烈。洛克关于人类心灵的思想是，它起初像一张白纸等待被填满，但这种思想对两性固有的区别轻描淡写，认为两性只是有教育和文化水平上的差异。另一种思想则来自卢梭，他认为每个人都有自己的人性，构造不同，人性也有差别，更确切地说，男性和女性的本性有差别。当然，人们对这个“先天对后天”的话题到现在依然争论不休。

在谈到女性这个话题时，洛克的观点有点前后不一致。作为把个人看作个体这种思想的先驱者，他在家庭关系等级上却采取了传统的假设。洛克下面的这一段话看起来和卢梭的观点一样矛盾至极。

> 虽然有一件事情令夫妻两人都很关切，但是他们对这件事有不同的认识，所以有时候不可避免地对待事情的意愿也不一样。既然如此，最后总有一方要做出决定，也就是要设立一个规定。这个决定很自然应该落在男人手里，因为男人能力更强，身体更强壮。但是，只有当涉及关乎他们共同利益或共同财产的事情时，妻子才真正拥有契约中规定的她全部特有的权利，至少此时夫妻双方都没有更多支配对方的权力。[9]

虽然一个妻子自愿与她的丈夫达成一个她可以退出的协议，但她仍然是一个人，不是她丈夫的财产。但是如果她和她的丈夫之间产生分歧，那么丈夫就获得起决定作用的那一票。如果在一个由两人组成的民主体制里，你有决定性的一票，那么你就可以永远地为所欲为了。

在《论人类不平等的起源》(*Discourse on the Origin of Inequality*)中，卢梭通过不同阶段的文明进程对两性关系的起源进行了描述。在自然状态下，性关系是很淫乱的，是靠投机取巧获得的，没有长期的承诺。但是当更紧密团结的社会发展起来后，性就变成了一种更强大的力量，产生了爱情和忠贞。卢梭警告说，即使忠贞本身会带来很多益处，但它还是会导致不忠贞、怀疑、欲望和嫉妒。而对于卢梭和许多他的同辈哲学家来说，忠贞并不是他们的长项。爱情可以让人们在聚首时成为恋人，也可以让他们在分开后变成敌人。它让社会变强的同时，也在破坏社会的发展。

卢梭认为，女人比男人孱弱，所以爱情对她们来说更为重要。男人可以凭借他们的力量建立主导地位，但是女人“这个性别就代表必须服从”，只能靠施展她们的魅力。因为女人还有她们的孩子，需要依靠男人给她们提供居所、食物以及保护。她们要建立主导地位，只能通过狡猾的方式，有选择性地与男人性交。女人的性欲更强烈，所以自我控制很重要，这样一来，女性就有了端庄和贞洁这些理想中的品行。社会要正常运转，需要专一的性关系。

卢梭本着几分利己的意图，将这个主张转译为一个政治主张：男人应该统治世界，女人应该统治男人。但是他不是唯一一个在政治主张领域，将男子气概与力量、果断和效用画上等号的作家。杰斐逊在《独立宣言》原版中称“具有男子气概的勇敢精神吩咐我们永远”与英国政府断绝一切联系。国会在最终版本中将这句话删掉了。另外，吉本认为罗马帝国衰亡的部分原因是女人气的娱乐活动和从东方国家进口的奢侈品，还有万恶的基督教，“所有具有男子气概的美德都被由奴性怯懦的修道士主宰的社会给挫败了”，虽然吉本在做出这些批评时并没有想得很透彻。在《罗马帝国衰亡史》第 37 章中，他专门提到“儿童和女性羸弱的大脑”特别容易在运用理性思维时犯错，但是他给出的例子却全都是关于男性在这方面犯的错误！[10]

启蒙运动中积极的内容，比如科学、理性、机械论都被看作是“充满男子气概的”。甚至亲女权主义者玛丽·沃斯通克拉夫特都指责对手的主张太女性化了，而她则倾向用“男性化”的辞藻提出自己“男性化”的主张，许多现代评论者在解读她的作品时，都因此遇到很多问题。

即使启蒙运动时期的思想很自由，反抗性别刻板化还是会招致很多磨难，比如，凯瑟琳·麦考利（Catherine Macaulay）的事业就因此受挫。她是一位重要的思想家和激进分子，因反驳休谟的托利史观而受到赞赏，无处不在的雕刻品上都可以看到她作为自由神出现在上面，更有为她打造的两米高的雕像，将她永久地载入史册。但是，麦考利与男人非比寻常的关系、对公共关注的钟爱以及虚荣心都让她成为讽刺作家的攻击对象。有谣言称，她一边与比她年长 30 岁的男人通奸，一边又嫁给了比她年轻 26 岁的男人，随后出现的丑闻将她突出的思想成就一概抹杀。她远离了英国狭窄的文学界，在美国度过了人生的最后阶段，与许多主要的革命家成为朋友，其中包括乔治·华盛顿。[11]

不出所料的是，那些阐释男性权利的主张和理由会因为对女性权利的忽视而引来一阵质疑，但是颇具讽刺意味的是，这些质疑出现时，启蒙运动已经走向衰落。这类作品中具有代表性的有沃斯通克拉夫特在英格兰出版的《女权辩护》（*Vindication of the Rights of Women*），奥兰普·德古热（Olympe de Gouge）在法国出版的《女权和女公民权宣言》（*Declaration of the Rights of Woman and the Female Citizen*），两年后，她成为罗伯斯庇尔恐怖统治的受害者，还有朱迪思·萨金特·默里（Judith Sargent Murray）1790 年在美国发表的《论两性平等》（*On the Equality of the Sexes*）一文。

种族：退化论与废奴运动

启蒙运动从本质上看似乎是欧洲为浅色人种谋求发展的一个过程。在美洲，欧洲殖民者和曾殖民美洲的欧洲人手握政治权力。社会想要把奴隶主和奴隶的关系描述成融洽的“父子关系”，奴隶主拥有慈父般的目光，奴隶们则天真无邪、心怀感恩。这是很牵强的描绘，因为那些生活在边远地区的美洲印第安人在道德和政治上受到的待遇极差，被看作与恶劣的自然条件、庄稼收成不佳、天气严酷或疾病肆虐一样倒霉的东西。甚至连那些支持文化相对论的人也漫不经心地提出，只有成为白皮肤的人，才可以享受大自然的产物。很多人都或多或少相信，上帝本身是偏袒白人的。诺曼·汉普森引用了一位思想家作为例子，这位思想家赞美上帝的先见之明，在创造跳蚤时，把它们设定为黑色，这样它们落在皮肤上时就很容易看到。[12]

斯威夫特的《格列佛游记》本意是谴责欧洲，尤其是英国的传统和政治体制。不过，他在描述令人憎恶的怪物雅虎时，却将它的脸形容成黑人的脸。

> 怪物和我被放在距离很近的两个位子，主仆对我们的面容进行了细致的对比，于是重复了“雅虎”这个词好几次。当看到这头面目可憎的动物时，我深感恐惧和震惊，因为它的脸完全就是一张人脸，扁平，鼻子塌，嘴唇很厚，嘴巴很大。这些面部特征在所有野蛮国家中都很常见，当地人将婴儿正面朝下放在地上，或把他们背在背上，鼻子连同脸与母亲的肩膀不停摩擦，导致他们的面部轮廓都扭曲变形了。

斯威夫特在他的作品中并没有攻击“野蛮种族”，雅虎这类怪物在当时用来象征欧洲国家的暴行和粗鄙。他没有明确提到欧洲种族比其他种族更优越，但是从外貌来看，他笔下的低等人种的原型并不是欧洲人。他的描述符合当时的科学认识，比如《不列颠百科全书》对“黑人”一词的定义：

> **最臭名昭著的恶习似乎都属于这个令人不悦的种族：闲散、背叛、报复、残酷、粗鲁、盗窃、撒谎、亵渎、放荡、下流和放纵。这些恶习，毁灭了自然的原则，也压制了良心的谴责。**

正如在两性问题上一样，启蒙思想家在种族问题上的观点也呈两派对立。一派人提出了“高贵的野蛮人”思想，这类自然人未受任何腐败文明进程的沾染。另一派人则是推崇先进的欧洲文化和带有侵略性的种族刻板印象，他们认为非洲人本质上愚不可及。正如康德所说，“这个家伙从头到脚都黑不溜秋的，这不就完全证明他所说的话是愚蠢的吗”，而“东方人”则堕落、阴柔，喜欢追求感官快感。北美洲人被看作全人类中最至高无上的尊贵人种，这让他们在种族灭绝行动的路上停不下来。

包括斯威夫特在内的一些思想家都认为恶劣的社会环境或地理环境带来的压力是有色人种退化的原因。孟德斯鸠将人类分为五组，其中“非洲人”狡猾、懒惰、粗心、善变。布丰同样认为气候温和的地带是育人的理想之地，白人是其他种族应该效仿的典范，而且在经历数代的繁殖后，欧洲的气候、食物和教育体制可以让在那里的每个人都成为白色皮肤的文明人。

杰斐逊名义上反对奴隶制，但他同时又拥有自己的奴隶，并且还相信非洲人本质上就是要低人一等。所以，这也许可以解释，为什么他未能成功拟定任何可行的体制来解放奴隶。显然他无法想象一个社会里，被解放的奴隶可以轻易地与生而自由的白人聚集在一起。说句公道话，杰斐逊在《独立宣言》初稿中强烈谴责了奴隶制，并称之为“可恨的贸易”，未能结束奴隶制的乔治三世（George III）也遭到了声讨，但这些内容都被国会删除了，乔治三世犯下的罪恶也跟着被删掉了，毕竟他并没有强迫美国人去奴役任何人。杰斐逊在谴责奴隶制时，更多的是指责奴隶贩子道德沦丧的行径，而不是同情奴隶所遭受的苦难。

在讨论人人平等这个信仰时，种族主义常常如影随形，但通常出现的都是与这个信仰背道而驰、复杂却并没有启发意义的观念。休谟曾设想“黑人”几乎没有智力或智力低下，但同时又怒斥奴隶制这种非人道的做法，而《人权宣言》如此激进的著作中却对奴隶制只字未提。事实上，许多主要的运动家都反对奴隶制和种族主义，但他们同时也支持退化论。他们认为虽然有色人种低人一等又野蛮，但这并不是他们的过错。[13]

启蒙运动时期的很多著作都可以作为反奴隶贩卖运动的起源，但必须要承认的是，废奴运动是在启蒙运动快结束的时候才势头猛增的。废除奴隶贩卖委员会在1787年成立，许多重要的反对意见都是受宗教，而非启蒙思想的影响产生的。的确，在美国，极度反对奴隶制的人大部分都是那些未受到启蒙运动影响的激进分子和异议分子。温和的英国国教教会格外重视洛克和塞缪尔·克拉克（Samuel Clarke）的具有启蒙意义的著作，也非常顾及奴隶贩卖商的意见。所以，英国国教徒已经习惯性地向奴隶贩卖商们宣称宗教教导可以让奴隶工作更勤勉、更唯命是从，虽然奴隶贩卖商通常都对这个观点保持怀疑态度，而且这种怀疑也许是正确的。[14]

启蒙运动时期对奴隶制的抗议更多是通过文学作品和哲学思想传达出来，很少转化为有效的政治行动。美国宪法对这个问题的规避，就是妥协的一个例证。如果在宪法中对奴隶制加以指摘，恐怕后果不堪设想，实行奴隶制的佐治亚州和南加利福尼亚州，也许还有其他州，都有可能脱离美国。以洛克思想为基础的温和自由主义派也从未对这个在当时被认为是触犯众怒的制度产生任何威胁。狄德罗和亚当·斯密对奴隶制和帝国统治的批判最“符合现代人的观点”，在这个话题上也经常赢得我们的尊敬。

开明的专制主义：启蒙运动是一场自上而下的运动

民主程序和民主结果之间不言而喻的区别，被政治辩论和实际的政治学说加以利用。民主程序值得怀疑的地方在于，“暴民”很有可能以人数多的优势被赋予发言权，更不用说妇女和有色人种没有选举权的问题。但是思想家迫切想要确保民主结果是公正的，且不会特别偏袒开展寻租活动的阶级。具有讽刺意味的是，包括伏尔泰和康德在内的许多思想家都认为要达到这样的效果，就必须有一个君主，这个人可以不受民主问责制过多的制约，并且有足够的权力可以执行公正的结果。回想一下康德的《什么是启蒙？》这篇文章，他明确提到启蒙运动是一场自上而下的运动。

启蒙运动的前半场是国王的时代，国王们闭关自守，依照惯例想要增强个人的权力和国家的实力；但是后半场就是仁慈专制君主的时代了，通常作为对一两个阿谀奉承的哲学家的答谢，君主们会支持启蒙运动，并且渴望执行启蒙思想。这种热情直接体现在最高统治者的身上，普鲁士的腓特烈大帝在《论政体》(*Essay on Forms of Government*)中便限制了君主的权力，只字未提君权神授一说。当中写道，君主的职责应包含：

> ……维护法律；严格执行司法程序；行使一切权力杜绝风气腐化；保卫国家对抗外敌。地方法官应关注农业发展；保证国家食物供应充足，鼓励商贸产业发展。

腓特烈大帝坚决反对君主滥用职权，他认为“他和他的子民应融为一体，唯有团结一心，方可国泰民安”。换句话说，君主的自身利益和公共利益是完全一致的。不仅如此，君主凡事应亲力亲为，不到万不得已不能放权。腓特烈大帝基于洛克的社会契约论提出的观点十分有趣：

> 所以，王子和君主不应被授予至高无上的权力，以防他们骄奢淫逸、道德沦丧后还能免受惩罚。子民拥护他们，不是要他们颐指气使、视人犹芥。将政府托付给他们，也不是要他们养一群不务正业、滋生恶习的废物。

基于同一个前提，腓特烈大帝主张宗教宽容、普遍按比例征税。他还认为农奴制是在“虐待”农奴，是“野蛮残暴”的行径。

蓬巴尔侯爵在葡萄牙的经历可以说明，如果一个对的人在对的时间获得权位，便可取得丰硕的成就。腓特烈大帝意识到一个错的人当权会带来诸多问题，但是没有说明如何才能杜绝此类事件的发生。孟德斯鸠的三权分立思想可以减轻国家倒退的风险，例如葡萄牙在蓬巴尔下台后的情形，但是分权思想却也可能阻碍普鲁士式的变革。不仅如此，在社会没有上演革命的情况下，只有开明的统治者才能践行三权分立思想，但是这么做会让他在履行职责时困难重重。只有英格兰在实行君主立宪制后还可以正常运转。波兰的选举君主制由一群位高权重的贵族势力掌控，他们大力削弱中央权力，导致波兰前后遭遇三次外敌瓜分，直至亡国。在这个问题上，美国直接用一场独立战争快刀斩乱麻，也难怪这场革命的影响力如此深远了。

启蒙运动的后半程出现了一批君主，他们殷切地渴望担任开明专制君主的角色。在他们中间，涌现出一些哲学家似的国王和王后，比如普鲁士的腓特烈大帝、奥地利的玛丽亚·特蕾莎女王和国王约瑟夫二世、俄罗斯帝国的叶卡捷琳娜大帝、瑞士国王古斯塔夫斯三世（Gustavus III）、波兰国王斯坦尼斯瓦夫二世、西班牙国王查理三世，更不必说许多跟随潮流的德国大公，以及像葡萄牙的蓬巴尔侯爵这样位高权重的官员们。

君主们的开明程度不一。虽然玛丽亚·特蕾莎下令禁止实施死刑，开创了接种天花疫苗的先例，还改善了农奴的处境，但她却是一位慈爱的天主教徒。同时，她在宗教和道德问题上的态度非常狭隘，还把犹太人驱逐出布拉格。这些君主们渴望朝着积极的方向改革社会，但他们采取的措施，与之前路易十四这样文雅而又强大的帝王相差万里。强大的帝王中，也许只有 18 世纪早期的彼得大帝（Peter the Great）才会认同这些“哲学性”君主的目的，尽管他们对付旧势力的手段太过软弱。

众所周知，君主们一边侃侃而谈要拥护自由和权利，一边又在违犯它们。不平等现象仍然存在，官僚们依然采取对自身有利的统治手段。尤其是，当时帝国不断扩张，势力遍布世界各地，为了捍卫在美洲、非洲或亚洲的领土和贸易垄断地位，他们采取了强硬且毫不道德的外交政策。腓特烈大帝问：“如果一个人手握优势，他用还是不用呢？”叶卡捷琳娜大帝给出了一个简洁有力的答案：“用则成王，弃则成寇。”权力和机遇是启蒙运动时期外交政策的推动力，1772 年普鲁士、俄国和奥地利瓜分波兰事件最能说明这一点。这三大势力都需要在东欧建立据点，于是他们索性将同一个地方一齐拿下。

农奴制可以算是半奴隶制，村民从出生那一刻起就是领主的农奴。启蒙运动时期人权不可剥夺的思想，以及理论上人人平等的思想，本质上都是对农奴制的有力抨击。但就实际而言，廉价劳动力十分有用，同时还是武力的一大来源，所以开明专制主义要在这个问题上经受考验。三位专制君主在态度上的差别格外有趣。约瑟夫二世在他辽阔的帝国领域内，开展了长时间的废除农奴制运动，但最终没能成功粉碎贵族势力的非暴力抵抗。普鲁士腓特烈大帝则有点老谋深算，他怒斥这种制度的同时，也坦承这种体制还必须继续存留。

> 当然，没有人生来便是另一个人的奴隶。厌恶这种虐待行为是合情合理的，我们似乎没有比想要废除这种野蛮习俗更强烈的意愿了。但是这不是真的，它根植于古老的土地占有制，地主和居民之间达成的契约……无论谁突然想要废除这种管理体制，庄园的管理模式都会跟着全盘瓦解，这个人得负有部分赔偿贵族们损失租金的义务。

俄罗斯帝国的叶卡捷琳娜大帝虽然名义上反对农奴制，但她在位期间，这种制度却在不断发展。俄国疆域辽阔，中央政府几乎不可能与农民阶级维持联系。在奥地利帝国，倒是有贵族势力作为中央政府与下层人民的重要纽带，但是促进变革不能给他们带来什么好处。在启蒙运动时期推行自上而下的变革有一个严重的问题，那就是统治者们与下层人民没有良好的沟通，君主们只能依赖地方权贵和贵族去执行变革。当这些地方势力不愿意配合时，统治者也不能做什么。

革命：美国独立战争和法国大革命

美国独立战争留下的思考

很明显，仁慈的专制主义走进了一个死胡同。哲学家们在到访过专制君主的宫廷后，似乎都很失望。伏尔泰觐见了腓特烈大帝，狄德罗则拜见了叶卡捷琳娜大帝。1776 年和 1789 年爆发的两场重要革命才是推进民主进程的关键事件。而美国的民主不是一开始就设计好的，革命家们在获得胜利后推行的制度源自英国的代议制，只是美国授予了更多公民选举权。一些保守主义思想家，特别是伯克，支持美国独立战争的原因是，革命政府与缺乏变通的殖民地政府不同，它维持了政治连贯性。

美国宪法为理性主义政治学立了一盏明灯。美国在获得独立并开始自治后，历经长时间的商议，终于在 1787 年在费城制宪会上制定了宪法的草稿，并于 1789 年批准生效。这部宪法一经问世，便引来高质量的政治辩论，尤其是一系列在报纸上用化名发表的文章。这些文章集结成《联邦党人文集》并出版，为人们所熟知。这些文章实际上是由詹姆斯·麦迪逊、亚历山大·汉密尔顿和约翰·杰伊所著，他们试着构思出代议制政府。这种类型的政府足够强大，可以征税和保卫国家；也足够机敏，不会落入派系斗争的圈套；但又不会强大到可以毁坏来之不易的自由。

这些人彻底否决了“民主”的标签，因为以亚里士多德的思想来看，民主就是多数人的统治。他们也阻止“可以行使集体权利的人民”参与立法。政府的权力应按照洛克的思想，通过人民定期投票获得，但是投票机制由政府把控，而不是人民。民主就体现在这种代议制度上，人民没有做决定的权利，但是在决定谁是决策者这件事上有发言权。“人民”，在这个阶段，既不包括妇女，也不包括奴隶。他们援引了孟德斯鸠的思想来确保没有任何政府部门可以一手遮天，古希腊拥护共和制的伟大思想家伯里克利（Pericles）和德摩斯梯尼（Demosthenes）的观点对这场政治辩论产生了长远的影响。麦迪逊是中坚力量，他的主要见解都以休谟的思想为基础。他认为运用理性思维控制情感是政治界面临的主要问题，制定宪法就是在这方面做出的尝试。

即使美国人正努力开创一个可以践行温和保守主义的体制，启蒙运动温和派在欧洲的中心却因两个方面的压力渐渐瓦解。温和思想派被问到许多刁钻的问题：如果人类是可以日臻完善的，那么就无所谓原罪了，既然如此，为什么人类不能控制自己？同时，激进分子，尤其是受压迫的激进分子，质疑美国式的妥协在欧洲能行得通吗？[15]

具有讽刺意味的是，法国思想家在看到温和的美国独立战争后变得更加偏激，因为美国独立战争为他们提供了革命成功的案例。如果这场革命再偏激一些，它可能会更具破坏性，也就没那么令人向往了。从路易十四和路易十五的统治来看，民主共和制就是一种妄想，只能小规模实行，比如在古希腊的城邦，或者卢梭眼里的理想之地日内瓦。1776 年，民主主义者在看到美国推翻英国统治、成功建立共和国这一壮举后，才敢对抗以伏尔泰和孟德斯鸠为代表的自由主义宪政观。但在 18 世纪 80 年代这场辩论开展的时候，他们两位已不在人世，无法在辩论中发挥作用。

领土面积如此大的美国都可以革命成功，这让许多思想家为之兴奋，比如孔多塞，他意识到在法国掀起大革命完全是切实可行的。1785 年至 1789 年间，杰斐逊身在法国，他格外小心谨慎，在为改革献计献策的同时，也十分警惕法国公民的天真和保守的反动势力可能会妨碍革命进程。

当时在世的哲学家中很少有反对革命的。虽然狄德罗渴望革命，但他也习惯性地匿名质疑美国的革命者是否真的有权利在美国建立政权。虽然说只要是美国人，就有权利改变他们的政府，但是在他们所处的社会，美国印第安人流离失所，经济发展靠剥削非洲奴隶，他们真的可以说美国的政权是合法的吗？

在美国，民主思想几乎是为了让革命合理化才事后归因的理念。但在法国，社会不满情绪严重，哲学家们一直冥思苦想，思考如何能赋予人民一定程度的权利。达尔让松侯爵（Marquis d'Argenson）在《思古今法国政府》（*Considerations on the Ancient and Present Government of France*）中建议，民主协商可以作为支持国王的一种途径。这本书在他逝世后，于1764年出版。书中写道，国王既然是一国之王，那么自然应该心系举国上下的整体利益，实际上国王和国家是不可分离的，但是国王作为一个个体，又很难意识到穷人的处境。

阿贝·约瑟夫·西哀耶士（Abbé Joseph Sieyes）在革命初期做出了重要贡献。他在1788年至1789年两年间撰写了一系列政治小册子，当时一些主要思想家的思想在上面都得以体现。其中可以明显看出亚当·斯密的主张，也有达尔让松侯爵的观点，即在利用民主精神的同时，又不至于使整个政府大厦崩塌。法国面积太大，不可能召开面向所有人的讨论大会，所以要采取代议制。

一连串激烈的政治和经济争论轮番上演，国王便采取了达尔让松侯爵倡导的措施，与代表社会三大阶级的咨询团展开协商。但教会和贵族这些特权阶级并不能以建设性的态度实践西哀耶士的思想，这令他大失所望。于是，他在伟大的政治小册子《第三阶级是什么？》（*What is the Third Estate*?）中大肆责骂特权阶级，并只用了一个词回答自己提出的这个问题——“一切”。一切需要完成的，第三阶级都能完成，该阶级包含了除贵族和僧侣以外的所有人；第一阶级和第二阶级却与国家划清界限，成了“外人”。目前的形势该由什么取代，西哀耶士还不太确定，但他可以肯定的是，社会存在特权阶级这种情况是说不通的。[16]

对法国大革命的回应：伯克、美国思想家和迈斯特

鲜有人预见法国会爆发大革命，它的到来可谓气势汹汹。1789 年开始的早期阶段，法国国王路易十六的王权开始受到诸多限制，但在 4 年间，政治进程变得愈发激进，一发不可收拾。1792 年，法国废除了君主制度。同年底，路易十六因叛国罪出庭受审，被判处有罪，并于 1793 年 1 月被处决。玛丽·安托瓦内特王后（Queen Marie Antoinette）在同年晚些时候也命丧断头台。在法国新建的国民公会上，雅各宾派和反对死刑的吉伦特派展开权力之争，结果，以罗伯斯庇尔为首的雅各宾派大获全胜。罗伯斯庇尔是卢梭的门徒，他渴望建立一个能实现法国普遍意志的政体。

1793 年至 1794 年，在狂热的政治氛围中，成千上万的政治犯在追求纯洁和美德的道路上惨遭杀害，这其中包括大部分吉伦特派领袖以及很多雅各宾派成员。最后，在 1794 年的 7 月，罗伯斯庇尔政权被推翻，他也在 7 月底被送上断头台。雅各宾派专政的这段时间被称作恐怖统治时期，历史上这惊心动魄的一页，严重扰乱了革命进程和革命思想的发展。大革命从拿破仑加冕称帝那一刻起，也就落下了帷幕。

法国发生的一连串事件立即引发了各方回应，从中形成了革命

政治学和保守主义这两大对立派。这两大思想派别至少到 1989 年苏联解体前都一直存在，可以说现今的政治思想中也还有它们的影子。对大革命的回应中，最著名和最出色的要数伯克的《法国革命论》（*Reflections on the Revolution in France*）。它本身其实是对神职人员兼哲学家理查德·普赖斯（Richard Price）的一次布道所作的回应。这部著作早在 1790 年就出版了，说来奇怪，它在 9 月大屠杀或恐怖统治发生前就预言了法国社会将分崩离析。这部作品是阐释保守主义思想的重要著作，举个例子，美国学者拉塞尔·柯克（Russell Kirk）的权威著作《保守主义读本》（*Conservative Reader*）中有 6 页都是从《法国革命论》中摘取的，另有 3 页来自伯克的其他作品，远远超过从其他作家作品中引用的数量。

虽然伯克支持美国独立战争，但他却对法国大革命嗤之以鼻，并且成功预言了法国在大革命之后会呈现无政府状态。他认为 1776 年的美国独立战争与 1688 年的英格兰“光荣革命”一样，都是在英国政府目光狭窄、对其政治变革反抗无效的情况下兴起的，而 1789 年的法国大革命却是对道德体系的彻底革新。英国的暴政令美国爆发独立战争的可能性和必要性上升，而且这场革命或许是一个最佳行动方案，因为它符合美国人民的性情，还保留了大部分制度、传统和习俗；而法国大革命则受容易出错的理性思维指挥，结局就是一切都分崩离析。伯克不认为法国有任何一类政治家能代表广泛传播的利益和意见。

但是，伯克的保守主义思想并不仅仅表达了对法国大革命的憎恶，还包含了若干启蒙运动时期的设想和推理模式。例如，伯克将启蒙运动时期的人性思想应用到文化领域。法国革命家们将过多的注意力放在了普遍存在的人类本性上，所以设想可以从头开始创造一个政治体制，一个对整个法国社会，乃至整个欧洲来说都是公平、宽容和恰当的政治体制。伯克是反对这种想法的，他认为一个人出生后所处的文化环境对个性起决定性作用，这意味着具体的文化特性可以改变普遍存在的人性，顺便提一下，卢梭也支持这个观点。

一个人的成长环境包括势力大小不同的家庭、权力大小和侵略性不同的政府、工艺和美术、私有财产权、地理环境，以及宗教信仰和习俗，它们代代相传，塑造着一个人的个性。无论哪个社会，情况都是如此，革命家们自己也一样。由此可见，聚集在巴黎沙龙的思想家们无法为任何社会，甚至是他们自己所处的社会，规定一个理想环境。

由此还可以推断出，由霍布斯开创，洛克和卢梭分别发展的社会契约思想，整个都是错误的。最致命的问题在于这个思想中缺乏类比，一个人在签订契约时，选择了受哪些条件约束，但是并没有选择要身处哪种社会、家庭，有什么样的文化、价值观、语言、宗教背景或继承了什么样的经济、社会和教育环境。当描绘整个社会过上美满生活这个目标时，或思考实现这个目标所需要哪种政治体制时，都不可能不考虑这些因素。虽然伯克在大革命的理想崩塌前就写下了这些内容，但他肯定已经预料到各方利益之间会发生冲突。不管是贵族阶级，还是巴黎激进的工薪阶级，中产阶级革命家都没能成功地为他们发声。

社会是一个多元化的大团体，凡事众说纷纭，意见很难统一，所以才需要各方利益做出妥协。要确保政治领域能够迎合每一种文化个性，最佳方法不是改变制度以扭转结果，而是遵守并保护在每个社会逐渐发展起来的制度和传统。消除它们只会导致灾难，因为有很多社会规范并不正式，也无规则可循。法国大革命最后会陷入暴戾恣睢、一片混乱的处境，伯克一点也不感到惊讶。

在《法国革命论》里，最令人感到讶异的内容是法国骑士制度的衰亡，以及玛丽·安托瓦内特王后遭受的攻击。她在被处决前很长一段时间内，一直遭到暴民的袭击。伯克在这些文章里概述了社会保护这一哲学思想，他认为骑士制度这种传统制度的一个职能就是保护弱势群体，尤其是妇女，免受攻击、戏谑和羞辱。骑士制度是文明战胜野蛮暴力的象征。伯克试图确保礼仪和情感能够重新被当作政治思想的一部分。他称之为“道德的确定性”，以示与“理性的确定性”相区别。而骑士制度则是他为论证这一观点的重要例子。

伯克的许多思想，《联邦党人文集》的作者都预见到了。比如，詹姆斯·麦迪逊在写于 1788 年的第 49 篇文章中表达了这样一个观点：频繁地呼吁人民追求民主会导致一个结果，那便是政府不再享有时间赐予的敬奉，一旦失去来自人民的这种尊敬，即使是最明智和最自由的政府也无法获得必需的稳定……开明的理性之声应广泛传达对法律的尊重。但是一个由哲学家组成的国度和柏拉图所设想的由哲学家担任统治者的理想国度，一样不值得期待。麦迪逊显然不希望美国成为革命的榜样。

> 过度激发民众的情绪，会产生干扰公共安宁的危险。所以，不应让民众频繁参与到宪法的相关议题中。尽管修订已有政体获得成功，也为美国人民的美德和智慧增添了光彩，但是不得不承认为此做出的相关尝试太过艰难棘手，绝对没有必要进行复制。

约翰·亚当斯同样也写了一封信给理查德·普赖斯，以示回复，但长度比伯克的回应要短。其中有一句话非常著名："我不知如何对待一个拥有 3 000 万名无神论者的共和国。"他强烈反对建立只有一个议院的立法机构，认为这将会导致体制结构的不平衡。流血事件给他带来的冲击则是恐惧大于惊讶。他谴责那些激进的哲学家们，尤其是卢梭。

约瑟夫·德·迈斯特（Joseph de Maistre）是另一位重要的直接回应者。他延展了开明保守主义思想，又将其与更加古老的革命传统大力结合在一起。伯克向契约理论发起的抨击是基于一项观察结果：人类的很多行为方式，尤其是风俗和习惯并不谨慎；而迈斯特跟随这条推理思路，又详细解释了多种极不合理的政治行为，包括祭祀。他还认可伯克关于文化影响政体的思想，而伯克在此则是沿用了孟德斯鸠的思想。迈斯特认为一个国家真正的"宪法"，不应来自它的体制，而应源于它的文化，即人民自然遵从的习惯、规范和行为方式。任何成文的政治宪法，若未能敬奉这些文化，便大可忽略之。

另外，迈斯特十分推崇统治权，认为避免无政府状态的关键就是行使权力。也正因为这个理由，他对法国大革命中的大部分参与者都嗤之以鼻，这些人屡次掌权却又不行使权力，从路易十六到吉伦特派，统统难辞其咎。而雅各宾派，虽然他们罪恶滔天，但至少通过行使自己的权力立下了一些功劳，在法国初步建立了秩序，在海外还打了胜仗。从这个方面来看，迈斯特是敬佩他们的，但他们不信奉上帝又嗜杀成性，也难逃笔诛墨伐。[17]

反击回应：沃斯通克拉夫特、佩因和葛德文

伯克对大革命做出的快速而激烈的言语抨击，很快就收到其他人以同样的方式发出的反击。的确，如果说法国大革命无意中促成了保守主义哲学最伟大著作的诞生，那么《法国革命论》也同样无心造就了至少三篇激进文章的问世。

《法国革命论》出版后一个月，玛丽·沃斯通克拉夫特就发表了《人权辩护》(*A Vindication of the Rights of Men*)，驳斥了伯克关于世界由传统统治的观点。她认为在先进的商贸世界里，这种观念完全不适用，因为人作为理性的生物，是有权自行思考问题的。她还揭露了玛丽·安托瓦内特辩词里自诩清高的一面，成功扭转了伯克占上风的局面。沃斯通克拉夫特一点也不同情安托瓦内特，她认为这位王后下流粗俗，在大革命拉开序幕后，设下阴谋诡计，动摇了路易十六原本就岌岌可危的地位。沃斯通克拉夫特直言不讳地谴责伯克，说他巴结富人和法国王室，“鄙视穷人”，“使用诡辩术，表面上看似谦卑，实则铁石心肠，卑鄙无耻”。

沃斯通克拉夫特在《女权辩护》一书中进一步拓展了自己的思想。之前是反击伯克，而这本书则反击已故的卢梭，认为他是一位彻彻底底的男性至上主义者。这部著作无论在重要性还是原创性上都可圈可点，但是在这里就不过多探讨了。但是，值得注意的是，在伯克所预见到的大屠杀发生后，沃斯通克拉夫特又回到了大革命这个主题上。在《法国大革命起源和进展的历史观和道德观》（*An Historical and Moral View of the Origin and Progress of the French Revolution*）中，她试图将大革命的崇高理想和错误百出的执行过程分开，认为恐怖统治应归咎于君主制度，而非启蒙运动时期的理想；革命家们，连同保皇党们，都栽在法国失败的民族特性上。

1791 年，托马斯·佩因发表了伟大作品《人的权利》（*Rights of Man*）的第一部分，法语译文版很快也相继问世。第二部分于 1792 年出版，销售量达到了 150 万本，在那个时候，书能卖到这个数字是难以置信的。佩因感到了压力，被迫逃到法国，不久后在英国被判了煽动性诽谤罪。这部著作的第一部分直接对伯克的观念展开回击，开篇几行便讽刺道，如果伯克对文化差异如此在乎，那么他就不应该跟法国人讨论他们的政治。

> 国家之间或个人之间互相挑衅时用的不文明语言，在伯克先生谈论法国大革命的小册子中体现得淋漓尽致。无论是法国人民，还是法国国民公会，对英国的一切事务或英国议会都不上心；那么为什么伯克先生在议会上或在公开场合中会无缘无故地对法国发起攻击呢？这种行为于公于礼都说不过去。

伯克曾赞誉一种弱化版的“光荣革命”，但佩因回复道，法国大革命更具有美国独立战争的风格。虽然法国的流血事件使伯克为之撼动，但是事实上美国比法国流的血还要多，但佩因的著作写于恐怖统治时期前。在这部著作的第二部分里，佩因阐述了一系列积极的提议，以改革英国的政治制度，其中包括累进税制。他还提出，美国、法国和按照他的思想进行改革后的英国，三方签署协议便可消除战争。

佩因逃到法国后，一开始很受欢迎。国民公会授予他公民地位，他加入了精英团体，成员包括边沁、普里斯特利、乔治·华盛顿、汉密尔顿和麦迪逊等，他还被选为国民公会的代表。但是，虽然佩因支持共和制，但在《人的权利》中，他呼吁给予路易十六抚恤金，并允许他退出政治舞台。这种温和的立场直接将他打入吉伦特派阵营，佩因很快便发现自己位列待处决名单中。最终，他全凭运气逃过此劫，一直撑到罗伯斯庇尔下台。佩因似乎将自己的这段牢狱之灾归咎于乔治·华盛顿的政治阴谋，他义愤填膺，在 1795 年发表了一封长信谴责华盛顿，这位曾出现在他作品第一部分题献中的人。这封长信结尾的指责十分尖锐：

> 至于你，先生，作为朋友你两面三刀，在危急关头，如此对我，而在公众面前，你又是一个伪君子。你到底是一个变节者，还是行骗者，全世界人民都被你搞糊涂了。我看你已经抛弃那些做人的基本原则了，或许你压根儿就没有原则可言！[18]

威廉·葛德文（William Godwin），也是沃斯通克拉夫特的丈夫，帮助佩因出版了《人的权利》一书，但他知道佩因并非哲学家。考虑到这一点，葛德文于1793年构思了自己的著作《政治正义论》（*Enquiry Concerning Political Justice*）。这部著作以对真理和理性展开的抽象讨论为背景，结合了功利主义理论和洛克的经验主义理论，针对革命的各种主张做了深入探讨。实际上，葛德文发现所有的政府都很恶劣，政府建立的根基是意见，只有懦弱无知的人民才会珍视它。可以说，无知就等于邪恶，残缺的教育是无知的原因，而它之所以可以长期存在，暴政和贪婪是始作俑者。在道德领域里，不存在主观思想：若神学家兼诗人费奈隆（Fénelon）和你的母亲同时身陷大火之中，你应该先救前者，因为他对人类来说更有用。

另外，对于卢梭的主张，即社会是一个拥有普遍意志的道德个体，葛德文表示极力反对，认为“这种空想简直莫名其妙”。君主制毫无疑问是最糟糕的政体，只要实行世袭制，什么样的政体都不能接受。伯克提倡的“传统”也没有什么意义，显然不能作为决定一个系统合法性的因素。葛德文甚至也不看好代议民主共和制，称这种制度也许是可以杜绝一些邪恶的事情发生，但是政治问题的真相是不可能仅凭投票就能解决的。不仅如此，虽然公众投票结果可以被推翻，但是无记名投票则会助长虚伪风气，这是启蒙运动时期尤其让人头痛的问题。自由的精髓是沟通交流。政府口口声声说要根除邪恶，但却恰恰任其继续存留。葛德文一开始的出发点与佩因的思想很接近，但最后却建立了最早的无政府主义政治理论之一。[19]

法国大革命与启蒙运动

在法国大革命的影响下，启蒙运动的思想遗产分成了温和与激进两大类。革命早期，虽然有流血冲突发生，但世界并未因此颠覆，性质相对温和。法国大革命和美国独立战争有很多不同点，但可以说它们都来自同样的传统，即1688年的“光荣革命”、洛克和孟德斯鸠两位颇有分寸的主张，以及伏尔泰的怀疑主义理论和狄德罗的反教权主义理论。

但是，启蒙思想在大革命恐怖统治时期呈两极分化。革命家们有意与温和的先辈划清界限。罗伯斯庇尔试图践行卢梭的思想，比如宗教世俗化，以支持民间社会的发展。而伏尔泰和其他哲学家的思想则不再受欢迎。1792年，罗伯斯庇尔一声令下，雅各宾俱乐部里引以为傲的爱尔维修半身像就被撤走了。此外，法国人对美国人的崇敬之情，以及他们自身行为的理论依据，很大程度上都是基于一个错误的思想，即美国共和制是人类发展的全新起点。事实上，英国传统仍深深根植于美国社会，甚至许多美国人认为自己是在恢复这些已经被当时的英国政府所抛弃的传统。而在其他地方，恐怖统治令温和派启蒙人物的立足之地所剩无几，启蒙人物似乎必须要变得激进，要接受流血事件是为了获得自由而付出的可承受的代价，否则就是在反对进步。

尽管美国的启蒙运动保守温和，与法国大动乱完全不同，但也只有在远离大屠杀的美国，这场还算凑合的启蒙运动才得以继续上演。实际上，法国大革命在美国的热度仍持续了好几年，人们把恐怖统治的越轨行为归因于欧洲君主制和天主教邪恶势力，尽管这种热度最终也逐渐消散了。美国也有同样的矛盾，哲学家们推崇备至的宾夕法尼亚州激进的宪法，约翰·亚当斯却对其倍加责难，因而造成温和和激进两派的严重对立，并在某种程度上阻碍了宾夕法尼亚州的革命事业发展。但是，无论是1776年宾夕法尼亚宪法的颁布，还是1790年宪法的废除，胜利方都没有大规模施加暴行，所以大范围内的团结统一才得以维持。[20]

要点总结

1. 大多数哲学家将“自由”视为至高无上的政治利益，但是，对于自由到底意味着什么，他们的看法可谓是大相径庭。
2. 洛克的天赋人权思想，与启蒙运动时期的典型思想相吻合，即某种形式的社会关系不能因为存在的时间长到无法计算，就可以继续保留。
3. 边沁认为，政治以及道德上，哪一种事态带给其他人的幸福总和最大，那么这种事态就优于其他事态。
4. 市场在社会化进程中占据了重要地位，在许多人都职业高度专业化的复杂社会里，有效的市场机制有利于资源分配。
5. 开明的保守分子这个概念并不矛盾，这类人并不捍卫教条主义，对关于真理的主张，不管是传统的还是进步的，都保持怀疑态度。
6. 大部分启蒙思想家从契约思想出发，认为人类将以自由意志同意遵守具有约束力的法律。同意被约束，不代表失去自由。

THE ENLIGHTENMENT

A BEGINNER'S GUIDE

7 自然和科学

牛顿的三大运动定律对启蒙运动产生了什么影响?

拉瓦锡在化学上的贡献都有什么?

“芜菁汤森”源于什么典故?

牛顿的微积分有何意义?

前两章很多内容都是在谈论自然：人类的自然本性、自然状态、自然法。的确，自然被看作“启蒙运动的关键概念”。[1] 所以，无论是从科学角度，还是从神学角度，对自然展开大量的研究也不奇怪了。想了解自然，可以阅读相关书籍，也可以自行思索。本章节和下一章节将着重探讨启蒙运动时期，人类对自然认识的发展。

总体上看，科学在发展，宗教在衰退，或者说，关于科学、批判和实验的思想，不只是在知识分子小圈子里流通了，而是得到更大范围的传播，产生了重要的影响，包括对宗教本身也有影响。越来越多的人意识到我们可以运用理性思维去认识这个世界，包括自然世界和超自然世界。乔纳森·伊斯雷尔认为启蒙思想家清楚地知道对自然的研究正在经历一个由笛卡尔开启的革命时期，虽然如此，他们还是将“科学”设想为哲学的延续，也就是“自然哲学”。[2] 理性思维和实验愈发显露出局限性，不再是普遍采用的方法了。即使是十分保守的团体，如耶稣会和詹森教会，也发现当他们采用敌人的逻辑思维时，能取得更大的进步。

科学和数学方面取得的进展很平稳，但并没有非常出色。17 世纪虽然混乱，但是一个多产的时期，做出重要贡献的人也非常多，比如开普勒、伽利略、笛卡尔、胡克（Hooke）、玻意耳（Boyle）、列文虎克（van Leeuwenhoek）、斯瓦默丹（Swammerdam）、惠更斯（Huygens）、斯坦森（Stensen）、哈维（Harvey）等，这还只是一部分。19 世纪，科学发展才真正起飞，科学成了最可靠的知识来源。相反，启蒙运动则是合并期，接近科学方法的一些实践开始出现，条理清晰的分析、研究和实验的重要性愈发凸显。随之产出的成果源源不断，虽然牛顿的重要思想早在启蒙运动前便出现了，但他仍可以说是头号风云人物。

牛顿的思想意义重大、影响深远，但是开明怀疑主义绝不会不加批判地全盘照收。之前我已提到过，皮埃尔·贝尔会质疑每个人和每件事，连牛顿也不例外。同时，要法国人抛弃笛卡尔的力学理论，转而接受牛顿的理论，也不是那么容易。大卫·格雷戈里（David Gregory）、欧拉（Euler）和切斯特·霍耳（Chester Moor Hall）还质疑牛顿的光学仪器理论，认为它有局限性。斯威夫特运用他的讽刺笔触在《格列佛游记》的第 3 卷第 5 章描写了令人捧腹的场景：拉格多科学院坐落在云间，学院的成员向我们讲述了他们疯狂的科学研究，比如，从黄瓜里提取日光束，将人体粪便还原为食物，研究盲人是否能学会感知颜色。这些研究听上去似乎很真实，斯威夫特在 1710 年拜访英国皇家学会时，还提到过这些研究。

现在看来，这些研究就很荒谬了，但在那个时候，人类对于自然世界的认识，似乎是有无限可能的。这种自信很大程度上源于笛卡尔和牛顿在动力学领域的开创性成果。当牛顿取得的成就表明运用理性思维探索自然世界，收获将不可限量之时，笛卡尔理论的命运就已经在暗示它本身的局限性。

物理学：笛卡尔、牛顿和基本运动定律

启蒙运动逐步发展起来的那几年，关于天空的观察结果层出不穷。原本与天主教会宣扬的《圣经》教义相吻合的托勒密天文学，其价值因这些观察结果逐渐削弱。哥白尼、第谷·布拉赫（Tycho Brahe）、开普勒和伽利略，他们要么指出托勒密天文学理论是错误的，要么开创了其他理论，可以更好地解释观察结果。这些人之中的最后一位，伽利略，被带到了宗教法庭，但因年事已高，教会便对他宽大处理。他被迫否定自己的思想，最后被软禁在家中。可以肯定地说，在 1642 年，也就是伽利略去世和牛顿出生的那一年，天文学、物理学和数学领域都处于危机状态。

笛卡尔的旋涡理论

这个时候，笛卡尔的思想产生了十分重要的影响。他并非如我们认为的那样是位实证科学家，但在创立自己的哲学思想时，他也开创了一套理论体系。影响持续了数十年的旋涡理论，纯粹是靠思考得来的，虽然这个理论要成立，就意味着上帝肯定是存在的，但教会还是一如既往地反对，无时无刻不在打压它。尽管这个理论是在启蒙运动前创立的，但由于法国极不开明的民族特性，直到 1738 年，伏尔泰已经开始宣传牛顿的思想时，这个理论仍在法国占有十分重要的地位。

笛卡尔的理论体系建立在四大概念假设和一大物理猜想的基础上。这四大概念假设分别是：① 既然空间有边界这种说法是矛盾的，那么宇宙肯定是无限大的；② 一块物质永远都有可能被分割，所以原子身为构成物质的原始“单位”，肯定是不存在的；③ 既然不存在真空这一说法，那么空间里肯定填满了物质；④ 上帝在创世时，肯定是将宇宙的一切物质都设定为运动状态，否则就无所谓变化了。而一大物理猜想则是我们现在所知的动量守恒原理，也就是宇宙间物质和运动的总量是恒定不变的。因为不存在真空一说，所以每次一些物质移动时，空间里必定会有其他物质在同一时间转移到它们的位置上。宇宙中这些不断移动的颗粒形成旋涡，不停旋转并从外界吸收压力。炽热的物质聚集在中心，形成恒星，质量稍重的颗粒围绕其旋转。当恒星合成了过多的物质，旋涡便崩塌，于是就有了行星、彗星和其他天体。

旋涡理论阐述了行星如何围绕恒星旋转，恰巧支持了哥白尼的异教理论，但是要解决的细节问题还有很多，比如如何精确解释开普勒的观察结果，即行星围绕太阳旋转的轨道是椭圆形的。许多天文学家都发现，太阳引力是在平方反比定律下运作的，也就是太阳引力随行星与太阳之间距离的平方而减弱，但是这种体系在牛顿和莱布尼茨发明微积分学前还无法通过数学得到验证。微积分的出现，让科学家们可以表达恒定变量之间的关系，比如一个物体和太阳之间的距离，或者一个物体的旋转速率。

牛顿的三大运动定律

牛顿的思想在那个时代占有主导地位，全因他开创了能够解释天体运动的理论，该理论经得起严格的数学验算，实际上可以解释一切物体的运动。1687年，他发表的巨著《自然哲学的数学原理》推动了启蒙运动的兴起，影响力贯穿整个运动时期，即使那些从未读过这部著作的人，也深受其影响。

牛顿在这部著作中提出的三大运动定律为往后数世纪的物理学发展奠定了基础。第一定律是，任何物体都要保持匀速运动，直到外力迫使它改变运动状态。第二定律是，物体加速度的大小与作用力成正比，方向与作用力的方向相同，当物体的质量恒定不变时，这条定律就可以总结为一个著名的公式 F=ma，即作用力等于质量乘以加速度；所以，物体的质量越大，使物体按一定速度加快运动或放慢运动的作用力就越大。第三定律是，每种作用力都对应有一种等大、方向相反的反作用力，以此可以推导出笛卡尔的动量守恒原理。

牛顿之所以独具匠心，部分原因是他对科学方法的改进。当笛卡尔试图从形而上学原理和先验思想中推导出自然法则时，牛顿更倾向于结合分析法和综合法，首先归纳出支配现实的法则，然后再演绎其产生的结果。这种归纳法和演绎法并非牛顿原创，培根就曾提倡过这种方法，但是牛顿从两个关键的方面对它做出了改进。首先，他强调归纳出来的法则需要通过实验或观察得来的证据反复验证；其次，他坚持实验得出的结果应超越归纳得来的原始证据。牛顿提出了三段研究法，促进了科学的发展：首先，必须创建专门由数学阐释的定义、公理和定理体系；其次，依据对现实世界的观察结果对这种公理体系进行说明；最后，使用上一个步骤中获得的说明将通过演绎得来的公理体系与实验证据进行比对。这种方法大获成功，对启蒙运动时期的所有哲学家都产生了重大影响，包括洛克、莱布尼茨和康德。

牛顿表明，上述运动定律或者它们的数学表达，就是公理体系，能够推演出开普勒的一些观察结果，例如行星的旋转轨道是椭圆的，平方反比定律适用于太阳引力等。埃德蒙·哈雷爵士（Sir Edmond Halley）运用牛顿的理论推算出 1682 出现的彗星在 1758 年会再次出现，这一预言尤为重要。事实便是这颗彗星的确如期出现了，只不过，由于木星对彗星的运动产生了超出预期的一点影响，导致彗星抵达的时间稍晚了几天而已。威廉·赫舍尔（William Herschel）运用牛顿运动定律于 1781 年发现了天王星的存在，这也证实了牛顿定律富有成效。

笛卡尔在他的旋涡理论中提到的离心力或向心力，以及许多物理学家和天文学家所宣称的磁力，都不是导致一个物体被另一个物体吸引的原因。真正的原因是任何一对物体之间普遍存在的作用力，即重力。重力普遍存在一说将所有的计算结果串联在一起。两颗行星相吸，两片羽毛相吸，或者一颗行星和一片羽毛相吸，演算过程都是一致的。牛顿并没有详细解说什么是重力，而是阐述了它的属性，称它为一种吸引力，遵循平方反比定律。同时，他还提出重力的属性和定律足以用来推算行星的运动轨迹。牛顿这种英式的对形而上学推测方式的拒绝，也是法国人迟迟不肯接受牛顿力学的另一个因素。

科学机构：皇家学会及各种科学院

为储存和传播知识，社会上建立了新形式的机构，推进了科学发展。1660 年，英国皇家学会（The Royal Society）成立，大力支持牛顿出版《自然哲学的数学原理》，虽然它最后遭遇资金不足的困境[3]，但学会成为新科学发展的重要渠道。

启蒙运动时期，人类社交活动频繁，城市化进程作为该世纪的标志，大大促进了创新。科学家和他们的支持者在各个学会一聚，探讨他们的工作，机构之间也建立了联系，一同监管和评判科学进展。大部分重要的学院在启蒙运动的初期就出现了，更确切地说是在 17 世纪，这些学术团体的重要性非同小可，尤其是皇家学会。紧接着，法国科学院于 1666 年成立，柏林科学院于 1700 年成立。它们不仅致力于发展科学事业，还兼顾出版书籍和传播知识。

美国的科学家一直向皇家学会报告科学进展，直到他们有了自己的研究院。总部设在费城的美国哲学学会（American Philosophical Society）成立于 1768 年，由两个小学术团体合并而来，它旨在宣扬有用的知识，是革命即将来临前和革命结束后最重要的学会，本杰明·富兰克林担任第一任会长。

启蒙运动时代，国王喜怒无常，有些机构只能短暂存在，比如佛罗伦萨的西芒托科学院（Accademia del Cimento）。它由美第奇家族中两位对科学感兴趣的成员，以及伽利略的两位学徒于 1657 年创办。但美第奇家族的政治问题导致该学院在 10 年后便关闭了，虽然如此，该学院还是推动了尖端科学的发展。英国、法国和德国的学术团体之所以如此长寿，也许是由于正式的学会本就是从数十年以来科学家们的非正式聚会逐渐演变而来的，并形成了体系。意大利有更多正式且学术水平很高的学会，但大部分都只存活了几年。

但是，这并不是什么大问题。省级科学院大量涌现，大部分的思想传播从中心城市转向一些小城市。那里的大学趋向于坚持传统且古典的学习和科研课程安排，省级科学院的出现正好填补了那里的学术空白。诸如博洛尼亚、哥本哈根、都柏林和乌普萨拉这样的城市支持社会成立学术团体，私立学会蓬勃发展，出现了大批期刊，思想得以更广泛地传播。也正是从启蒙运动时期开始，向专业性期刊投稿成为展示科学研究成果的首要途径。[4]

科学：光学、电学、化学、地质学、生物学和医学

虽然这个时期不能称作科学发展的黄金时代，但是牛顿创下的辉煌成就、支持科学发展的新机构的出现、科技仪器精确度和理论价值的提升，都意味着科学发展在18世纪突飞猛进。

光学

在光学领域，光的性质在很长一段时间里都是理论和实验的核心，牛顿在这方面再一次有所建树。他用三棱镜将太阳光分解为光谱后，又将不同颜色的光聚集起来，以此证明白光是由各种颜色的光混合而成的。但《光学》(*Opticks*)一书是他最后一部科学著作。牛顿是皇家学会的会长，从事过科研工作和行政管理工作，晚年研究神学，甚至还研究过炼金术。[5]

电学

18世纪20年代，对电的研究才算正式开始。斯蒂芬·格雷（Stephen

Gray）发现电可以长距离传输，查尔斯－弗郎索瓦·迪费（Charles-François Dufay）发现两个带电体会互相抵消或吸引。1745 年，彼德·凡·马森布罗克（Pieter van Musschenbroek）发明了第一台储电容器，也被称作“莱顿瓶”，以“储存”静电，更大范围的实验因此得以开展。到了 1750 年，本杰明·富兰克林已经可以使用莱顿瓶来证明闪电属于静电。富兰克林、约瑟夫·普里斯特利、亨利·卡文迪什（Henry Cavendish）和查尔斯·库仑（Charles Coulomb）是使用定量分析法来研究电的先驱者，他们依据平方反比定律证明了电与重力一样，有不同大小的吸引力和排斥力，库仑还依据这个定律证明了磁引力的大小也不同。

1780 年，意大利的路易吉·伽伐尼（Luigi Galvani）电击死青蛙的脊髓，发现它的腿会抽搐。他的实验为玛丽·雪莱（Mary Shelley）创作《弗兰肯斯坦》（*Frankenstein*）带来了灵感。伽伐尼误解了实验现象，认为青蛙的神经里含有某种电流，可以产生电动力并传遍全身，但亚历山德罗·伏特（Alessandro Volta）后来证明，青蛙可以导电才是事实。两人对此争论不休，但是实验方法当时已经根植于启蒙思想里，最后伏特用一张湿卡片替换了青蛙来作为实验对象，解决了这个争端，证明他自己是对的。伏特通过一系列实验，发明了伏打电堆（Voltaic Pile），也就是第一个电池组，可以发出源源不断的电流。同时，电也成为贵族的玩物，一些贵族认为给仆人施以电击是一项不错的娱乐活动。[6]

化学

启蒙运动时期另一项重要的产物便是化学，以 17 世纪一系列不太统一的实验为发展基础，伽利略、虎克和玻意耳这些科学家都是实验者。1723 年，格奥尔格·施塔尔（Georg Stahl）给化学下了定义，化学是化合物分解成元素以及元素组成化合物的过程。施塔尔对燃烧的性质兴趣最浓，并提出假设：所有的可燃物都包含一种叫作燃素的成分。虽然他的假设最后证明是错误的，但是它在 18 世纪的化学领域占有举足轻重的地位，因为它让关于燃烧的研究有了连贯性，将其与诸如呼吸和金属煅烧等相关话题联系在了一起。

约瑟夫·布莱克（Joseph Black）与亨利·卡文迪什分别于 18 世纪 50 年代和 60 年代，通过实验表明空气并非只含有单一物质，而是一种混合物，其中一种成分是可燃的，也许就是化学家们一直在探索的燃素。在 18 世纪 70 年代，约瑟夫·普里斯特利发现空气中大致含有 10 种成分。他使用密封的容器，采用定量分析法，发现在呼吸过程中，空气含量会减少 20%。这些成分当中，有一种他称之为“脱燃素空气”，似乎与水有些关联，将易燃空气和脱燃素空气的混合物引燃后，会残留几滴水。

安托万－洛朗·拉瓦锡（Antoine-Laurent Lavoisier）在定量和精确度方面比普里斯特利更胜一筹。他提出“氧气理论”，即空气中的可燃元素是构成所有酸性物质的其中一种成分。这个理论原本是为了补充燃素理论，但当他重新操作卡文迪什和普里斯特利曾做过的实验时，发现引燃空气时，不仅会出现水，而且在一定条件下，水可以分解成氧气和氢气。氧气和氢气的存在可以解释许多其他现象，尤其是酸与金属发生的反应，没有必要假定燃素一说。

18 世纪 80 年代盛产化学理论，拉瓦锡的思想在科学界广为流传。拉瓦锡和他的同事开始使用比较现代的词语来重新命名化学术语，原本用炼金术术语命名的化合物，经他们一改，有了适合新理论环境、更具描述性的名字。例如，强力液体有了新的称呼——硝酸。他于 1789 年出版的《化学基础论》（*Elementary Treatise on Chemistry*）是一本具有重大意义的教科书，英译版很快就跟着问世了。但是详细阐述新理论的工作却需要由他人来完成，因为拉瓦锡在恐怖统治鼎盛期被送上了断头台。

地质学

启蒙运动时期，关于地球的研究也颇有成就。在运动初期，科学家开始意识到一些团体对《圣经》中关于上帝在几千年前创世的说法是多么迂腐。比如，詹姆斯·乌舍尔（James Ussher）在 1650 年总结称，上帝在公元前 4004 年创造了我们这个世界。许多思想家，其中当然包括笛卡尔，创立了关于地球的形成和构造理论，与当时的普遍看法完全不同。

一些启蒙运动时期的重要人物发现了更多证据，可以证明地球存在的时间比《圣经》所述时间要长。哈雷研究了海洋中的含盐量，布丰考量了动物种类的变化，约翰·莱曼（Johann Lehmann）则考察了岩层。18 世纪 70 年代，亚伯拉罕·沃纳（Abraham Werner）首次提出，地球的年纪也许已经超过了一百万岁，虽然科学家们当时还不敢想象地质时期有数十亿年那么长。

除康德以外，还有其他人也对里斯本地震进行了详细的研究，他们把它看作一种自然现象，而不是上帝所为。从地球的波动这个方面解释地震的著作中，约翰·米歇尔（John Michell）于1760年出版的《什么导致了地震之猜想》（*Conjectures Concerning the Cause of Observations Upon the Phaenomena of Earthquakes*）是第一部。

生物学

启蒙运动时期十分重视对事物的理解和认识，而分类就是达到这个目的的有效方法。瑞典的生物学家卡罗勒斯·林奈（Carolus Linnaeus）开创了至关重要的系统，以属和种来命名动物，至今仍在沿用。他基于动物结构的不同，比如器官、牙齿、鳍、喙等，来对动物进行区分，这种方法在我们如今对物种DNA进行分类时，是绝佳的指导。在法国，布丰因他的综合著作《自然史》而声誉大振，他在著作中称林奈关于物种结构是固定的这一猜想是错误的。从物种中寻找到的结构共性、似乎已经失去作用的器官以及化石都成为他引用的证据，借此他提出物种会随着时间的推移而发生变化，甚至消失。布丰甚至还谈及当时极具争议的话题：猿猴与人类是否拥有共同的祖先。

相比于土地之辽阔，各种生命形式更容易通过原始实验进行研究，生物学领域因此取得了重大进展。斯蒂芬·黑尔斯（Stephen Hales）于1727年出版了巨著《植物静力学》（*Vegetable Staticks*），他在书中详细阐述了一系列实验过程，向读者展示了水如何输送到植物里、日照如何影响植物生长，以及类似于动物肺部的叶子是如何扩张的。黑尔斯的著作虽然并没有被列入植物学的主流作品，但却属于唯物主义范畴，书中假设人类、动物和植物的运作模式与机器一样。黑尔斯还一并研究了血压和液压。

笛卡尔坚信思维赋予了人类真正的活力，与此同时，他也试图证明动物“仅仅”是机器的这种可能性。而朱利安·奥弗雷·德·拉·梅特里（Julien Offray de la Mettrie）在探索了思维对生理、心理以及哲学产生的影响后，认为人类也许只是一个纯粹的物理系统。他在 1747 年出版的著作《人是机器》（*L'homme Machine*）大获成功，狄德罗和达朗贝尔都深受其影响。也许，拉·梅特里在探究唯物主义哲学的道路上走得太远了。他不仅相信善良在于满足感官的愉悦，相信美德即自爱，而且直到生命尽头，他还在追寻心中的这种美德。

医学

在医学领域，笛卡尔的机械论有重要意义。按这个理论来看，人体就是独立的机械，会像时钟或机器那样坏掉。基于古老的体液理论，也就是健康取决于血液、黏液、黑胆汁和黄胆汁之间能否达到恰当的平衡，一台机器要改变平衡，使用的主要方法便是排泄，利用通便剂、催吐药、水蛭等来促进平衡。但是笛卡尔主义使人们对独立的物理结构产生兴趣，尸检和解剖研究逐渐增多。约翰·亨特（John Hunter）是著名的动物学家，每种动物他几乎都研究过，他也是将科学原理应用到手术中的第一人。

科学实验硕果累累，其中最伟大的成就由威廉·威瑟灵（William Withering）创造。他在分析了一个有效的民间偏方的所有成分后，于 1785 年发现洋地黄可以降低心跳速度。1718 年，玛丽·沃特利·蒙塔古夫人（Lady Mary Wortley Montagu）将源于土耳其的天花预防方法带到西方国家，预防天花的接种实验遂在启蒙运动时期开始大热，将这种方法在罪犯身上进行实验后，英国的两位公主接种了天花疫苗。

叶卡捷琳娜大帝非常迫切地想要接种天花疫苗，她开出高额酬劳，要求托马斯·蒂姆斯戴尔（Thomas Dimsdale）医生从赫特福德郡赶到俄国，为她和她的儿子保罗大公（Grand Duke Paul）接种疫苗。蒂姆斯戴尔因此变得腰缠万贯，放弃从医，转而开设银行。用来给叶卡捷琳娜大帝接种疫苗的柳叶刀目前在伦敦的亨特博物馆展出。尽管如此，医学领域的发展仍旧缓慢。启蒙运动开始后不久，爱德华·詹纳（Edward Jenner）对天花现象进行更彻底的分析后，才获得了一项突破性的发现，这位伟大的先驱者收获如此成就也花了不少的时间。

改造自然：农业和工业革命的根基

实验法的运用以及针对环境展开的愈发系统性的研究成绩斐然，人类拥有了一系列可靠的方法，不仅可以利用自然的力量，还可以为满足人类的目的而改造自然。启蒙运动不仅为政治革命奠定了基础，对农业革命和工业革命亦是如此，虽然这两种革命的进程更加缓慢，但是它们的影响同政治革命一样深远。启蒙运动时期，最富有的国家，比如英国，恰好达到了3世纪罗马的人均收入水平。[7]这个时期的技术也为之后两个世纪的飞速发展打下了基石。

政治变革令农业领域获得了一些进展，比如对过去的公地实行圈地制。出现进展的原因部分是对大自然进行实验研究的过程中，耕种技术发生了变化，其中最显著的是实行轮作种植方式，以减少或消除休耕的必要性。农业单一作物制会使土壤肥力下降，害虫和疾病的困扰也会急剧上升，所以在中世纪，每两年或三年就会有一年的休耕期，这样耕地才会恢复肥力。很显然，这样十分浪费土地资源。

欧洲西北部国家的一批拓荒者发现在同一块土地上，可以按照一定顺序在年间轮换耕种不同的作物，这样一来，每种作物要么可以让土壤恢复肥力，要么可以作为牲畜的粮食，牲畜在啃食期间，又可以给土地施肥。然而这背后的科学原理直到19世纪才变得明朗。第二代汤森子爵（2nd Viscount Townshend）是轮作制的重要推广者，但这也使他在历史上永远以“芜菁汤森”（Turnip Townshend），而不是政治家和杰出的枢密院议长这样的身份为人所熟知。他偏好的轮作方式是第一年种植小麦，然后是大麦，接着种芜菁，最后是供牲畜食用的苜蓿草。

启蒙运动时期以及之前的发现和探索成果，使能够提高人类营养水平的粮食新品种得到广泛传播。萝卜和其他块根作物不仅可以作为食物，还能提高土壤肥力，社会对它们的认可度也普遍上升，所以耕种这类作物的做法也在社会上推广开来。欧洲从新大陆引进了新作物，尤其是玉米和土豆。奇怪的是，许多人对土豆这种作物怀有偏见，尤其是法国人，但是亚当·斯密还是照样对土豆以及它的功效越说越起劲，虽然用到的措辞并不十分恰当。

> 伦敦的抬轿人、守门人和运煤工，以及那些靠卖淫为生的女人、英国领土上最强壮的男人和最美丽的女人，他们据说是爱尔兰底层人群中最优秀的一部分，但他们通常都以土豆为主食。没有什么食物能更确切地证明自身的营养价值之高和对人体健康的益处了。[8]

18世纪，主要的工业技术发展缓慢，起推动作用的是经济需求，而非对科学的好奇。这也许能解释为什么许多重大发现都是在英格兰和苏格兰取得的，在那里，商贸并不是肮脏的词语。启蒙科学家中，很少有成功运用自身技能推动技术发展的。专业知识的传播，更多是通过一些直爽的英国企业家组织的社交聚会，伯明翰的月亮协会就是这类组织的典型，科学期刊并不是主要途径。[9]

工业技术领域有三大价值连城的创新。第一大创新在冶金领域，尤其是炼铁技术。亚伯拉罕·达比（Abraham Darby）在1709年成功由木炭改用焦炭来炼铁，在获得成功前的很长一段时间内，他都在做冶炼过程的实验，由此可以看出他使用的也是科学方法。但是这项发现之所以如此重要，在于它证明生产铁不再需要木材了，这就大大增加了经济效益，因为工厂停产大多是因为木材不足，而非铁矿石不足。启蒙运动接近尾声时，铁的产量大幅提高，距离市场也更近了，而且多亏亨利·科特（Henry Cort）在1784年发明了搅拌法，才可以生产出更纯的铁。

第二大创新是关于动力的利用，尤其是蒸汽。正如卡尔·马克思提到的那样，蒸汽带动了整个工业发展，将工业生产从依靠水轮机的乡村转移到了大城市的工厂。纽科门于 1705 年发明的蒸汽机可以利用蒸汽动力驱动提水泵，而瓦特对一系列蒸汽机进行了改良，蒸汽的利用效率因此得到显著提升。

纺织业需要机器对棉花进行加工，这推动了工艺技术的改进，于是就有了第三大创新，也就是纺织业的机械化。棉花相比于其他纺织品来说，更易种植，而且触感舒适又耐用。但是，它很难进行加工，过程复杂，且需要投入大量劳动力，所以有人发明了新方法使纺织品生产机械化，棉花产业才开始赚取丰厚的利润。约翰·凯（John Kay）于 1733 年发明的飞梭、詹姆斯·哈格里夫斯（James Hargreaves）于 1764 年发明的“珍妮”手摇纺纱机、阿克赖特发明的水力纺纱机和塞缪尔·克朗普顿（Samuel Crompton）于 1779 年发明的骡机，都使纺纱和编织过程中的一些工序机械化，生产力因此有了很大的飞跃。

数学和逻辑：牛顿、莱布尼茨、欧拉和康德

数学家和科学家在启蒙运动时期取得的成就，跟他们 17 世纪和 19 世纪的同行相比略显逊色。该领域的突出成果还是来自牛顿在 17 世纪六七十年代的作品，虽然它们在八九十年代才出版。

牛顿

牛顿造诣高深，在数学和物理领域都称得上功勋卓著。例如，他将无穷级数项的代数运算简化为有限级数公式来处理。数学领域因为这个成果又上升到了一个新的研究高度，思考概念的难度也大大提高。

牛顿还提出了二项式定理，给出了 n 为整数时（x+y）^{n} 的有限级数项展开公式，所以（x+y）^{2}=x^2+2xy+y^2，依此类推，可得出 n=3，4，5 等时的公式。这个定理在当时赫赫有名，但是牛顿通过进一步的研究归纳出了 n 为分数和负数时的公式，来简化无穷级数项的运算。这是一个通过复杂推理得到的十分重要的数学成果。

牛顿在数学领域最卓越的成就是创立了微积分。微积分之于数学就如同他提出的运动定律之于物理，占有举足轻重的地位。微积分包含两个运算法则，其中之一是微分，可以计算出在某特定点的变化率，与它互为逆运算的法则是积分。如果我们已有一个公式可以算出在任何特定时间里物体所处的位置，那么运用微分法，运算该公式可以得出物体在任何特定时间的速度。基于这个结果，再次进行微分运算，便可以得出加速度。同样，对加速度进行积分运算，可以得出速度，在这个结果的基础上再次进行积分运算，便可得知物体移动的距离。

微积分涉及对无穷小量的计算，所以这需要在概念上做出一大跨越。正常情况下，想要得出一个物体的速度，就必须知道它具体的移动时间和距离，所以该速度代表的是物体在一长段距离中的运动速度，而不是某一点的运动速度。而牛顿在这里使用了与研究无穷级数项运算时相同的方法：首先计算 100 米内的速度，然后是 50 米内、25 米内，距离越来越短。这些速度会形成无穷级数，表明如果没有突然的中断或不延续的情况，当距离无限趋近于 0 时，速度值将收敛至极限。得出这个结论后，他也成功定义了位于无穷小点的速度。

微积分在现在看来是毫无争议的，但是在怀疑主义流行的启蒙运动时期，它经受了来自哲学家们的大肆抨击。1734 年，贝克莱认为牛顿微积分中关于速度序列极限的观点非常矛盾，于是向微积分开火，称它建立在错误之上。他还与哈雷争辩，称微积分还不如宗教教义让人信服。序列中的每一项都可以用公式 $\delta x/\delta t$ 来计算，δx 代表的是运动距离无限缩小的变化，δt 代表的是使用时间无限缩小的变化。牛顿认为，当 δx 和 δt 的值不断下降，这一点的速度便达到了极限。但是贝克莱注意到，在极限点上，距离的变化等于时间的变化等于 0，所以任何一点的速度就等于 0 除以 0，这是毫无意义的。用贝克莱的话来讲，它们“既不是有限量，也不是无限小量，什么都不是。或许我们要称它们为逝去量的鬼魂”。与其他的批评家不同，贝克莱对这个问题是做了研究的，对数学问题也是有见解的，他还讽刺牛顿的描述十分含糊。

1742 年，科林·麦克劳林（Colin Maclaurin）出版著作，为牛顿的理论提供了一个几何框架，论证了牛顿的微积分原理，解决了针对牛顿理论的纷争。虽然贝克莱对牛顿理论的批评是错误的，但是他指出微积分理论不够严谨却是千真万确的。直到 19 世纪，许多数学概念才有了足够严格的定义。

莱布尼茨

牛顿首先发现了微积分，这是无可争议的。而莱布尼茨先于牛顿发表了微积分理论，也是不刊之论。但是，莱布尼茨被指责事先偷看了牛顿关于微积分的手稿，这种近乎荒谬的说法并非来自牛顿本人，但还是令莱布尼茨怒火中烧。关于谁是这门学科的创立者，各自的支持者在相当长的一段时间内都争论不休，直到牛顿和莱布尼茨均与世长辞后，这场争论才画上了休止符。这场没有硝烟的“战争”导致欧洲大陆和英国在一段时间里切断了数学领域的往来，英国数学的发展也未能充分利用牛顿创建的势头，因此大大落后。

虽然是自学成才，但莱布尼茨是名副其实的数学天才，这也可以解释为什么他的许多成绩都是对别人成果的再发现。他的创新成就在于发明了很多可以简化并代表复杂思想的符号，这也是为什么坚守着牛顿繁重复杂记号的英国数学家们，在亚伯拉罕·棣莫弗（Abraham de Moivre）和麦克劳林逝世后会落后于他人的原因之一。棣莫弗出生于法国，但长居英国，在概率论和三角学定理上都有重要成果。

莱布尼茨不像牛顿那么易怒，他擅长社交，与欧洲兴趣相投的数学家组成了学术圈子，其中最著名的成员当属贝尔努利兄弟，即雅各布·贝尔努利（Jacob Bernoulli）和约翰·贝尔努利（Johann Bernoulli）。他们继承了莱布尼茨关于无穷级数、几何学和微积分方面的成果，又做了进一步研究，但英国在数学领域的传统优势或多或少已经覆灭了。

托马斯·贝叶斯（Thomas Bayes）虽然一直在默默无闻地研究概率论，但是他提出的贝叶斯定理是当今数据统计和大规模数据计算分析的思想基础核心。贝叶斯定理就是通过公式运算，在一则事件发生后，再确定条件概率。例如，在已知疾病的某些症状后，得出正确诊断结果的可能性。

欧拉

启蒙运动时期最伟大的数学家是莱昂哈德·欧拉（Leonhard Euler），他的研究成果斐然。欧拉的著作全集从 1907 年开始陆续出版，直到 2009 年，出版工作仍在进行当中。以欧拉命名的定理、方程式和公式，多到不计其数。腓特烈大帝和叶卡捷琳娜大帝都资助过一些研究院，只有为数不多的人在这些研究院都工作过，欧拉便是其中一个。他在事业早期，还在由叶卡捷琳娜一世（Catherine I）建立的圣彼得堡研究院任职过。叶卡捷琳娜一世是彼得大帝的遗孀，于 1727 年离开人世，在她去世的那一天，欧拉来到了俄国。在欧拉人生中的最后 17 年里，他近乎完全失明，但这无法阻止他研究的步伐，反而使他变得更高产了。

欧拉对数学的大部分领域都做出了贡献，包括平面解析几何学和微分方程理论，但他最主要的成就包含以下两方面：第一，他对微积分进行归纳，将它纳入数学的分支学科，现在微积分也被人们称为“数学分析”，研究无穷和极限。第二，他创造出各种充满想象力的符号，超越了莱布尼茨。现今使用的许多符号都是欧拉。π、e（自然对数的底数）和 i（指代虚数单位$\sqrt{-1}$），这些符号有的是他提出的，有的是由他推广的。他还发明了 f (x) 这个符号来表达自变量为 x 的一般函数，以及Σ，用来表示求多数项的和。[10]

启蒙科学家们通常希望他们的学术知识能对社会大有裨益。在将高等数学应用到现实社会中解决问题这方面，欧拉与他的好友兼《百科全书》的合编者达朗贝尔起到了带头作用，并且成绩显著。研究寿命和年金率等都用到了概率理论，疫苗接种大获成功也拜这个理论所赐。广泛推行天花疫苗接种的可行性经过了个重要数学家的详细分析，其中包括约翰·贝尔努利之子丹尼尔·贝尔努利（Daniel Bernoulli）和达朗贝尔。达朗贝尔经计算得出，接种疫苗可以延长人类的平均寿命。在计算过程中，他还发现一些有趣的数据：一个婴儿“可能的寿命”为 8 年，也就是说，当时一半的小孩在 8 岁前或 8 岁时就殒命了，而当时整个社会的平均寿命为 26 年。

大革命时期，法国在数学领域的发展名列前茅，众多数学家都积极投身于数学研究事业。我们现在使用的十进制算法就是在那个时候发明的。约瑟夫－路易斯·拉格朗日（Joseph-Louis Lagrange）和孔多塞等人组成了统一度量衡委员会。在被行刑前不久，孔多塞就逝世了。拉扎尔·卡诺（Lazare Carnot）是数学家兼工程师，虽然死里逃生，但还是被驱逐出境，事实上，在大革命时期和复辟后的君主政体统治时期，他都被流放过。加斯帕尔·蒙热（Gaspard Monge）虽说是狂热的革命分子，但他在极端团体之间开辟了一条不稳定的路线。大革命时期，他在巴黎创办了综合理工大学（École Polytechnique），并在该校任教，大力推动了法国数学事业的发展。

康德

让人感到讶异的是，在一个崇尚理性的年代，逻辑方面的成果却寥寥无几。

康德对逻辑颇有兴趣，从他的著作当中可以看到关于纯理性、实践理性、分析和先验的言论。在他逝世后，人们将这些关于逻辑的讲稿搜集起来，编纂成书。[11]但是，他对先验哲学的兴趣更加浓厚，而在逻辑方面的学说肤浅到令人不可思议。康德的确运用自己的逻辑理论推翻了圣安塞尔姆（St Anselm）关于上帝存在的证据。圣安塞尔姆的证据，或称为基于本体论的证据，就是指上帝比一切能想到的事物都更伟大，笛卡尔此前曾对本体论证据表示支持。如果上帝不存在，那么就不可能想到比他更伟大的事物了。鉴于这个矛盾点，上帝是不可能不存在的。

康德在《纯粹理性批判》中对此的反驳是，存在不像身高，并非一种可以适用于上帝身上的属性，所以在给他下定义时，存在不能作为其中的一个必要要素。关于任何事物的概念，存在都不能算作其中一部分，因为要说一个事物是存在的，那么就是在说有一个真实物体是可以与这个概念相匹配的。原则上“马”的概念和“独角兽”的概念并无差别，关键是真实存在的物体当中，有马但没有独角兽。同样，关于上帝的纯粹概念本身不应包含存在这个观点。是否有真实存在的物体可以与上帝这个概念相对应，则是另外一个问题了。

莱布尼茨对逻辑学也饶有兴致，他在启蒙运动之前完成的大部分成果倒是挺有意思，但却漏洞百出。他批评洛克忽视逻辑，还试着设计一门逻辑语言，帮助人们有条理地思考和演绎。他希望在这套语言的支持下，科学可以建立在坚实的方法论基础上，但是很不幸，这套语言并没有为表述观察活动留下足够的空间，而观察才是进行严谨推理的第一步。莱布尼茨认为形成固定的推理体系十分重要，这个具有现代特色的观点在启蒙运动时期是一大创新。

要点总结

1. 总体上看，科学在发展，宗教在衰退，或者说，关于科学、批判和实验的思想，不只是在知识分子小圈子里流通了，而是得到更大范围的传播，产生了重要的影响，包括对宗教本身也有影响。

2. 牛顿的思想在那个时代占有主导地位，全因他开创了能够解释天体运动的理论，该理论经得起严格的数学验算，实际上可以解释一切物体的运动。

3. 虽然这个时期不能称作科学发展的黄金时代，但是牛顿创下的辉煌成就、支持科学发展的新机构的出现、科技仪器精确度和理论价值的提升，都意味着科学发展在 18 世纪突飞猛进。

4. 实验法的运用以及针对环境展开的愈发系统性的研究成绩斐然，人类拥有了一系列可靠的方法，不仅可以利用自然的力量，还可以为满足人类的目的而改造自然。

THE ENLIGHTENMENT
A BEGINNER'S GUIDE

8 宗教

上帝具有理性思维吗?

启蒙运动时期宗教信仰的崩塌具体是怎样的?

耶稣会士在启蒙运动时期是如何被镇压的?

在启蒙运动时期，上帝的存在与理性思维注定是互相抵触的。许多思想家耗费了大量时间，对基督教进行批判，并对批判展开分析。尽管发生了教会大分裂，科学的崛起仍然是对宗教批判的思想基石。当然，基督教在各个国家的情况不尽相同，在不同地方，不同教派占据统治地位的牢固程度也有差别，所以关于基督教的批判和反驳论点，内容上也有出入。在17世纪，对基督教展开攻击的有斯宾诺莎、霍布斯和吉本，吉本认为本质上腐败、排斥异议和非理性的基督教是导致罗马帝国衰亡的元凶。[1] 尽管如此，基督教徒却发现辩论行之有效，理性思维颇具吸引力。

科学时代的上帝和奇迹：宗教与科学的和解

设计论证

启蒙运动揭示的诸多规律为人类对现实世界的认识奠定了基础。基督教通常视这些规律为威胁，但是同样地，基督教徒也可以反过来利用这些规律。所谓的设计论证（argument from design）认为自然事物既然能完美适应周遭环境，肯定不是偶然的产物，所以一定出自一位设计师之手。这个观点经不起仔细推敲，因为上帝的善意、统一性和完美属性很少被提及，所以它并不排除一个可能性，那就是这个世界是一群恶魔在创建过程中丢弃掉的一个雏形。但是，设计论证从科学发现里获得力量，将其化为一大武器，以对抗日益壮大的无神论。在启蒙运动开始不久后的 1802 年，威廉·佩利（William Paley）通过一个强大的类比来论证上帝设计了万物，成为最著名的论证结构。他是如此论证的：若在废弃的沙滩上发现一只表，虽然并无其他佐证，但我们必须假设这世界上存在一个钟表设计师。

但是，最具信服力的设计论证却正是从科学中产生的。虽然牛顿物理学的确给宗教带来了无法解决的大麻烦，但牛顿本身却是上帝虔诚的信徒。如果世界上的一切运动都可以由少数极其简单的原理解释，那么这就比佩利的类比法更能充分论证设计观点，更能从根本上说明问题，而不必依赖于一个简单的类比。牛顿在《光学》一书中写道："如果大自然不做徒劳无功的事，那么我们在世界上看到的所有秩序和美景从哪里来的呢？"林奈也从自己的动植物分类系统中找到证据来支撑设计说。他坚信物种的数量和结构是固定的，所以他的分类系统也只有在与上帝创造的动植物界相匹配的情况下才是正确的。物种形成的原理清晰明了、通俗易懂，这个事实本身也说明了世界是由设计师建构的。

除此之外，在牛顿物理学中，有足够空间来表明上帝不仅是神圣的钟表匠，还是不断维持物体恒久运动的干预者。相比于笛卡尔派物理学家主张的旋涡理论，上帝在牛顿物理学中更加无处不在。因为按照旋涡理论中的机械论哲学来看，上帝在创世后便一无是处了。牛顿学派大力强调上帝创世充满谜团，人类永远不可能对其有充分的理解。

奇迹

如果世界是根据上帝指定的原理所设计的，那么科学和宗教必定要达到一定程度的和解。但是，奇迹事件有一个很显然的问题，它们违背了自然规律，正如斯宾诺莎所说的，它们违背了上帝的指令。

奇迹的发生实际上就是在质疑上帝的存在。若非如此，那就只有两种说法可以解释了。要么，我们必须否认奇迹会发生，但这就与基督教信仰精神相冲突了；或者接受那些看似奇迹的事件实际上遵循了自然规律，是人类的无知让这些事件有了奇迹的表象。许多不拘泥于教义和崇尚思想自由的宗教观按照这个思路，要么同牛顿一样，承认自然界的秩序可以证明上帝的存在，所以不需要奇迹事件这个证据了，要么则指出，拥有创造奇迹的能力只能表明创造者法力无边，但并不能证明他就是上帝。

休谟从认识论角度提出怀疑，因为奇迹从定义上看指的是异常事件，必然与自然规律相悖且没有充分的证据。所以，无论这类事件发生与否，相信它们存在永远都是不合理的，即使一个人直接目击了奇迹，也是如此。[2]吉本指出，如果《圣经》里的内容可信的话，那么大部分奇迹事件的目击者都不会觉得自己看到的有什么特别。

> 西奈山电闪雷鸣时，上帝颁布了他的法律；为给以色列人民创造便利，上帝暂停海水涨落，暂停行星运转。他们明知虔诚时，上帝会给予世俗奖赏，不服从时，上帝会进行处罚，但他们一再地反抗高高在上的上帝，将其他神像摆放在耶和华的圣所内，模仿那些在阿拉伯帐篷里或腓尼基城邦中上演的奇妙仪式……与摩西和耶和华同处一个时代的人们以一种漠不关心的态度观看着最叹为观止的奇迹。[3]

上帝观念：上帝是理性的

关于奇迹和设计论的一系列问题，又进一步引发了人们对上帝本性的思考：他是什么类型的设计师？他对自己的设计作品持什么样的态度？他是一个理性的上帝吗？人类可以运用理性思维去理解这个世界的神秘事件吗？人类不断探寻自身理性思维与上帝理性思维之间的相似之处，在这个过程中，出现了不同的教会和教派。信奉基督教新教的宗教思想家们采取了全新的启蒙态度，以研究他们自己的教会，并与天主教徒保持距离，毕竟天主教徒不太可能会质疑普遍认可的观点。

启蒙运动时期基督教内部批判的一个典型态度就是对号称无懈可击的启示宗教提出怀疑。批评家划分为两大阵营，一派认为揭露问题可以重整基督教教风，另一派则希望彻底重塑基督教信仰。许多批评家采取了贝尔的方法，以表明基督教教义多有自相矛盾之处，所以不可靠。在英格兰上演的辩论虽然不算激烈，但也许是影响最深远的，洛克、安东尼·科林斯（Anthony Collins）、沙夫茨伯里以及其他众多批评家逐渐概括出上帝是如何被理性思维约束的。

洛克否定天赋观念的存在，那么关于上帝的观念就不可能凭空出现在我们的脑海里。然而，他认为上帝肯定是存在的，因为若非如此，我们就无法清楚地了解人类为什么存在以及人类与这个世界的关系。要理解这个世界，最重要的是要有理性思维能力，但这并不意味着天启是完全不可能的。如果是上帝直接给予启示，那么肯定可以按照表面意义去理解它，但是如果天启是由另外一个人传递的，那么就需要用理性思维来判断了。天启也许会超越理性思维，毕竟理性思维不会告诉我们一切，但是天启不可能与理性思维相悖，所以我们的批判性思维仍然很重要。

玻意耳曾立下遗嘱，用遗产里的一笔钱建立“玻意耳讲座”（Boyle Lectures），通过一系列讲座捍卫基督教的真理。塞缪尔·克拉克于 1704 年和 1705 年通过“玻意耳讲座”提出了一个与启蒙思想原则相一致的基督教立场。他结合了牛顿和洛克的思想，关键处主要借鉴洛克的观念，坚称耶稣的教义是合理的，任何一个理性的人都会表示赞同。

启蒙运动的发展进入成熟期后，即使格外虔诚的人也被理性思维动摇了。关于基督受难的本质，鲍斯韦尔十分赞同约翰逊关于耶稣受难本质的神学观点，称“他以全新的见解将这个庄严的话题呈现在我面前，关于救世主为我们所做的牺牲，有了更加合理和清晰的教义”。[4]

启蒙运动可以用理性、平衡和温和来形容，克拉克的观点就体现了这些特征。启蒙运动的这种特征也使社会上普遍出现一种态度，即对“宗教狂热”的高度怀疑。宗教信仰已到了近乎喧闹和痴狂的地步，信徒在宗教仪式达到高潮时满嘴胡言乱语、乐此不疲地传扬福音，其他一些不得体的活动也在激增。偏见和迷信滋生出盲目的确信和狭隘观念，愚昧落后、令人反感、引人讽刺和嘲笑，正如沙夫茨伯里在《人、风俗、意见与时代之特征》（*Characteristics of Men, Manners, Opinions, Times, Etc.*）中所说，“除了恐惧之外，人类还有很多其他的恐慌状态。所以，宗教信仰也是一种恐慌。当任何形式的狂热情绪高涨起来，通常在令人忧郁的场合，宗教信仰就会令人恐慌”。

在美国，浇灭宗教狂热的难度极大，但也很难对它不屑一顾。因为美国地域辽阔，一些宗教狂热团体，如独立浸信会，可以在远离新英格兰古板守旧的宗教当权派势力范围的地方逐渐发展壮大。乔纳森·爱德华兹（Jonathan Edwards）这类蒙受圣恩的思想家，在18世纪四五十年代引领了宗教“大觉醒运动”，抵制克拉克派理性主义。[5]

在许多地方，各种基督教教派竟然还能够共存，并没有造成严重的社会分裂。伏尔泰在《英国书简》中描述了许多英格兰的这些教派，并对它们彼此之间的包容大加赞赏。加尔文教派是最不愿妥协的，它认为人类因犯下原罪，堕落败坏的本性不可逆转，而上帝向一个人给予或保留他神圣的恩典，在创造万物时就已经做出了高深莫测的决定。许多人认为仁慈的上帝不应有如此严苛的行为，但更加注重现世的人则担心，如果一个人的行为对自己上天堂还是下地狱没有丝毫影响的话，那么就没有什么能威慑犯罪和违背道德的行为了。

对加尔文派大部分教义持赞同态度，但否认宿命论的人属于阿米尼乌派（Arminians）。阿里乌派（Arians）则不愿意或者不能理解复杂的三位一体教义，认为基督与天父不同。苏西尼教派（Socinians）认为耶稣是一个人，但他是一个受神的旨意、身负使命的人，这种教义与三位一体教义的差距更大。

宗教自由主义者（Latitudinarians）极具影响力，从启蒙运动的角度来看，他们是最理性的。他们遵从英国国教的做法，举行宗教仪式，但同时又坚信教义的一些细节并无多大价值。宗教自由主义者认为，上帝对灵魂中善良的一面感兴趣，他不可能也不会根据一个人确切的神学信仰来判断这个人的善恶，他深知大部分人并没有机会学习神学或深谙哲学理论。约翰·蒂洛森（John Tillotson）在1691年至1694年间将这种宗教自由主义带到了坎特伯雷教区。

在启蒙运动早期发展起来的神学观点中，最重要的是自然神论（deism），认为上帝是完全理性的。虽然有人提出令人信服的证据，证明这种思想吸收了来自整个欧洲的多种思想，但它还是时常被看作独具英国特色的思想。[6] 自然神论者和反教权的批评家们并肩作战，认为教条主义和对传统、权威不加思考的盲目热爱使人犯错。神父们为了捍卫他们在现世的地位，对谜团和骗局大肆渲染。宗教狂热是迷信的体现，所以是错误的，但打击宗教狂热分子时，嘲弄即可，还不至于关押他们。约翰·托兰德（John Toland）在1696年出版了著作《基督教并不神秘》（*Christianity not Mysterious*），书名很典型。

自然神论思想认为上帝同样也有人道主义道德观，大部分哲学家对这一点都表示赞同。如果理性思维引导我们对那些在宗教问题上犯错的人保持宽容，展现人道主义关怀，并关注宗教问题中真正的道德内涵而不是那些宗教仪式，那么上帝肯定也是这么想的，他只会更加赞同这些观点，因为上帝不可能不理性。上帝通过创世显现出自己的身份，所以自然神论者有道理去关注这个创世过程。为什么上帝会将这个世界创造成一个充满烦恼的现世？一个理性的神明肯定会创造一个给人类带来欢乐的世界啊。如果上帝不理性，何谈希望？此时此地的物质幸福感当然重要，否则上帝为什么要创造此时此地呢？人类在地球上没有感受到幸福全因社会运作不佳，包括神职人员的骗术和政府的管控不当，而不是上帝居心险恶。

如果理性思维不是获得道德指引的可靠方法，为什么上帝要赋予人类理性思维呢？所以，自然神论所主张的合乎理性的道德观念和行为不证自明。如果理性思维不好，那么上帝为什么要给予我们这种会引导我们走向道德败坏的能力呢？但是，相比于传统观点，自然神论观点里的上帝似乎更加虚无缥缈。除了上帝的理性思维和人道主义思想，关于他的本性只字未提，他真的是他吗？伏尔泰在《哲学辞典》中几乎向“传统”宗教中每一个正面的观点都发起了攻击，若读者认为他才思敏捷的笔触把宗教信仰的所有内容都给剔除了，也是情有可原的。休谟的《自然宗教对话录》(*Dialogues Concerning Natural Religion*)向自然神论观点发起反击，书中提出了一系列极具信服力的怀疑论点，称人类无法依靠理性思维去理解天意的本质。此书在休谟逝世后的1779年以匿名的方式出版。

在美国，自然神论艰难地与正统加尔文主义抗衡。尽管如此，许多美国革命家，包括杰斐逊、富兰克林、亚当斯、麦迪逊和英国人佩因，都对自然神论的众多思想原则予以支持。这导致政教分离一直持续到现在，宗教问题时常在议会中引发争论，比如，宗教运动家们试图让公立学校采用宗教标志。相反，在英国，自然神论是构成大量深刻道德思想基础的一部分，促成这一结果的思想家包括沙夫茨伯里和科林斯等。但是英国国教并没有与自由思想为敌，也没有与政府形成联盟压迫思想自由。早在“光荣革命”时期，英国人就展现出妥协的本领了，从宗教自由主义者蒂洛森地位的不断攀升就可以看出。也正因为这个原因，自然神论逐渐淡出舞台，但它所推崇的原则却时常受到神学家的认可，被英国国教和英国社会广为采纳。

在欧洲大陆，天主教会通常为宗教和政治权势提供共通的符号、主张和礼节，而自然神论反教权的本质使其站在统一战线的前沿与两方同时抗争。在德国，人们以自然神论的措辞重新起草了基督教新教的教义。虽然《纯粹理性批判》是导致自然神论消亡的主要原因，但关于康德是否为一个自然神论者，学术界仍存有巨大的争议。[7]

崇尚自然神论的法国思想家阵容庞大，包括伏尔泰、孟德斯鸠、贝尔甚至卢梭。卢梭的拥护者罗伯斯庇尔更是在大革命后，设立了自然神论色彩的法国国教。教会有避税的传统习惯，与王室和贵族有着密切往来，又反对哲学家们自由的思想观点，同时还拥有巨额财富，这些都使宗教在大革命前处境堪忧。在大革命早期，罗伯斯庇尔就不顾教皇的反对，下令终止按固定比例向教会缴纳税款，还接管了教会的许多行政管理职能，但是这还不够，他希望能彻底消除传统宗教。所有以基督教圣人名字命名的地方都换了新的名字，教会也被赋予了新的用途，黄金被没收，礼拜日也被废除了。

从 1793 年 10 月 24 日开始启用全新历法，一年有 12 个月，每个月有 3 周，每周有 10 天，每天有 10 小时，每小时有 100 分钟，每分钟有 100 秒。以这种方法记录的时间，单位为十进制，使用起来格外不便，所以这种方法从 1795 年开始就逐步淘汰了。负责制定历法的人员包括拉格朗日和蒙热。历法规定法兰西共和国成立的那一年，即 1792 年为共和元年。所以，历法颁布时已是共和二年。罗伯斯庇尔希望引入一个卢梭提倡的全新市民宗教，于是他在 1794 年 5 月向国会提交了《关于最高主宰崇拜草案》（*Cult of the Supreme Being*）。但同年 6 月，罗伯斯庇尔倒台，这个宗教制度就以失败告终了。[8]

在自然神论里，上帝并非实质存在，但即便如此，也少有人站出来完全否认他的存在。无神论在整个启蒙运动时期仍是一个忌讳字眼，知识分子倒并不一定排斥它，但其他许多人都无法接受。大部分人仍然笃信宗教，即使正步入现代化的政府禁止一些与宗教相关的活动，人们依旧支持寺院工作，踏上漫长的朝圣之旅，参与各种传统的宗教仪式。相比于支持传统，宗教机构在尝试按照启蒙批判思想来改革教会时，承受的压力更大。

支持无神论的思想家中，霍尔巴赫胆识过人。他深受拉·梅特里思想的影响，从唯物主义角度出发，称所有运动都是由物质引起的，牛顿定律对此都有描述和解释。洛克的“感觉论”心理学将思想看作物质的属性。在所有这些前提下，否认灵魂或精神的存在也就只差那么一小步了，否认上帝的存在也是指日可待的事情。上帝只是无知的人类发明的一个怪物，用以解释那些人类无法理解的现象，不幸的是，人类为了一个关于未来世界的谎言而失去了原本在这个地球上可以获得的快乐。

天主教会和耶稣会：宗教权威的削弱和宗教信仰的崩塌

天主教会

面对人类理性思维和上帝是否存在二者之间的冲突，新教做出了各种不同的反应，有时候让人感到困惑。而天主教在宗教改革期间已经遭到大肆抨击，并不准备沉浸在猜疑之中。如果哲学家需要找到一个敌人向其开火，那么首当其冲的当属教会。启蒙运动时期，质疑宗教权威的声音不绝于耳。教皇身为教会的领袖人物，事实上是无懈可击的象征。尽管在启蒙运动时期进入教廷的传教士和政治家也许仍然职权低下，梵蒂冈教皇手握的政治权力也一天天在流失，但是，教皇制度仍旧试图维持一个错觉，即宗教权威和道德权威赋予了权力合法性。即便如此，哲学家们也很容易找到证据来证明宗教犯下的龌龊事，比如散布谣言、修建奢华的寺院、神父通奸，更糟的是以上帝的名义施以暴行。有些哲学家，比如伏尔泰，几乎可以算是积极投身运动的调查记者。

教皇的无懈可击原本就是虚构的假象，天主教因此在继续从事世俗活动方面的能力也大幅削弱，天主教徒物质上富裕、精神上却贫穷的矛盾极易招致批评。18 世纪上半叶修建的奢华修道院，在梅尔克（Melk）和圣加伦（St Gallen）这样的小镇上，怎么都不会被民众错过。

伏尔泰在《哲学辞典》中构想了一段对话，对话的二人分别是一位天主教徒和一位伏尔泰当时所居住的王室的宫廷司库。

> 天主教徒说：阁下，您怎么看待原罪呢？皇室里的一位论派教徒（Unitarians）可是对它百般否认呀。他们声称《摩西五经》（*Pentateuch*）里对此可是一个字都没有提，这肯定让您受尽了屈辱吧？他们还说希波主教圣奥古斯丁（Saint Augustine）才是第一个积极传授此教条的人，但是圣保罗（Saint Paul）不也明确提到过吗？
>
> 司库说：哎呀，《摩西五经》里没提到它，又不是我的错。据说你已经往《旧约》里添加了其他很多内容了，既然如此，你何不再往《旧约》里添加点原罪的内容呢？这些隐晦的东西，我一概不知。我的工作就是在有钱的时候定期给你们发放工资罢了。

在法国，这种观念腐蚀着教会，而教会未能适应逐渐壮大的民主势力，处于第二阶层的牧师也要负一部分责任。到了1789年，更多出身高贵的人成为教会高级别的神职人员。这些贵族名义上掌管着众多修道院和教区，但因它们地处偏远地区，贵族们也不太情愿前往。启蒙运动的威慑力还体现在宗教信仰的崩塌。如我们所见，宗教信仰并非在民众中倒塌，而是在受过教育的牧师们中间土崩瓦解。不乏高级教士私底下承认对宗教心存怀疑，甚至坦承完全不信宗教这一套。结果，天主教会因与已故国王交往密切而声名狼藉，加速了法国大革命执政政府的世俗化。教会紧接着尝试将天主教和新教传播到邻国，但收效欠佳。

教皇也面临着地位不保的问题。1648 年签订的《威斯特伐利亚和约》（*The Peace of Westphalia*）在很大程度上决定了欧洲的政治秩序，它象征着三十年战争的结束，欧洲列国作为民族国家构成了全新版图。这次国际争端没有询问教廷的意见就得到了解决，实际上就假定了这样一个以国家为最大单位的政治体制。不仅如此，在“政治理论和革命之路”一章中就提到，从霍布斯开始，大量思想家提出的政治思想都是关于如何决定国家和统治者的合法性。无论是从理论上看，还是从实际出发，国家都是政治学中最重要的单位。而教皇这个超国家的实体是梵蒂冈和整个天主教之首，这种一反常态的存在势必会削弱其他人掌管国家的权力，自然不受欢迎。教皇并无多大世俗权力，所以依赖信奉天主教的统治者给予支持，但是这些统治者也并不总是愿意支持教皇去抵抗他们自己的同类。

耶稣会

耶稣会（The Society of Jesus）创立于 16 世纪，是天主教会中权力最大的宗教团体之一，其成员被称作耶稣会士。他们虔诚信仰天主教教义，尝试让更多的人归附天主教，同时也全力反对传播新教。他们训导了一代又一代儿童去严格遵守天主教教义，还派遣传教士去世界各地传教。他们辅佐于政治权力之侧，在启蒙运动早期，向众多信奉天主教的统治者提供了听取告解的神父。

启蒙运动时期，耶稣会士积极地帮助教会进行攻击，招致进步思想家对他们的怀疑。里斯本地震后，负责灾后重建工作的蓬巴尔是第一个向他们开火的人。1758 年，一群不忠的反对派贵族密谋暗杀国王若泽一世，蓬巴尔借此将耶稣会士逐出葡萄牙。本笃十四世教皇（Pope Benedict XIV）软弱无能，他的支持也无法改变局势。成功驱逐耶稣会士令蓬巴尔获益良多，社会开始重新开展公开辩论，蓬巴尔还得以掌控教育事业，并没收教会的土地。

1764 年，位于马提尼克岛（Martinique）的一位耶稣会传教士宣告破产，进而牵扯出一桩错综复杂的纠纷，耶稣会士因此被逐出法国。1767 年，开明的西班牙国王查理三世也效仿此做法，一些其他受天主教教会支配的地区也相继认为一个权力极大又保守的团体，还是除掉为好。1773 年，教皇格来孟十四世（Clement XIV）为了维护天主教团体的统一，不得不打压耶稣会，虽然他并未承认许多针对耶稣会的控诉是合理的。只有天主教国家注意到这个指示，在多个非天主教国家，尤其是俄国，耶稣会依然存在。直到 1814 年，对耶稣会的镇压才停止。开明的专制君主们，比如叶卡捷琳娜大帝和腓特烈大帝，在其领土范围内强制对耶稣会保持宽容。耶稣会能够继续维持下去，他们起着至关重要的作用，这也是件颇具讽刺意味的事情。

镇压耶稣会士虽然只持续了很短的时间，但启蒙思想家们，比如达朗贝尔，却称颂它为一次巨大的胜利，而实际上这次镇压起到的作用微乎其微。在这个崇尚民族主义和世俗主义的时代，耶稣教会与教皇权力的紧密联系，如同教皇的世俗权力一样，愈发显得不合时宜。教会所拥有的财富、权力和秘密都让人将它与阴谋论联想在一起，教士们本能的保守反应也触怒了大部分进步思想家，而很多思想家都曾受过耶稣会的教育。

人与自然：自然状态与理性思想的矛盾对立

关于自然的观点能走到台前，卢梭的功劳最大。他在自己主要的著作中写道，“自然状态下”的人类无拘无束、品行端正而且快乐，而在“文明状态下”，人类套上了枷锁、心怀叵测又壮志未酬。在这个“人造”社会里，人类与生俱来的自由都被各种制约条件剥夺了。对自然状态的崇拜甚至影响到了科学的发展。罗伯斯庇尔之所以打压颇具威严的法国科学院，部分原因是从文化角度看它格外保守，还有部分原因是它在重点研究物理学、机械学和数学时，不够崇尚“自然”。国民公会宁愿牺牲科学院的利益，转而去扩建植物园。

在试图了解人类的过程中，自然与人工这一最复杂的对立出现了。人类的本性被看作重要的恒定因素，尚待揭晓且需要敬畏，这一点在卢梭看来尤为关键。针对人在社会背景下的本性而展开的研究较少，孟德斯鸠是个例外，而女性通常被视为男性的变体，相比于男性，她们不那么有趣，更容易堕落，所以也就没有男性“自然”。大部分人都同意通过演绎法和实验法，可以将科学所获的进步复制到对人类的研究中。拉·梅特里的唯物主义观点影响深远，但关于“人是机器”这一点，很少有人站在他这一边。虽然布丰接受拉·梅特里的大部分观点，但仍然坚称人和动物的最大区别就是人拥有推理思考能力。

怀疑主义思想的代表休谟在著作《人性论》中表达了这样一个观

点：理性思维并不是人类行动的动机，相反，感情才是驱使我们行动的原因。他的历史著作旨在表明有原则的理性思维在人类历史上是少见的。而在启蒙运动末期，约翰·赫尔德（Johann Herder）继续研究这个主题，以休谟和卢梭的思想为基础，撰写了巨著《人类历史哲学的概念》（*Outlines of a Philosophy of the History of Man*）。他在书中否认历史的发展总是稳定的，像法律行为一样总是遵守一定的规则。人类的本性取决于国家、个人和历史的背景，正是这种反对一概而论的思想，最终取代启蒙运动时期倾向于普遍化的思想。

了解认识大自然和人类的本性是一回事，而要把这些理解表达出来又是另外一回事。事实上，很快就有人发现表现形式本身或多或少是可以忠于大自然的，而随着自然理论的变化，会产生更多可能的表现形式。艺术事业以及相关理论随之蓬勃发展，在下一章节，我便会探讨这个方面的内容。

要点总结

1. 在启蒙运动早期发展起来的神学观点中，最重要的是自然神论，认为上帝是完全理性的。
2. 教皇并无多大世俗权力，所以依赖信奉天主教的统治者给予支持，但是这些统治者也并不总是愿意支持教皇去抵抗他们自己的同类。
3. 镇压耶稣会士虽然只持续了很短的时间，但启蒙思想家们，比如达朗贝尔，却称颂它为一次巨大的胜利，而实际上这次镇压起到的作用其实微乎其微。

THE ENLIGHTENMENT

A BEGINNER'S GUIDE

9 艺术

洛可可式装饰风格起源于什么?

艺术鉴赏包括哪些“程序”?

《马拉之死》是在什么背景下创作的?

哥特式建筑在 18 世纪是如何被改造的?

亨德尔与巴赫的音乐风格有何区别?

启蒙运动时期的诗歌为什么发展得不好?

《鲁滨孙漂流记》与《格列佛游记》有何共同点?

《少年维特的烦恼》对启蒙运动有何影响?

如果自然是启蒙运动的一大重要概念，那么艺术创作的目的就是反映自然，所以艺术内容必须是“真实的”，这一点相信大部分人都会赞同。这个时期，艺术发展参差不齐，部分表现形式，如小说以及大部分音乐类型，都呈现出全新的标准，而其他艺术表现形式则升华了个人表达的冲动，以遵从文明的标准。详细地说，不同的人对自然有不同的理解，而且随着时间的推移，对自然的定义和态度也会发生变化，所以艺术作为人对大自然的回应，其展现出的效果也是起伏不定的。

大体上讲，启蒙运动所在的世纪主要发生了两场艺术运动，同样都表达了对自然真理的新认识。它们分别是洛可可风格和新古典主义。

洛可可风格由巴洛克式艺术运动演变而来。17 世纪的巴洛克式艺术运动中，艺术开始朝着民粹主义的方向发展，注重直接的情感表现。而洛可可风格则是对 18 世纪初的伟大统治者，尤其是路易十四的过分浮夸的一种机智回应。路易十四居住的凡尔赛宫富丽堂皇，气势磅礴。洛可可风格既显露出对盛大辉煌的喜爱，也体现了开明的怀疑主义思想，也就是怀疑这种艺术风格是否可以有更深层的意义，以及它是否只是一种文明形式的无目的装饰。按照那个时代心理学的逻辑来看，能为人们带来愉悦感即达到了目的。

但是，洛可可风格蔓延起来便一发不可收拾，虚浮不实的风头彻底盖过了艺术表达。直到现在，“洛可可”仍旧被视为象征泛滥的词汇。于是这种风格也就被套上了“不自然”的名号。所以，到了18世纪的后半叶，艺术表达弥漫着一种新的社会责任感，即共和主义者崇尚的严肃性，与革命的萌动以及启蒙哲学家关于美德的辩论齐头并进。古典模式又开始时兴起来，反映出理性思维和文明的重要性。理性思维是认识自然的工具，而人类就是拥有理性思维的动物。所以，人类所处的环境也必须是理性的，于是新古典主义诞生了。

大致上来看，18世纪艺术的发展历程可以概括为：巴洛克式艺术演变出洛可可风格，之后新古典主义开始盛行。这些风格都是对“自然”这个词的辩证阐释。启蒙时期的艺术作品在其他时代的人看来似乎略微缺乏新意，回避在心理上的探索，转而追寻其他也许不那么引人入胜的主题。比如，洛可可风格只为满足愉悦感，而新古典主义则只注重教化作用的启示。基于启蒙运动对自然的理解，18世纪的艺术作品在寻找真理和力求使作品贴近自然的过程中，让许多符合现代口味的神秘感似乎都荡然无存了。

但这并不意味着在都市化的理性表象下，情感就从启蒙运动时期的艺术中消失了。包括卢梭在内的一些思想家认为，既然人们需要压抑情感，就说明在文明表象下隐藏的情感无比深厚，所以他们推崇表达而不是抑制情感。虽然相比于对规则的遵循，艺术家们并不太看重仪式、教条和启示真理，但情感主义一直是贯穿启蒙运动时期艺术发展的一股暗流。

另外，神秘主义也成功吸引了一些艺术家的注意。艾曼纽·史威登堡（Emanuel Swedenborg）是一位德高望重的科学家，在研究了物质与精神、有限与无限之间的关系后，他在 56 岁时成为宗教经验的解读者，开启了全新的职业生涯。他的著作在长达几十年的时间里对众多艺术家产生过影响，尤其是威廉·布莱克（William Blake）。还有一些对情感主义感兴趣的艺术家选择了另外一条道路，即流行于美国的福音主义。[1]

情感和社交细节在音乐和小说里得到了最好的融合。巴赫、亨德尔和莫扎特成功地为宗教和世俗的音乐注入情感深度，并且不影响这些作品符合各自听众的口味。安东尼奥·维瓦尔第（Antonio Vivaldi）、格奥尔格·菲利普·泰勒曼（Georg Philipp Telemann）和约瑟夫·海顿（Joseph Haydn）在音乐上的造诣紧随其后。

同时，许多中年男性小说家以第一人称描述处于各种困境的年轻女性，以此来表达自己的情感，比如安托万·普雷沃（Antoine Prévost）的《曼侬·莱斯戈》（*Manon Lescaut*）、皮埃尔·德·马里沃（Pierre de Marivaux）的《玛丽安的生活》（*La Vie de Marianne*）和塞缪尔·理查森（Samuel Richardson）的《帕米拉》（*Pamela*）。还有一些作家所崇尚的恰恰与启蒙精神相反，他们通过戏仿这些作品来表示讽刺，例如，亨利·菲尔丁写出《沙美拉》(*Shamela*)和《约瑟夫·安德鲁斯传》(*Joseph Andrews*)来对《帕米拉》进行嘲讽，其中约瑟夫是帕米拉的弟弟，品行极其端正，但该作品讲述了他的种种遭遇。但是，当歌德的作品《少年维特的烦恼》(*The Sorrows of Werther*)在世界范围内获得成功后，情感才终于真正摆脱了束缚。

美学：与大众越来越贴近的艺术审美

艺术在启蒙运动时期成为人们热烈讨论的话题，但这些讨论并未对艺术家的作品产生多大影响，至少一开始的情况是这样的。人们在这个时期开始对古希腊和古罗马的艺术展开辩论，部分原因是因为考古队在距离庞贝古城不远的地方，挖掘出了赫库兰尼姆古城(Herculaneum)。挖掘工作始于1738年，其中的一系列相关作品从1755年开始相继问世，反映出罗马人简约朴素的公共艺术风格，但这与他们私生活的作风截然相反。

约翰·约阿希姆·温克尔曼(Johann Joachim Winckelmann)被誉为“艺术史之父”，他在著作《希腊雕像绘画沉思录》(*Reflections on the Imitation of Greek Works in Painting and Sculpture*)中说道，罗马人仅仅是模仿了希腊的艺术作品，而近代艺术家也应该这么做。这标志着洛可可风格到新古典主义的转变。

艺术品位的提升

发生这种转变的同时，富有的中产阶级开始加入王室和贵族阶级的行列中，来赞助艺术事业，这就扩大了艺术家们的观众群。但重要的是，成为艺术赞助者需要有足够好的品位。于是，这繁衍出一个小型的产业，很多顶尖哲学家对其做出了贡献，其中包括孟德斯鸠、伏尔泰和休谟。若不幸生活在文化氛围不够浓烈的英国，人们则可以参加“欧陆壮游”（the Grand Tour）。通过这个途径，富有家庭的小孩可以提高文化素养，而这是牛津大学和剑桥大学所无法培养的。

品位形成了一种标准，有了可供遵循的规则，但是逐渐增长的个人主义意味着艺术“天才”，无论是艺术家还是赞助者，在表达品位时都可能会巧妙地忽略某些规则。启蒙运动时期的这种个性表达在狂飙突进运动（Sturm und Drang）时期达到了顶峰，具体内容见下文。

艺术鉴赏的细化

如何对艺术作品进行鉴赏，似乎也是有“程序”可循的。老乔纳森·理查森（Jonathan Richardson the Elder）对绘画分类机制进行了普及。这种分类机制对作品的各个要素进行了评级：构图、色彩、处理手法、绘画手法、创造性、表现力、是否体现优雅和崇高性，有何优点以及是否给人带来愉悦感。他建议有志成为鉴赏家的人随身携带袖珍笔记本，做好准备随时对一幅绘画作品进行鉴定。用简单评级的方法来鉴定美学价值的概念也传播到了其他艺术领域。比如，1776 年，英国《绅士杂志》（*The Gentleman's Magazine*）按照相似的“清单”模式对一系列作曲家的作品做了评分，其中包括亨德尔、托马斯·阿恩（Thomas Arne）和威廉·博伊斯（William Boyce）。[2]

同时，公众对所有类型的作品在创作过程中的技术操作产生了浓厚的兴趣，这促使他们逐渐成长为有批判能力的人，可以对绘画作品进行分析。狄德罗就是这方面的先驱，他不仅是《百科全书》的编辑，在书中撰写了关于“艺术”的文章，还在1759年至1779年间为法兰西艺术院在巴黎举办的双年展担任评论员。

威廉·荷加斯在《美的分析》(*The Analysis of Beauty*) 一书中提出，要想对一幅绘画作品做出适当的鉴赏，就必须了解绘画过程中涉及的方法和手段，而美本身就在于如何巧妙运用“S形曲线”。埃德蒙·伯克在《论崇高与美丽概念起源的哲学探究》(*A Philosophical Inquiry into the Origin of our Ideas of the Sublime and the Beautiful*) 中将两个相互排斥的要素进行了区分:“女性化”的美常带给我们愉悦感，而“男性化”的崇高则象征着一种尊贵的品质，偶尔还会让人产生恐惧情绪。

根据洛克的心理学理论，人的感官体验处于最重要的位置。而在约瑟夫·艾迪生等学者进一步完善的感官主义理论中，视觉感受则占据了首要地位。这时，人们距离将视觉艺术当作一种像诗一样饱含深意的思想性话语只有一步之遥。戈特霍尔德·莱辛（Gotthold Lessing）反对温克尔曼的观点，称伟大的视觉作品，特别是现收藏于梵蒂冈博物馆的拉奥孔大理石群雕，有它们独特的美感，这与表现方式的本质密切相关。绘画和雕塑最能够刻画出某一个生动的瞬间，无论是启示性的一刻,还是戏剧性的一刻。莱辛曾说过,“延续的时间属于诗人的领域，而空间则属于画家的领域”。这明确地表达了视觉艺术与其他艺术形式的区别。类似的观点在洛克的著作中也隐晦地提到过，但并未明确表达。[3]

视觉艺术：从轻松到肃穆的流变

洛可可风格的绘画

洛可可风格在绘画领域产生的影响尤为显著。在18世纪上半叶，轻松愉快的艺术形式达到鼎盛期，这种作品偶尔会以宗教或神话为题材，但是并不会给观赏者施加太多要求。在不让观赏者过度绞尽脑汁或完全失去信任的情况下，仍使作品富于装饰性和戏剧效果并不容易，能做到这一点的画家中，让-安东尼·华多（Jean-Antoine Watteau）的能力当属第一。他的作品散发着强烈的无意义感，透露出无尽的哀伤。在《舟发西苔岛》（*Departure from the Island of Cythera*）中，他并未赋予画作过多的道德教化意义，只是成功描绘出了平淡而又绚烂的爱情旅程，以及在尽情玩乐后不得不回到“正常”世界的失落感。令人困惑的是，虽然这幅画作很显然是在描绘相继出发离岛的情侣，但它却还有一个名称叫作《乘船去西苔岛》（*Embarkation*）。

在《弹吉他的梅兹坦》（*Mezzetin*）中，梅兹坦悲伤地唱着歌，唱给一个并不存在或对他漠不关心的爱人。背对着他的大理石女雕像，或许是维纳斯，也对他无动于衷。《丑角吉尔》（*Pierrot*）是一幅了不起的作品，让人联想到超现实主义画家马格里特（Magritte），画中的小丑因长期不堪重负而满脸愁容，无视一群在他脚边玩乐的人。

洛可可风格的绘画作品的辉煌期并不长，不久后便作茧自缚，因过度强调自身传统风格而走向没落。乔凡尼·巴蒂斯塔·提埃坡罗（Giovanni Battista Tiepolo）的作品的固定套路就是展现严厉的皇后和女性，弗朗索瓦·布歇（François Boucher）将想象力发挥到极致，刻画了大量裸女。这两位画家的作品都很受欢迎，但批评声也日渐高涨。让－奥诺雷·弗拉戈纳尔（Jean-Honoré Fragonard）是最后一位伟大的洛可可风格画家，他的作品以错综复杂的线条为背景，而其中的人物则与背景几乎融为一体。

新古典主义风格的绘画

无论洛可可风格是什么，反正不是真理。在愈发“清醒”的文化背景下，欧洲，尤其是意大利和希腊，到处都是宏伟壮观的古典废墟，古代艺术在人们眼里变得更加可靠。一些艺术家开始以古典历史和《圣经》为创作依据，作品传达出庄严肃穆之感，不添加任何异国情调或奇幻想象。要发现真理，仅靠双眼是不够的，还需要理性思维和道德感。早期的新古典主义风格大师有安东·门斯（Anton Mengs）和加文·汉密尔顿（Gavin Hamilton），而本杰明·韦斯特（Benjamin West）则借用这种风格去诠释现代启蒙主题，比如，他画过本杰明·富兰克林做雷电实验的场景，还创作过《沃尔夫将军之死》（*The Death of General Wolfe*）。

新古典主义也带动了雕塑艺术的发展，但是很少看到有人能在新古典主义原则的基础上发挥想象力。一个有创意的例子是，弗朗西斯·哈伍德（Francis Harwood）创作了一座黑人运动员的半身黑石雕像，如今雕像陈列在位于洛杉矶的保罗·盖蒂博物馆中。半身人物雕像通常为裸体或身着古典服饰，从而赋予其庄重感和持久性。在创作画作时，相比于繁复的绘画技法，画家们更倾向于不加掩饰地描绘事实：桌上的文件清晰可辨，脸上的皱纹依稀可见，连衣服上的泪滴和瑕疵也能识别出来。

雅克－路易·大卫（Jacques-Louis David）作为传统的杰出代表人物，引领了18世纪末的绘画风潮，同时他也是历史上与政治界关系最密切的艺术家之一。他渴望用现代风格诠释加图（Cato）所恪守的古代美德。在《荷拉斯兄弟之誓》（*Oath of the Horatii*）中，三兄弟在父亲的鼎力支持下，宣誓为罗马效命。大卫以精确严谨的构图和英雄式雄浑的笔调进行了描绘，展现了为国家利益勇敢牺牲的刚毅精神。当时法国大革命迫在眉睫，这幅画作引起了很大的轰动。

在国民公会上，大卫就处决路易十六一事投了赞成票，成为罗伯斯庇尔政府下艺术界名副其实的权威人物。然而当法国陷入恐怖统治后，大卫的幻想破灭了。为纪念被暗杀的革命家让－保尔·马拉（Jean-Paul Marat），大卫创作了不朽的肖像画《马拉之死》。启蒙运动结束后，大卫成为拿破仑的御用画师，画作多以英雄崇拜为主题，其中最著名的是《跨越阿尔卑斯山圣伯纳隘道的拿破仑》（*Napoleon Crossing the Alps*）。有人不禁好奇，大卫到底知不知道拿破仑是解决不了任何问题的。他笔下描绘的英雄主义固然令人赞叹，但是在戈雅（Goya）那些噩梦般的绘画题材面前，他的作品难免黯然失色。从戈雅的作品中可以看到理性思维在挣扎着维持主导地位，以及暴力和战争，无论正义与否，所带来的惨痛代价。

英国独特风格的绘画

除洛可可风格和新古典主义以外，这个时期也有其他风格的重要作品。视觉艺术不仅在巴黎和威尼斯这两个中心城市蓬勃发展，在其他国家也很活跃。荷兰的绘画事业再也未能登上它在 17 世纪所达到的高峰，艺术逐渐随着国家政治经济的式微而走向衰落。而英国的艺术发展似乎总是置身于整个欧洲大陆的发展之外，虽势头迅猛，但并未被其他国家的艺术圈注意到。只有文艺复兴时期是个例外，但也只是仰仗了凡·戴克（Van Dyck）的建树，其作品显露了提香（Titian）和鲁本斯（Rubens）的绘画遗风。

但英国贡献了很多主流风格之外的有趣作品，比如乔治·斯塔布斯（George Stubbs）的作品。他精通解剖知识，并能逼真地画出动物的细节，在体现了布丰现实主义的全新科学思想的同时，又有亨利·富泽利（Henry Fuseli）所描绘的梦魇的影子。威廉·荷加斯擅长讽刺画，尽显繁忙混乱的英国国内那些愚蠢的行为，他的版画作品大多通过一系列的故事叙述，以风趣的笔触描绘出堕落之路。

英国仍有许多作品采用洛可可样式，但是对以往浮华绚丽的画面有所改动，以街头流浪儿、集市上的叫卖者、乞丐和穷困儿童为主题，用感性和理想化的笔触描绘肖像画。从法国移民到英国的菲利普·梅西耶（Philip Mercier）是创作这类绘画的先驱，其他极负盛名的画家还包括乔舒亚·雷诺兹爵士和托马斯·庚斯博罗等。

也许这个时期英国最伟大的画家是约瑟夫·赖特（Joseph Wright），虽然他在世界其他地方不常被人提起。出生在德比郡的赖特，一生的大部分时间都待在这个跟时尚不沾边的小城镇里。就是从这个并不占优势的观察角度，他开始描绘工业革命的开端，展现了超群的技艺。

他的作品透露出对启蒙运动的见解，颇具讽刺意味，明暗对照的画法让画面呈现出戏剧化的效果。赖特的肖像画作品是十分珍贵的视觉资料，从中人们不仅可以一窥早期工业家的风貌，如理查德·阿克赖特和杰迪代亚·斯特拉特（Jedediah Strutt），还能欣赏到阿克赖特在德比郡克罗姆福德（Cromford）建造的纺纱厂照亮周围村庄的景象。

赖特最杰出的作品是《气泵里的鸟实验》（*Experiment on a Bird with an Air Pump*），画中一位科学家为了演示新技术，将玻璃球里的空气抽干，而被困于玻璃球内的鸽子则因此不停地振翅。为了证明科学观点，这只鸽子就这么死掉了。画中，观看这个实验的是一家人，专注程度各不相同。一个小男孩似乎心不在焉地想去其他地方，另外两个小女孩因为太害怕而眼泪汪汪，而他们的父亲正向他们详细讲解实验。右侧的一位男士，两眼直望着空气，似乎在思考其他更重要的事。也许是因为伯克和威廉·布莱克等思想家已开始将科学体现的客观主义和残忍行为，与更广阔世界中的残忍行为联系在一起[4]，所以画中的这位男士才会有这么多思考吧。[5]

建筑：回归实用与合理

建筑的发展受历史、哲学思想和艺术发展的影响。在帝王时代，建筑的创新主要围绕奢侈华丽的宫殿设计，它必须象征崇高的地位，还要便于行政管理。这个时期，社会已停止针对神学的敌意，所以出现了富于灵感的宗教建筑。欧式的建筑风格开始与欧洲的宗教一同传播到海外，整个欧洲乃至欧洲以外的地区都可以看到富丽堂皇的礼拜堂和大教堂。

华丽烦琐的洛可可风格

这些宫殿和教堂许多都是17世纪巴洛克艺术大师的杰作，其中最伟大的当属贝尔尼尼（Bernini）。巴洛克式建筑效仿古罗马建筑的雄伟风格，造型富于变化，外部使用大量曲线，内部的平面和穹顶多是椭圆形，喜好强烈的颜色。在欧洲许多地方，巴洛克风格发展演变为洛可可风格，绘画和雕塑领域也在同时发展，特点是浮华烦琐，但通常毫无意义。从建筑层面上看，人们通过打造过于华丽的装饰来体现对快乐的追求，建筑艺术、雕塑艺术和绘画艺术之间的界限也变得模糊了。

洛可可式建筑风格在德国和奥地利尤其流行。1683年，土耳其大军兵败，从维也纳撤离，维也纳迎来重要建筑问世的新时代，也许是想通过这种风格来表达如释重负的心理。阿萨姆兄弟（Asam brothers），也就是那科斯马斯·达米安（Cosmas Damian）和埃吉德·奎林（Egid Quirin），是出类拔萃的洛可可风格艺术家。慕尼黑的圣约翰内伯姆克教堂，以及弗赖辛的罗马式大教堂内部设计，都是两人的杰作。

建筑物若能将洛可可风格体现得恰到好处，就好比是巴赫那明快的音乐作品。但极端的洛可可式作品，每一寸都在追求绚丽缤纷的颜色和扭曲的形状，则毫无意义，可笑至极。西班牙丘里格拉家族（Churriguera）疯狂使用色彩和石灰装饰，于是人们创造了“丘里格拉式的”一词来讽刺这类建筑。

追求实用价值的新古典主义

到了18世纪的后半叶，随着艺术观念的变化，建筑的社会价值开始占据重要地位。修建建筑要本着实用的目的，于是出现了大批剧院、监狱和图书馆，主流风格则是新古典主义。建筑物开始抛去繁复，崇尚简约。里斯本地震后的重建工作让这座城市改头换面，仿佛只有石头才足够庄重，才能记录这场地震给乐观主义和天佑思想所造成的重击。美国第三任总统托马斯·杰斐逊博学多才，还是一名自学成才的建筑师。他为新大陆开创了一套遵循有序布局以及和谐比例的美学思想。杰斐逊拥护帕拉迪奥式建筑风格，帕拉迪奥是文艺复兴时期的建筑大师，对罗马古代建筑颇有研究。许多著名的公共建筑都出自杰斐逊之手，比如弗吉尼亚州议会山庄和弗吉尼亚大学校园，他还设计了自己在家乡的住所蒙蒂塞洛庄园。

伟大的园林设计师甚至可以对自然环境进行规划和美化，其中最声名远扬的是“全能手”兰斯洛特·布朗（Lancelot Brown）。现在他的作品仍遍布英国各地，其中最为著名的是位于布莱尼姆宫、华威城堡和哈伍德宫内的花园。

建筑物在形态和功能上的限制也引发了人们的兴趣。巴黎市立医院的重建工作是一个具有象征意义的工程项目。这所医院位于圣母院前广场，专为穷人看病，但因过度拥挤和贫苦肮脏而落下了不好的名声。1772年，这所医院被烧毁，开明的巴黎人开始变得认真起来，就一所医院的合理结构展开了辩论，导致重建工作延期了好几年。杰里米·边沁提出的圆形全景监狱理论又引发了另一场辩论。在这个圆形监狱内，每位囚犯都在看守的视线范围内。

合理性的创新

中世纪“哥特式”风格的建筑和其他形态不合理的现代建筑都招致了很多不满，社会上因此发起了一场运动，旨在设计出井然有序的合理布局。频繁发生的火灾也起了一定的推动作用，比如1666年的伦敦大火，但是归根结底，关于“合理性”的思想是随时代发展而来的。在启蒙运动早期，一个典型的规划方案是，让城镇或多或少地保留原来的样子，在此基础上有策略地加入其他引人注目的特色，尤其是在当时特别流行的宫殿和教堂风格，然后再修建新的大道，以便观赏这些建筑。“改进”措施比较保守，得到改进的地方也在不断增加，但通常是按照统治阶级的个人需求来进行的。即便四处都在开展重建工作，新制定的规划也通常只是尝试展示某一栋建筑，比如在德国卡尔斯鲁厄（Karlsruhe）、西班牙阿兰胡埃斯（Aranjuez）、圣彼得堡或巴黎协和广场，建设工程都是如此规划的。

之后出现了更具野心的创新规划，旨在用规则、优美且“合理”的线条，设计出令人耳目一新的结构。1754年，建筑设计师老约翰·伍德（John Wood）逝世后，他的儿子小约翰接管设计工作，更大胆地将创新贯彻到底。美国华盛顿也是创新规划的典型代表。由于美国很多城市的建设工作都从零开始，所以殖民地人民在建设过程中的想法会更加激进，对老城的规划也会更加全面彻底，比如对费城和新奥尔良的改造。

历史和知识的传播，以及越来越多跨越时空对其他文明的认识，同样也影响了建筑的发展。在这些因素的影响下，风格各异的建筑比比皆是，充满实验性而非统一性，就像当今世界一样。在这个时期，同一位建筑师可以设计出不同地域风格的建筑。比如苏格兰建筑师威廉·钱伯斯爵士（Sir William Chambers），既能在伦敦打造出新古典主义风格的萨默塞特宫（Somerset House），又能尝试唯美雅致的中国风，在伦敦的邱园里建造了中国塔。[6]

音乐：大师辈出的创新时代

不管在启蒙运动的早期还是晚期，音乐发展始终长盛不衰。音乐史上有一件经常被人提及的奇事：在巴洛克时代，有两位真正的天才，他们的出生地相隔不到130公里，出生时间也相隔不到一个月，这两位音乐家就是乔治·弗雷德里克·亨德尔（George Friedrich Handel）和约翰·塞巴斯蒂安·巴赫（Johann Sebastian Bach），但他们一生从未见过彼此。

这两个人的音乐风格迥异，个性也千差万别。亨德尔是个善于引起公众注意的人，他下定决心要成为名人，当然他也做到了。虽然家庭施压要求他放弃艺术去学法律，但亨德尔成功地抵抗住了压力。他四处游历，选择不同的地方定居，不仅担任歌剧院管理员，自己也在作曲，同王子和国王都有交往。诞生在音乐世家的巴赫也亲手创下了属于自己的辉煌的音乐时代，他一生中只离开过德国一次。另外，巴赫常年为其赞助人，即德国的王子们谱曲，并乐此不疲。

亨德尔的正歌剧和清唱剧

亨德尔喜欢满足他以为的民众的口味。在职业生涯早期，他走遍意大利，广泛接触音乐文化，成为意大利正歌剧的创作大师。正歌剧中有 6 个角色，以一套固定的风格来唱咏叹调，演唱者表演结束后离开舞台。咏叹调有严格的返始结构曲式（da capo）：开始一段，接着中间再一段，然后再重复第一段。这种重复的程式化阻碍了剧情的发展，所以歌剧分解为一系列表演片段。亨德尔创作的最美妙的乐曲就在这些歌剧咏叹调中，其中包括取材于古典历史和神话故事的杰作，比如《阿格丽品娜》（*Agrippina*）和《朱利亚·恺撒》（*Giulio Cesare*）。

这种墨守成规的正歌剧不太可能持续风靡，亨德尔在 1717 年到 1737 年长达 20 年的时间里努力经营歌剧院，在伦敦安排上演了许多剧目来维持这种音乐形式，但最终失败了。之后他在逆境中创作出另一种全新的英文歌剧形式——清唱剧。这种歌剧主题较为严肃，剧情取材于圣经故事，其中最著名的就是关于圣诞的故事《弥赛亚》（*Messiah*）。其他名作还包括《扫罗》（*Saul*）和《以色列人在埃及》（*Israel in Egypt*），这两部歌剧都创作于 1739 年。在这些作品中，亨德尔一改之前的直接表演方式，转而通过演唱者以说话似的节奏叙述剧情的宣叙调和咏叹调对情节进行解说。清唱剧与歌剧不同，它没有布景、服装和动作，独唱者们不需要表演，只负责演唱某一“部分”。大型合唱团还会表现出剧情中观众的反应。

巴赫的康塔塔和受难曲

歌剧观众成为亨德尔创新的切入点，他将这些观众的反应融入对话中去；而巴赫则愿意按照就职机构的要求谱曲，在限制框架内形成了极具个人特色的音乐审美观。与亨德尔一样，巴赫也在声乐领域享誉甚高，他所创作的声乐作品通常以宗教为题材，集情感和美感于一身。虽然巴赫创作的《尊主颂》(*Magnificat*) 华丽壮美，但他身为虔诚的信义宗教徒（Lutheran），作品中很少用拉丁文作词。《B 小调弥撒》（*Mass in B Minor*）是巴赫的巅峰之作，表演这部弥撒所需要的音乐家和演唱者数量之庞大，在当时根本无法实现。

巴赫创作的教堂康塔塔（Cantata）是一种包括独唱、合唱的声乐套曲，由管弦乐伴奏，是教堂礼拜仪式的一部分。演唱歌词会将整个礼拜仪式的主题串联起来。当康塔塔涉及叙述情节时，就像是小型的清唱剧。巴赫最著名的作品之一《圣诞清唱剧》(*Christmas Oratorio*)，由 6 个康塔塔组成，分别描述了圣诞节期间某一天发生的事情。

巴赫的后半生都在莱比锡就职，被委任谱写大型合唱曲目，于是两部伟大的受难曲就诞生了:《约翰受难曲》(*St John Passion*）和《马太受难曲》(*St Matthew Passion*)。这两部作品以更加戏剧化的方式重现了《约翰福音》和《马太福音》中记载的耶稣受难的情节。

因此，虽然亨德尔热衷于追求戏剧性，巴赫笃爱沉思，但他们在音乐生涯的晚期，都追求用音乐来展现对圣经故事更深沉和含蓄的思索。启蒙运动时期的艺术家很少有人只满足于观察，评论、诠释和分析也很重要。

反映自然的音乐

启蒙运动时期的一大重要内容，就是包括音乐在内的所有艺术形式都必须真实反映自然，但是，自然的本质一直都是一个富有争议的问题。

法国作曲家让－菲利普·拉莫（Jean-Philippe Rameau）从 18 世纪 20 年代起，就在一系列著作中阐述了他的和声理论。年过 55 岁的他才开始将理论应用于实践，创作出众多优美的歌剧。拉莫认为声音源于自然，是自然的一部分，而和声则是声音的一种特性，可以反映自然的重要方面。所以，和声是音乐表现力的主要源泉。

关于音乐存在的目的就是反映自然的这一说法，卢梭非常赞同。但是与拉莫不同的是，他强调这里的自然必须是人性的自然，所以最能够表达人类本性的语言，是音乐表现力最重要的元素。这样一来，支撑声线的旋律才无比重要。在拉莫看来，音乐是普遍存在的，而卢梭则认为音乐与文化紧密相连，所以理想的音乐形式各不相同。就这个问题进行的讨论贯穿了整个 18 世纪的中期，连百科全书派的狄德罗和达朗贝尔都参与其中。在这过程中，卢梭的影响力逐渐提高，拉莫在歌剧创作方面也取得了辉煌成就。[7]

古典主义音乐风格

18 世纪早期的巴洛克风格开始过度追求奢华，于是作曲家多梅尼科·斯卡拉蒂（Domenico Scarlatti）和巴赫之子卡尔·菲利普·埃马努埃尔（Carl Philipp Emanuel）去繁化简，创作出优雅质朴的音乐，与视觉艺术的发展趋势相似。因为巴洛克风格过于追求烦琐，所以表现力受到了极大限制，在不同曲调之间达到平衡难度相当高，所以，它表现出的情绪往往很单一。

在之后奉行简洁明朗的古典主义时期，作曲家可以在一首曲子中表达出万千情绪。巴赫曾创作过一首以复调音乐为基础的管弦乐作品，尽管他巧妙地将几股曲调并置，使其听起来优美动听，但即使跟海顿早期的作品相比仍略显枯燥，这是由于后者喜欢将不同的管弦乐区分开来，以表达更浓烈的情感。正如卡尔·菲利普·埃马努埃尔所说："一个作曲家欲打动听众，首先得打动自己。"古典主义音乐更擅长情感表达，学术性则较弱。

海顿的弦乐四重奏和清唱剧

海顿的音乐天赋首先体现在他创作了具有开创性的弦乐四重奏。弦乐四重奏是由两把小提琴、一把中提琴以及一把大提琴组合而成的音乐形式，三种乐器相互配合，创造出丰富的情感。海顿的音乐表现力非常强，不仅诠释、更超越了拉莫和卢梭的理念，使两位思想家关于音乐和自然的主张显得多余冗杂。

海顿在交响乐的发展中起着关键作用，他所创作的清唱剧唱词考究，尤其以《创世纪》（*The Creation*）为代表，他可以称得上是亨德尔的接班人。除了海顿本身极具天赋之外，他与剧本作者、外交家兼赞助人戈特弗里德·范·斯维顿男爵（Baron Gottfried van Swieten）的合作也是促成他在清唱剧领域如此成功的原因之一。范·斯维顿对所谓的"古代"音乐，也就是亨德尔和巴赫的音乐满腔热忱，早期启蒙运动的思想能够传播给后来的作曲家，他立下了汗马功劳。

格鲁克对歌剧的改革

启蒙运动后期仍然是歌剧发展的重要时期，这很大程度上归功于克里斯托夫·格鲁克（Christoph Gluck），他推动了歌剧的继续发展。在18世纪，歌剧院更像是一种类似于现代夜店的社交场合，而不是如今备受尊敬的表演场所。如果想寻找性伴侣，歌剧院是绝佳去处，谁也没指望观众会认真听完整场表演。明星的号召力很重要，所以在18世纪中期，歌剧表演会加入宣叙调以推动情节发展，还会不时穿插明星演唱者站在舞台中央吟唱咏叹调。如果歌剧涉及表演，前来观赏的观众也只是想见见明星，而不是听音乐。歌剧在音乐形式上的可能性似乎走进了死胡同，而在这种形式的歌剧创作上，亨德尔是最后一位大师。

格鲁克开始改革歌剧，完成了新剧《奥菲欧与尤丽狄茜》（*Orfeo ed Euridice*）的创作。在这部歌剧里，咏叹调和宣叙调融合在一起，音乐形式也迎合了当时的艺术价值观。格鲁克在没有破坏戏剧连贯性的前提下，还能让女主角一展歌喉。这种形式在表演者和观众中间都引起了争议，但是，在同时代第二位音乐天才莫扎特的影响下，这种音乐形式终获成功。

莫扎特的创新

莫扎特重新引入了巴洛克风格，进一步延展了古典主义音乐形式。但是，他弱化了巴洛克的繁复性，使其烘托出整首曲子的意境，比如第29号交响曲的主旋律运用了对位法，但同时又能清晰表达他的情绪。与海顿一样，莫扎特与范·斯维顿男爵的接触帮助他理解了早期的启蒙运动。莫扎特延续了海顿在音乐形式和乐器功能上的使用方法，创作出的弦乐四重奏和五重奏堪称艺术的杰作。他谱写的钢琴协奏曲也推动了钢琴的发展，钢琴很快就占据了主导地位。狄德罗热爱音乐，如技术人员一般迷恋乐器制造，他所塑造的启蒙哲学家形象既像钢琴一样精致缜密，又像钢琴师一般优雅纯熟。[8]

莫扎特最辉煌的成就是，在歌剧领域创作了上乘的戏剧和喜剧佳作。他最优美动听的乐曲往往出自可笑的闹剧，比如《女人心》(*Così fan Tutte*)。他调整风格，以适应当时的形势，尤其注重不同语言表达所产生的细微差别。比如，因为意大利语有音乐性，他便使用意大利语创作宣叙调，而用更加粗俗的德语口语创作歌剧。在《后宫诱逃》(*Die Entführung aus dem Serail*)中，他表达了对西方比东方优越这一说法的质疑。在《费加罗的婚礼》(*The Marriage of Figaro*)中，他也并没有对贵族阶级表示出多少尊敬。在《女人心》和《伊多梅纽斯》(*Idomeneo*)中，他表达了拥有自己的想法并摆脱传统不良影响的重要性，这也附和了康德"敢于认知"的口号。

1791 年，法国大革命正进行得如火如荼，莫扎特的生命走到了最后一年。他最高深莫测的作品《魔笛》(*The Magic Flute*)也在这一年首次公演。在歌剧中，信使们唱着："迷信终将被破除，智者必定胜出。"启蒙运动时期代表理性的大祭司萨拉斯托(Sarastro)打败了黑夜女王。莫扎特对共济会的制度颇感兴趣，《魔笛》的创作深受这种情结的影响。共济会崇尚卢梭所追求的目标，即在一个理性的上帝存在的前提下，超越个人的宗教信仰，用普遍适用且略带神秘色彩的道德观念来管理社会。

诗歌和戏剧：被理性压制的神秘感

艰难发展的诗歌：薄柏、汤姆逊、格雷、克雷布、谢尼埃和彭斯

奇怪的是，对自然的强调反而抑制了诗歌的发展。浪漫主义时期的自然，充满力量而又神秘莫测，至今仍让人遐想联翩。但启蒙运动时期的自然却并非如此，它代表着一种理性的、有秩序的环境。据说这个环境是那些理性、有条理却不可知的神明按照牛顿定律制定的。

因此，依靠神秘感蓬勃发展的诗歌受到了不利的影响。正如作家安托万·乌达尔·德·拉莫特（Antoine Houdar de la Motte）所说："既然语言表达的目的是让他人理解，那么，遵守那些妨碍达到这个目的的约束条件，似乎不太合理。"[9] 尼古拉·布瓦洛（Nicolas Boileau）在启蒙运动早期，为法国诗歌设定了新古典主义基调，直到人才辈出的19世纪，这种基调才逐渐淡化。布瓦洛的作品采用亚历山大诗体，文雅、匀整，虽然到1688年时，他已经几乎没有新作问世，但他仍然是活跃的批评家。布瓦洛认为文学应该表达出看待世界的"典型"观点，反映自然。只有通过理性，才能最准确地了解和表达自然，所以理解困难、晦涩含糊和充满幻想的表达都是不合时宜的。总体上来讲，诸如布瓦洛这样具有影响力的批评家多如牛毛，英国的约翰逊也是其中之一，他们虽然不是一流作家，却总是坚持要告诉所有人如何写作。

启蒙运动时代最具个人特色的诗人也许是亚历山大·薄柏，人们很

容易从他的作品中摘取一个片段来作为他思想观念的缩影。[10] 他在《论批评》(*Essay on Criticism*)中阐述了一个观点，即诗歌遵循的规则蕴藏于自然之中。

> 规则自古就有，来自发现，而非自编，
> 自然恒久、条理清晰，秩序井然；
> 自然，如同自由，需要规范，
> 而那些规范，其实当初始于自然。

古代先辈们，尤其是希腊人，首先发现了这些规范，所以这对他们作品的研究至关重要。薄柏成功完成了古希腊史诗《伊利亚特》的翻译工作，这使他在经济上获得了独立。但是写诗并不仅仅是遵循法则即可，因为不规则也是诗歌体验的重要部分。薄柏将英雄双韵体改写为三韵句，就是这个观点的最佳阐释和实践。

> 视野里，亦有悦目的景物，
> 从自然的一般常态中突出，
> 如无形怪石、悬崖高矗。

拥有才智，能够表达出反映自然且切合时宜的思想，是诗人最伟大的才能。

> 真正的才华是天资出色，
> 我们常常想到的，却从未表达得如此适合，
> 它的真实性，一看便能信服，
> 只因它与我们心中所想一见如故。

无论诗人表达什么内容，读者都应在心中思考，这些内容是否为压制情感后不合规范的表达。由此可见，欲发现上帝或形而上学光辉的一面，艺术家应试着从更能切中要害的角度去研究，正如薄柏所言："人类应该研究的对象就是自己。"

例外也是存在的，尽管启蒙运动的理论已为诗歌施加了诸多束缚，但仍有不寻常的作品问世，就好比从道路中的窄缝里生长出的小草。詹姆斯·汤姆逊（James Thomson）具有敏锐的观察力，受当时科学发展的启发，他创作了《四季》（*The Seasons*），其中包含四首长诗，描绘了大自然一年的周期变化。在《春季》（*Spring*）中，他对彩虹的描述就是在向牛顿的《光学》致敬。

> 啊，了不起的牛顿，积云逐渐散开
> 迎着太阳，形成一个个湿润的三棱镜
> 呈现在人们眼前的
> 是几条不同颜色的光，
> 从白色的迷雾中变幻而出。
> 但男孩儿不这么认为；
> 他惊奇地看着这令人着迷的彩光弯曲下来，
> 欣喜地越过光芒四射的田野，跑着
> 追赶那直落地面的光辉。

汤姆逊的作品还涉及邪恶、道德和美好生活的话题。罕见的是，他在那个年代还能运用科学，从精神层面展现自然世界美好的一面，并阐释它是如何使我们拥有健康的情绪的。他的作品的影响力十分持久，直到 1801 年，范·斯维顿男爵仍从他的诗歌中取材，为海顿的同名清唱剧《四季》撰写唱词。

托马斯·格雷（Thomas Gray）也热衷于表达对自然的感悟，同时又将人类经历置于当时的历史背景之中。所谓的历史背景既包括历史书籍中的“重大事件”，比如国王理查德三世（King Richard Ⅲ）的可怕统治，也包括能够维持一个小社区内人们正常生活的细微琐事。他的《墓园挽歌》（*Elegy in a Country Churchyard*）是英国经典作品中最受欢迎的诗歌之一。诗歌在跨越几代人的背景下描述了下层人民谋生的艰辛，也表达了对躺在墓穴里的亡者的惋叹，令人动容，也发人深省。

另一位与众不同的诗人是乔治·克雷布（George Crabbe），他坚持奥古斯都风格，同样成就斐然。克雷布在 18 世纪学会写诗的技艺，于 1783 年创作了一首佳作《乡村》（*The Village*），但在之后 20 多年的时间里，却拒绝发表任何作品，且亲手撕毁了所有的手稿。诗歌领域不断发生变化，但他依然保持自己的风格，终于在 53 岁时才又开始出版大量作品，其中包括《教区记事册》（*The Parish Register*）、《自治市》（*The Borough*）和《故事》（*Tales*）等。克雷布的诗歌入木三分，刻画人物时以平凡的生活为背景，地点通常是他的家乡萨福克。《彼得·格赖姆斯》（*Peter Grimes*）就取自诗集《自治市》，这首讲述荒唐行为的叙事诗十分深刻，至今仍是他最著名的作品。

在法国，安德烈·谢尼埃（André Chénier）是浪漫主义运动的重要先锋，他对一切体察入微。在被罗伯斯庇尔送上断头台时，谢尼埃对大革命的热情也跟着灰飞烟灭了，但就在他惨遭斩首的三天后，罗伯斯庇尔自己也走上了黄泉路。谢尼埃是政治大动乱前的新古典主义代表，从监狱里偷运出的诗篇《长短句》（*Les Iambes*）描述了他对处境的恐慌，以及对恐怖统治时期背叛大革命理想事业行为的震惊。

启蒙运动时期最伟大的诗人似乎必然不会来自主要的城市中心，虽然他们饱读当时的文学和哲学书籍。罗伯特·彭斯（Robert Burns）是苏格兰邓弗里斯的消费税务官，在他的第一部诗集《苏格兰方言诗集》（*Poems, Chiefly in the Scottish Dialect*）中收录的诗歌尽显活力、探索、讽刺、温暖、慷慨和深奥的意味，他之后的作品无一能与之媲美。彭斯深知农民群众身上的价值和缺点，于是用不熟悉的苏格兰方言以达到特殊的诗歌效果，而这在其他世俗和充满都市化特征的英语诗歌中是不曾见过的。自乔叟之后，再无人可以将诗歌和讽刺融合得如此精妙，也无人可以从日常生活的细节中提炼出如此伟大的艺术作品。创作诗歌的同时又要维持生计，似乎给彭斯施加了难以承受的压力，于是年纪轻轻的他开始酗酒。他对蓬勃发展的民主精神的描述，与卢梭的笔触一样掷地有声，并且更加富有人情味。

> 管我们吃的是粗茶淡饭，
> 穿的是破衣烂衫[11]；
> 让傻瓜穿绸缎，让无赖把酒馋，
> 无论如何，人人都该有尊严：
> 管他这样，还是那样，
> 让他们穿金戴银，空讲排场；
> 真正正直的人，即使一贫如洗，
> 也是人中之王，不管怎样！

不甚理想的戏剧：伏尔泰、马里沃和博马舍

启蒙运动时期，剧院颇受欢迎，但戏剧的发展并不理想。英国和法国的伟大剧作家们纷纷退出历史舞台后，两国在这个领域的发展开始倒退。1688 年，英国复辟时期的喜剧发展可谓如日中天，它们表达的内容无情狠心、愤世嫉俗又令人捧腹，抒发了清教徒政权空白期压抑太久的轻佻顽皮劲儿。18 世纪 70 年代，喜剧风格迎来第二次盛况，佳作有奥利弗·哥尔德斯密斯（Oliver Goldsmith）的《屈身求爱》（*She Stoops to Conquer*）以及理查德·谢里丹（Richard Sheridan）的《对手》（*The Rivals*）和《造谣学校》（*The School for Scandal*）。但这两次喜剧高潮之间，英国戏剧并没什么其他值得一提的发展或作品。

法国在戏剧领域的成就比英国辉煌不到哪里去。启蒙运动时代伊始，法国最了不起的悲剧作家让·拉辛（Jean Racine）年仅 49 岁，不过在这之前，他就已经由于部分水平低下的竞争对手不正当地获得成

功而辍笔。18 世纪早期的一些剧作家，比如克雷比永（Crébillon），因采用夸张的手法也获得了一得之功。直到 18 世纪末期，剧作家们才开始以当代的议题，而不是古典主义或圣经主题为创作的题材。而从演出方面来看，莎士比亚、拉辛和高乃依的作品仍旧比在世剧作家的作品更受欢迎。高乃依的最后一部作品写于 1674 年。

伏尔泰在戏剧领域的高深造诣也是他伟大事业成就的重要部分。在 60 年的时间里，他创作了 20 出影响深远的悲剧。伏尔泰也采取非古典主义的模式，如同他的散文、小说一样，内容通常围绕东方世界，也有以古埃及和南美为背景的作品。但伏尔泰的作品弥漫着道德说教色彩，人物也不真实，如果放在当今时代，观众应该不会喜欢。尽管如此，当时的人们对他依然赞誉有加。

法国的喜剧事业更加成功，在自由的新氛围中蓬勃发展。马里沃的剧本讲述复杂又轻松的爱情故事，讨人欢心的年轻情侣陷入感情纠纷，又从中抽离。他的剧本以即兴喜剧的形式表演出来，其中一些场景会让人联想到华多画作中描绘情侣的画面。马里沃所使用的语言十分夸张，人们还创造了“马里沃体”（marivaudage）一词，来指代故作风雅的调情话。《爱情与偶然狂想曲》（*The Game of Love and Chance*）是他的代表作。

博马舍（Beaumarchais）同样也创作即兴喜剧，但写作风格更加朴实。他的一系列作品中，《塞维利亚的理发师》（*The Barber of Seville*）和《费加罗的婚礼》分别被罗西尼（Rossini）和莫扎特谱写成了歌剧，也因此扬名四海。在《费加罗的婚礼》中，《塞维利亚的理发师》里的情侣结婚了，但是丈夫后来又追求年轻貌美的女孩。因为内容太激进，这部作品被路易十六下令数年内禁止公演。这位名为费加罗的理发师生机勃勃而又固执己见，对贵族阶级的不公正行为进行了无情的谴责，为该剧平添了几分感染力。而莫扎特和他的剧本作者达·彭特（Da Ponte）在谱写歌剧时，弱化了原作中大量的讽刺言语，奥地利国王约瑟夫二世对该歌剧的改编表示支持。

小说：批判现实成为流行

全新且开明的经验主义哲学以英文为载体，推动了新型叙事手法的发展。采用这种叙事手法，可以围绕某一特定人物的经历，有条理地进行长篇叙述，以反映社会现实。[12] 主人公的故事不论是对叙事的统一还是发展都极为重要，因为人物推动情节发展，同时也受情节的影响。18 世纪的小说反映了当时的人们和社会事件之间相互影响的关系，从社会和心理层面上体现了现实主义。

旅行题材小说

小说家通常采取已有的体裁进行写作，然后把内容改编成小说，这样一来，读者就察觉不到自己阅读的是一个虚构的故事。丹尼尔·笛福和乔纳森·斯威夫特对荒诞不经的旅行故事做出颠覆，分别创作了《鲁滨孙漂流记》和《格列佛游记》。有大量传闻称，读者把斯威夫特小说中的巨人、侏儒和云端里的科学家都当真了，比如一位身份不明的主教认为书中的事“全是瞎扯，反正我是一个字都不会信”。[13]

笛福在人生晚期才发现这种文学体裁，《鲁滨孙漂流记》问世时他已年近花甲。主人公努力克服困难是他最喜欢的叙事题材，他之后又出版了一些优秀的小说，讲述主角们面临艰难险阻，如何运用自己的智慧战胜一切。其中最出色的是《摩尔·弗兰德斯》，从书中可以体会到 18 世纪伦敦充满活力的生活。笛福的创新之处在于故事情节全部原创，并以微不足道的人物为主角，故事里的各个事件就如同现实生活中的事件一般，相对随意无序地展开，正如伊恩·瓦特（Ian Watt）所说："强调小说里个人经历的重要性与笛卡尔'我思故我在'的哲学思想如出一辙，都极为大胆反叛。"[14]

书信体小说

塞缪尔·理查森将一长串描写诱惑未遂和其他类似社会纠葛的书信设计成小说，从而开创了家庭小说的艺术模式。他编纂了一本包含 172 个书信范本的手册，以指导经验不足的通信者写信。与此同时，撰写书信体小说的想法在他的脑海里产生，所以他能够颇负盛名，还得归功于满怀抱负的中产阶级和他们对家庭的关切给他提供了素材。相比笛福小说里的主人公，理查森笔下的主人公视角更局限。比如，在《鲁滨孙漂流记》里，主人公克鲁索是在事后已经明白一切的情况下叙述故事的，而《帕米拉》中，写书信这个动作和书信里讲述的事件几乎是同时发生的。理查森利用私人书信具有私密性的特点，为小范围内发生的情节赋予重大意义，仿佛在邀请读者沉浸在情感里，就像自己是收信人一样。书信的私密性还有助于将整个故事延长，理查森的小说都字数庞大，无论是喜剧《帕米拉》还是悲剧《克拉丽莎》（*Clarissa*），情况皆如此。他的作品风靡欧洲和美国，当然也包括英国，也正因为他的作品，人们才开始对这种长篇详尽的叙事喜闻乐道。

但是，并不是所有人都乐意接纳这种模式。克雷夫科尔借用并调整了这种风格，编纂了以殖民主义末期为背景的《一个美国农民的信》（*Letters from an American Farmer*），信中农民主人公詹姆斯的妻子实事求是地表达了她对艺术的怀疑。英格兰的男人也许需要靠写作谋生，因为“他们无须伐树，无须建藩篱，无须买黑人并给他们穿衣”。[15] 在欧洲以及美国，人们通常视阅读长篇叙事为一种毫无意义的艺术，是最适合妇女的活动。

诡谲风格的小说

启蒙运动时期，没有任何事物可以免遭挑战，而长时间保持稳定的状态。就在《帕米拉》广受好评数月后，亨利·菲尔丁创作了《约瑟夫·安德鲁斯传》，以嘲笑理查森的这部劝善式小说。菲尔丁在戏仿创作领域大放异彩，他以流浪汉为小说题材，塑造的人物形象具备当时人们的典型弱点，比如《汤姆·琼斯》。小说中的情节和语言铺叙无一不体现出幽默诙谐的特点，对行为的刻画与行为本身一样滑稽可笑。

劳伦斯·斯特恩（Laurence Sterne）通过怪异无厘头的写作风格对这个时代的发展历程进行了总结，小说《项狄传》（*Tristram Shandy*）尤其体现出这一点。从他的小说里，可以看到之前各位小说家的影子，不仅如此，他的叙述极为跳跃，考验着读者对打破传统程式的接受程度，也是在向洛克的联想理论致敬。斯特恩之后，怪诞的内容取代了诡谲的风格，如同哥特式小说家的作品。但是，既然该时期的伟大小说家们通过形形色色的方式赋予表达巨大的可能性，所以，小说里也开始出现描写两性关系和情感的内容，比如范妮·伯尼（Fanny Burney）和集大成者简·奥斯汀的作品。

哲理小说

在法国，伏尔泰开创了哲理小说体裁，篇幅一般较短，比起英国人已经习惯的散文，语言铺陈更加直接，甚至比惜字如金的斯威夫特还要直接。同斯威夫特一样，伏尔泰也精妙地运用了并置手法，故事内容包括《微型巨人》中来自土星的巨人到访地球并嘲笑我们微不足道的战争和争端，或《天真汉》中“高贵的野蛮人”一探真实社会。在他最杰出的作品中，也就是1747年出版的《查第格》（*Zadig*）和1759年出版的《老实人》，伏尔泰沉湎于描写生活的不公平现象。

塑造来自东方国家的角色，近似于阿拉伯的天方夜谭[①]，可以在有效避免审查的前提下，对西方社会的弊端进行探讨，对角色的批评可以方便地解释为因为他来自异国他乡。《查第格》出版前，文学界还出现了孟德斯鸠的《波斯人信札》，虽然严格意义上它称不上一部小说，但对当时的法国政治和社会作了细致的观察和出色的批判。塞缪尔·约翰逊的小说在英国被审查的可能性很小，但是他在作品《拉塞拉斯》中也模仿了伏尔泰的写作手法，讲述了一位来自东方民族的王子苦苦

① 安托万·加朗（Antoine Galland）在1704年至1717年间出版了阿拉伯文学名著《一千零一夜》的法文译本，大受欢迎。

追寻幸福的故事。

萨德侯爵的作品则更加奇异，直到20世纪才出版的小说《索多玛120天》（*The 120 Days of Sodom*）、《朱丝蒂娜》（*Justine*）和《阿丽娜和瓦尔古》（*Aline and Valcour*）里充斥着作者的色情幻想。同时，按照启蒙运动的传统，他也真正尝试了在作品中对社会做出批判并宣扬极端自由主义，但不管在坐牢期间还是出狱后，萨德作为一个革命家所起到的作用都不足挂齿。关于体现性关系自由思想的一个更著名的例子，是肖代洛·德·拉克洛（Choderlos de Laclos）的《危险的关系》（*Les Liaisons Dangereuses*），这是一部书信体小说，书中一对风流无耻的淫棍搭档尝试引诱纯情的少女。它也是拉克洛唯一的一部小说，但不确定的是，他到底是在讽刺法国旧制度的腐败，还是也为之着迷，很有可能两者兼有。

散文：用理性对抗狂飙突进运动

理性的散文

在18世纪，人们开创了理性散文写作模式，以表达和扩展深思熟虑的主张、尖锐的评论和具有启发意义的修辞。法国的伏尔泰、狄德罗和孟德斯鸠，英格兰的艾迪生、斯蒂尔和约翰逊，苏格兰的休谟和斯密，美国的富兰克林，统统都以文雅的方式进行辩论和叙述，从而使公众易于理解，与最杰出的思想家擦出思想上的火花。

然而，许多人冲破了那令人窒息的限制，对一般的人类而言，理性是一种愿望，而不是一种成就。富兰克林在《自传》（*Autobiography*）中写道，真正的人要说达到了理性状态，那也只是流于表面。他极富自知之明，前面那句话不免有几分幽默感。克雷夫科尔笔下的美国人生活在未开发的环境里，那里地形崎岖，与文明不沾边。对于处于萌芽阶段的美国文化，仁慈的怀疑主义已开始走下坡路，转而使用更纯粹、更确定的圣经语言来表达宗教的感性，这方面最出色的大师是乔纳森·爱德华兹。美国的作家通常被迫迎合这个大众化的趋势，甚至连杰斐逊也在《独立宣言》里插入了许多谈论末世的内容，但在出版前，大部分都被国会删减了。

相反，在英格兰，艾迪生和斯蒂尔为表达方式设定了基调，直到威廉·布莱克做出改变，而“哥特”体裁的发明让大脑的黑暗面展现得淋漓尽致。霍勒斯·沃波尔（Horace Walpole）的《奥特兰托城堡》（*The Castle of Otranto*）是意大利中世纪时期一本手稿的译作，它集合了神秘和超自然元素，故事一开头，便是一位男子在婚礼当天被巨大的头盔离奇砸死的剧情。威廉·贝克福德（William Beckford）的《瓦泰克》（*Vathek*）用法语创作而成，直接效仿了伏尔泰，将背景设定在阿拉伯领土内，故事也与《浮士德》有点类似。约翰逊在夸赞这个体裁时，十分拐弯抹角，称它“可信度似乎很低”，但只要亲临“天空岛”，便可知暴力、忧郁、崎岖、丰富、快乐和壮丽这些不和谐的元素是可以并存的。[16] 简·奥斯汀的杰作《诺桑觉寺》（*Northanger Abbey*）堪称这个时代的《堂吉诃德》，她在此书中对哥特这一体裁作了一番嘲弄。

在法国，侍臣圣西蒙公爵（Saint-Simon）撰写了《回忆录》（*Mémoires*），以戏谑和犀利的笔调记载了路易十四在过去 30 年的统治历史，但其中也存在不实的记录。相比于历史证据，他更倾向于以仆从间流传的八卦为依据，在书中，他总是强扭着无关紧要的积怨不放，尽一切可能把自己牵扯进去。但不得不说，圣西蒙的文笔新颖，笔锋转换也相当巧妙，从某些方面来讲，他可与普鲁斯特相提并论。

但是，对开明散文做出最有效调整的法国人是卢梭。他的抒情风格与哲学家们干瘪的文字形成鲜明对比，尤其是对自然的描写，表现出浪漫主义倾向。他笔下关于艺术和音乐的著作，使身为文学家的他在艺术领域的影响力得到了扩展，阅读他的小说《爱弥儿》和回忆录《忏悔录》，便是上了一堂名为“拥有强大艺术自尊的人应如何表达自己”的深造课程。同时，《新爱洛伊丝》以五个朋友相互间的通信这一流行书信体的手法构成，谱写了一首爱情悲歌。因这部小说，法国也兴起了一股创作乡村和哲理小说的潮流，但现在都已被遗忘了。卢梭的政治著作多以“文明”对“自然”的桎梏为主题，突出一个思想：理性的重要性是有限的。18 世纪的法国，需要激烈的措辞来撼动谨慎克制的语调。

狂飙突进运动

18 世纪发生在德国的狂飙突进运动是最有效的背离了启蒙运动模式的艺术运动，它的名称源自弗里德里希·克林格尔（Friedrich Klinger）描写美国独立战争的同名剧本，虽然这位作家现已被人们遗忘。这场运动发生在 18 世纪 70 年代至 80 年代，它倡导个性的表达，反对合理化和“文明化”的语篇，认为理性思维必然会压抑内心深处的情感，是很危险的。贪婪或报复心这些“不光彩”的情感，与仁慈和同情心同等重要。

狂飙突进运动并没有在音乐领域缺席。音乐作品中流露出的强烈情绪都带有狂飙突进的特征，尤其是海顿和巴赫之子的作品，以及莫扎特杰出的第 25 号交响乐。莫扎特的父亲没收了他的钱财，毕竟在一个大体上崇尚乐观精神的时代，阴郁凄凉的旋律不太会捕获人心。他的交响乐并未获得赞赏，但如罗伯特·古特曼（Robert W. Gutman）所说，与莫扎特不同，“那些成功的狂飙突进运动家有着可观的个人收入”。[17] 视觉艺术领域受这场运动的影响很小，只有亨利·富泽利的作品或许最接近那些含蓄的信条。

狂飙突进运动在文学界的声势最为浩大。席勒和约翰·赫尔德相当出类拔萃，但最了不起的大师当属歌德，他于 1776 年背离了狂飙突进风格，这场运动便失去了动力。歌德 1774 年的小说《少年维特的烦恼》造成极大的轰动，年纪轻轻的他在一夜之间名声大噪。歌德之后反倒厌恶起自己的作品来，便同席勒一道放弃了狂飙突进风格，转而发展了德国古典主义风格。

然而，整个欧洲掀起了一大批年轻人模仿维特自杀的风潮，可见歌德以及其他狂飙突进作家表达的情感多么地深入内心，尽管不是全部一致，但其重要性可想而知。在法国大革命永久地改变了社会动态之前，启蒙运动就大势已去。启蒙运动也许会招致批评，之后的几代人也会以不同的方式阐释它的遗产。它对接下来几个世纪，包括 21 世纪的影响，是本书最后一个重点章节的主题。

要点总结

1. 18 世纪艺术的发展历程可以概括为：巴洛克式艺术演变出洛可可风格，之后新古典主义开始盛行。
2. 公众对艺术作品的创作过程产生浓厚的兴趣，这促使他们逐渐成长为有批判能力的人。
3. 随着艺术观念的变化，建筑风格从追求绚丽辉煌转向实用主义，建筑的社会价值开始占据重要地位。
4. 巴洛克风格的音乐过于追求烦琐，表现出的情绪往往很单一；古典主义音乐更擅长情感表达，学术性则相对较弱。
5. 拥有才智，能够表达出反映自然且切合时宜的思想，是诗人最伟大的才能。
6. 启蒙运动时期的小说反映了当时人们和社会事件之间相互影响的关系，从社会和心理层面上体现了现实主义。
7. 与此同时，人们开创了理性散文写作模式，以表达和扩展深思熟虑的主张、尖锐的评论和具有启发意义的修辞。

THE ENLIGHTENMENT

A BEGINNER'S GUIDE

第三部分

启蒙运动的影响力

THE ENLIGHTENMENT

A BEGINNER'S GUIDE

10 启蒙运动的遗产

反启蒙运动的思想具体有哪些?

新自由主义与自由主义有何异同?

伊斯雷尔的启蒙方案具体包含哪些要点?

如何看待当今的宗教狂热?

为什么说互联网是启蒙方案的一个典型分支?

法国大革命最终失败，启蒙思想的发展随之陷入低潮，反动势力接踵而至。但是，光明既已降临，若想驱赶，绝非易事。追求理性、自由、宽容和民主的积极观念，贯穿启蒙运动之后的整个西方思想史。它们时而是一种影响力，时而是对于狂妄的警告。启蒙运动与其他大多数伟大的思想运动相似，有潮起，也有潮落。

总体上来看，继承了启蒙运动传统的思想家们向狭隘主义、森严的等级制度，以及有组织的宗教所常有的不容异说和迷信，发出了抗议。他们关注的是运用理性思维，尤其是科学，去改善人类的生存状态，也关注它给人带来的自由的宽容。他们志向远大，渴望提升人类的物质生活，把厘清精神需求的责任交付到每个人自己身上。

那些站在对立阵营的人，则宣扬多样性、个性化表达以及对个人的关注，反对由社会决定的标准。他们称赞小众文化和团体，反对“全人类皆兄弟”的说法。他们批判循规蹈矩，那些“合理”但尽显官僚主义的措施，在他们看来是不人性的。同时，那些不接受所谓生活“改善”的人们被社会边缘化的现象，他们也深恶痛绝。

这两大类型的思想家都吸收了启蒙运动的传统理念，只是他们表现出不同的反应。在大革命后的两个多世纪内，他们的声音都清晰可辨。有一个观点贯穿了这场跨世纪的辩论，即一旦启蒙运动给社会带来了科学和进步，暗黑破坏势力便会利用这些现代化工具达到自己的目的。开明的吉本就认为击垮罗马帝国的外邦人就是这一观点的力证，而启蒙运动批评家约翰·格雷（John Gray）则认为这一观点解释了“基地”组织的行为。[1]对欧洲文明而言，启蒙运动或许仅仅是一个属于自己的目标。

在最后一章里我们将回顾一些主张，正是因为它们，启蒙运动至今仍然鲜活。虽然并不能完整地概括过去两百年的思想史，但本章集合了一些虽相互独立却与启蒙运动遗留问题息息相关的思想片段。它们讨论的内容涉及文化、宗教和世俗化长期斗争的特例、理性思维的局限及其如何在世界各地得到应用，以及人类行为的动机。

反启蒙运动：对启蒙思想的批判性反思

若仅仅关注启蒙运动，则无法了解 18 世纪的思想环境有多么复杂多样；而如果以为启蒙运动的思想在同时期没有遭到彻底的抵抗，那自然也是错误的。全盘反对启蒙运动的思想家、作家、政治人物和教会人士是存在的，他们憎恶人们对伏尔泰等人的英雄崇拜情结。

正如“宗教”那章所述，这类反对势力主要由信奉天主教和君主制的权力主义者构成，在他们看来，启蒙运动是由新教引入的肮脏勾当。尤其在法国，启蒙人士一直与耶稣会士以及詹森主义者作斗争。这类反对势力认为若要维持秩序，适当且传统的宗教极为必要，还主张要让新兴中产阶级安分守己，并对这些人的思想和写作内容进行审查。他们还建议，在权位之上就应该真正掌握大权，反对孟德斯鸠的三权分立主张。这些反对人物偶尔也会胜出，比如在国王若泽一世逝世后的葡萄牙。这些人物中也包含少数著名思想家，但他们往往流于夸大其词，言辞模糊，只传递出发泄愤怒的噪音。

社会上开始出现更多有着细微差别的立场。第一个反启蒙运动的思想与普遍存在的人性有关，这一观点遭到一批思想家反对。反启蒙运动人士甚至认为，卢梭在强调普遍存在的人权扭曲了人类情感时做得不够。英国剧作家兼教育家汉娜·莫尔（Hannah More）对沃斯通克拉夫特出版的《女权辩护》进行了一番冷嘲热讽，莫尔认为儿童和婴儿接下来也应该拥有权利了。她说得没错，他们的确拥有权利，因为托马斯·斯彭斯（Thomas Spence）出版了《婴幼儿的权利》（*The Rights of Infants*）。排他主义者认为这简直太疯狂了，人类本身具有多样性，那些尝试为行为和待遇设定普遍统一标准的做法令人捧腹。适用于一个人的惩罚和激励措施对另一个人也许完全不起作用。

第二个反启蒙运动的思想认为，既然各个社会之间有区别，那么这些社会当中的人之间也会有差别。这个思想吸引了一些代表性的启蒙思想家，比如孟德斯鸠，也吸引了一些持不同态度的思想家，比如詹巴蒂斯塔·维科、尤斯图斯·默泽和伯克。以赛亚·伯林便将维科视为典型的反启蒙运动思想家，因为维科专注研究文化的独特性和为什么不可能存在一个理想社会，但是，他关于历史循环以及表达性活动具有基本的文化作用的理论，其核心思想都在暗示着共性。维科的作品在启蒙运动结束后相当长一段时间内才得到广泛阅读，所以他并没有对启蒙运动的衰亡产生影响。

约翰·赫尔德非常明确地表达了自己的观点，他坚信一个人只有在沉浸于作者所创造的环境后，才可以开始理解一部文学作品。他采用了一种当时非常普遍的策略，借用一个启蒙思想去否定另一个启蒙思想。于是他用牛顿物理学中的“重心”反驳了每个文化都有自己的重心，想要理解该文化就必须先接受这个重心的观点。赫尔德成为德国著名的民族主义者。

第三个反启蒙运动的思想认为理性思维非但不能作为一种理解世界的良好方式，甚至根本称不上是一个恰当的思想工具。约翰·格奥尔格·哈曼（Johann Georg Hamann）非常开明地引用了休谟的思想，坚称真理永远具有特性，所有理性思维能做的只是将迥然不同的事物进行分类，形成固有的模式，但这些模式本身与现实根本不符。理性思维至多只能给出骨架，而诗歌可以使骨架充实。上帝用诗歌而不是数学来表达观点。但哈曼有一段时间是赞成启蒙理念的，他还是康德的朋友。

早期另一位反对不正当运用理性思维的思想家是威廉·布莱克，他曾将牛顿夸张地描述为一位沉迷于指南针的唯物主义者。布莱克在诗中提到的“黑暗的撒旦磨坊”，不仅指理查德·阿克赖特的磨坊以及被约瑟夫·赖特怀着仰慕之情画进作品中的其他工业家，还意指那些由牛顿和与他同类型的数学家提出的不可阻挡的计算方法。理性思维是一种幻觉，我们被套上“心灵铸成的镣铐”，乱作一团。布莱克与赫尔德一样，与启蒙运动之间的关系很复杂，但他至少对美国独立战争和法国大革命的某些方面是怀有敬意的。

许多批评家还把罗伯特·彭斯视作最初的浪漫主义派诗人，他也确实是一位过渡人物。他的作品《写于卡伦旅馆窗户上的诗》(*Verses Written on a Window of the Inn at Carron*)是关于卡伦铁工厂的即兴之作，该工厂位于福尔柯克附近，自 1759 年开始运营，诗中表达了一种布莱克式的恐惧。

> 我们并非来此观赏你的劳作，
> 希望变得更加明智，
> 而是担心我们会下地狱，
> 这一点儿也不惊喜。

第四个反启蒙运动的思想认为，每一个人最终都会为自己的道德行为负责。将此观念夸大后，便成了极端、强烈的个人主义，类似于后来麦克斯·施蒂纳（Max Stirner）和尼采的哲学思想，旨在逃离理性思维那让人喘不过气的规则和权威的重压。卢梭当然也在朝着这个方向发展，撰写色情小说的萨德侯爵和狂飙突进运动期间的一些作者也是如此。

启蒙运动的乐观主义是被攻击的对象，虽然来自内部的口诛笔伐已经足够多了。“启蒙运动的地域发展”一章中回顾了在里斯本发生的灾难性事件，伏尔泰因为里斯本地震产生了悲观主义思想并创作了《老实人》，而孟德斯鸠以及美国开国元勋们的三权分立学说是基于不信任派系的政治哲学思想。亚当·斯密提出的自由市场思想，意味着在不对利他主义保持过度乐观态度的情况下，经济体系还可以运作。

但是，当悲观主义与天主教原罪思想联系在一起时，哲学家们便产生了更加阴郁沮丧的思想。关于人类的邪恶倾向，约瑟夫·德·迈斯特的观点异常黑暗，他认为对人性和社会持理想主义态度是根本性的错误。他写道："所有伟大、所有权力、所有社会秩序都依靠行刑者而存在。他令人类社会谈之色变，是凝聚人类社会的纽带。若将这难以理解的力量从世界上驱逐，那么从那一刻起，混乱便代替秩序，王权垮台，社会也会跟着消失。"

最后，我们已经注意到启蒙运动是精英人士的事业。随着时间不断推进，18 世纪，社会上开始出现反对贵族自由思想家的情绪，资产阶级则从贸易增长中获利，格外关注"财产所有权"问题。矛盾的是，知识分子渴望自由，而普通的中产阶级则恰恰相反。公共沐浴、饮酒、情感和宗教选择权都被视为多余的活动，当诗人和画家尽情享受这些活动时，城镇市民则开始了漫长而又迂腐守旧的征程，迈向维多利亚时代。[2]

浪漫主义者：对理性和秩序的质疑

卢梭和歌德都有自己的一套启蒙思想，但两人都不认为理性思维足以让人们理解戏剧和人类生活的深度。狂飙突进运动已经向秩序和理智提出质疑。直接而炽热的感情似乎更像是人类的特征，相反，冷静、从容仿佛显得没有人情味。一则讲述苦难的故事应该比一大堆数据更为重要，在极端情况下还能保持理性则过于冷静超然了。美学开始超越其他来源的价值观，“自然”美学思想，即未受抑制的自然、哥特式建筑，替代了启蒙运动时期对秩序和古典价值观的热爱。于是，浪漫主义情感诞生了。歌德的巨作《浮士德》以诗剧的形式展现了德国浪漫主义，主人公浮士德是理性主义者狂妄自大的代表。

启蒙运动临近尾声时，个人的幸福和利益以及对迷信和宗教狂热的妖魔化，成为社会关注的主要问题，宗教冲突因此淡化。关于 17 世纪大屠杀的记忆正在退却，欧洲沾沾自喜地回首着那几十载相对平静而又令人兴奋的时光。礼貌成为一种约束，抑制着人类最深的本性。在浪漫主义者看来，启蒙运动否定了自然，它对一切事物做出解释，却没能使人真正理解。霍布斯描述过在订立社会契约前，人类痛苦的存在状态，而理性文明却并没有帮助我们脱离这种状态，反而阻碍了我们去领会自己的命运。理性取代了激情，否定了英雄主义，还尝试诱骗我们以冷血的态度对待全人类，也不允许我们迷恋那些令人倾慕的人，包括朋友、家人、爱人以及同样对民族抱有一片赤诚之心的人。而浪漫主义则成为我们现代浓厚的民族主义的背景。

有很多人在启蒙运动的过程中态度发生了变化，这当中便有诗人塞缪尔·泰勒·柯勒律治（Samuel Taylor Coleridge）。他一开始拥护集权制和唯物主义，18 世纪 90 年代曾试图在宾夕法尼亚州建立理想社会，后来这个地点换成了威尔士。而正如惯常发生于理想社会的情况，他在还未真正开始前就倒在了充满敌意的争论中。在 18 世纪和

19 世纪更替之际，柯勒律治大肆谴责洛克和牛顿，称唯物主义者的思想消极被动，政治公共领域具有破坏性力量，恢复想象力和宗教势在必行。[3]

意识形态的兴与衰：实证主义、马克思主义、新自由主义等

用理智去解释人类看似混乱的生存境况，一直是西方思想的一大目标。启蒙运动前，基督教思想，即上帝创造了人类生活的世界并赋予它一个结构和目的，促成了一些宏大体系的产生。这些体系从“存在之链”开始，一直延伸到但丁在《神曲》中描写的地狱、炼狱和天堂。既然关于宗教的主张已永久地从根本上被摧毁，而人们仍需要对世界做出解释，那么现在，为这种理解打下基础的是人类的理性，而不是上帝的目的。

启蒙运动对之后几个世纪的思想家都产生了重要影响。这些思想家考虑如何改进科学，以解释我们生活的环境和控制环境的能力。科学的发展也启发人们开创出同样严苛有效的方法，去解释和预测人类的行为，这套方法构成了所谓的社会科学。这令人想起霍布斯曾经依照欧几里得（Euclid）的几何学原理建立的一套关于统治权条件的理性推导。

实证主义

18 世纪，实证主义的主要理论家是奥古斯特·孔特（Auguste Comte），他对科学怀有极大的信心，并结合洛克的经验主义开创了一

个观点，即所有知识都扎根于经验并由科学方法挖掘而出。实证主义发展到极致即成为逻辑实证主义，其观点认为不仅所有知识根植于经验，而且所有的意义也都来源于经验。科学以外的事物，如神学、形而上学和伦理学，都毫无意义。实证主义至今仍颇具影响力，但很少有人还会提出这么大胆的主张。总体上来看，大部分对实证主义做出评论的人，甚至那些支持科学出真理的人，都有一个担忧：实证主义将科学置于如此崇高的地位，会忽略掉许多与人类切身相关的问题。考虑到科学的根基存在于人类利益之中，实证主义的这种做法显得尤为疏忽大意。

具有讽刺意味的是，科学作为推理方法之后受到的最大威胁竟来自自身。弗洛伊德的精神分析理论，削弱了理性思维在日常生活中的作用。该理论思想也在近现代获得了神经科学家的支持，他们证明人类在有意识地做出反应前，无意识的大脑就已经做了诸多重要的决定，而理性思维的作用通常只是为人类的行为提供一个正当的事后说明。

同时，研究如何运用科学去人为地“改善”社会是实证主义的一个非常不幸的分支。优生“科学”旨在通过抑制“低等”人类的繁殖，改良人类的遗传素质，方法包括杀害边缘群体的孩童并让他们的父母绝育，这无疑是个残忍的灾难。同时，人们策划出许多体系，尝试改变人类的思想本身，以把社会秩序变得“更合理”，使人类变得更可控。从伦理角度来看，这些思想漏洞百出，人们不禁开始对科学产生怀疑，奥尔德斯·赫胥黎（Aldous Huxley）在作品《美丽新世界》（*Brave New World*）中就表达过这样的心声。[4]

马克思主义

许多思想家都试图开创一套能够基于合理的原则建设新社会、取代目前不完美社会的新方法。在这些思想家中，最杰出的当属卡尔·马克思（Karl Marx）。他受到诸多后启蒙运动思想家的影响，尤其是黑格尔。但是，马克思的思想研究还是根植于关于人类有能力推动进步的启蒙思想之中。乐观主义、理性思维和对权威的怀疑都是马克思思想和启蒙思想共同涵盖的内容，所以从大体上来看，马克思主义很大程度上也遵循了启蒙运动的思想传统。

在一些细节问题上也可以窥见启蒙运动对马克思的影响。比如，他关于社会进步的思想发端于卢梭。两人最终期望达到的理想状态都是在一个没有压迫的社会里，政府确保为全民的利益服务。正如马克思所说："无产阶级运动的目的——废除社会阶层一旦达成了，目前作用只是置大多数劳动者于少数剥削者奴役之下的政府将会丧失权力，其职能也纯粹只是行政。"这正响应了卢梭的公共意志理论，社会上的剥削和派系将泯灭，取而代之的是一个统一的联盟，"只有个体自由发展了，整个联盟才能自由发展"。[5]

1884 年，费边社（Fabian Society）在英国创立，它反对革命的方式，认为建立社会正义应循序渐进，但同时也赞同"策划"这个思想。费边社的道德观念考虑的是理解社会以及社会的机制，从而对它们进行改善，对于运用理性思维和科学，包括社会科学，去理解社会的可能性持乐观态度，同时也提出了一个经典的启蒙设想：既然我们可以仔细地描述出人性的特征，那么关于改善的社会应该很容易就可以描述出来。即使孔多塞最终命丧断头台，但他关于未来的乐观主义思想并未因此而黯然失色，著名的费边社成员赫伯特·乔治·威尔斯（H.G. Wells）便在其作品中原封不动地呈现了孔多塞的思想。

新自由主义

自由主义作为19世纪和20世纪伟大的思想体系，是启蒙思想发展的主要推动力。约翰·斯图尔特·穆勒（John Stuart Mill）继承了洛克的思想，将传统自由主义思想在作品中体现得淋漓尽致。他还继续发展了功利主义，创造了比边沁更复杂的版本，并且支持自由作为最重要的社会价值观。穆勒延续了启蒙运动向政府和个人之间的关系发出质疑的主题，认为只要不对其他人造成伤害，个人就有完全的自由。即使个人对自己本人造成了伤害，也轮不到政府去拯救。他坚定地捍卫言论自由，认为自由地交换思想比受限制的辩论更能有效地产出知识。他还提出应该警惕，组织不善的民主政体可能会导致“多数人的暴政”。

对自由的拥护与亚当·斯密的自由市场思想相结合便产生了一个重要的变体，即新自由主义，其领袖为弗里德里希·哈耶克（Friedrich Hayek）。从认识论角度看，自由主义的这个变体首先怀有一种在启蒙运动的圈子里并不多见的谦卑思想，认为世界极其复杂并充满变数，任何人都无法完全理解。新自由主义者认为，自由且竞争激烈的市场可以实现资源最优分配。

以此观点来看，市场是决定资源分配唯一公平且合理的方式，所以，市场机制是至高无上的。这便意味着从认识论角度来看的谦卑思想，出现没多久便立马消失了。有一个主题始终贯穿于启蒙运动的遗留问题中，即担忧传统和文化会阻碍人类进步。新自由主义思想当然也有这种顾虑。有证据表明，市场的威力会造成社会不安，使传统机构丧失合理性，令许多人陷入困境，发现自己无法适应快速变化的环境。新自由主义者对这些控诉不以为然，坚称社会就是如此发展的。哈耶克也据理力争，认为一个自由的市场会使政府更难以控制社会，那么经济自由便促进了政治自由，而这将获得各政治阶层的支持。

保守派倾向于维护一个既定等级制度，希望那些值得重视的人士，其地位可以得到当局的保护；但自由派则认为，无论多尊重既定价值观，政府为了保护这类人不受到经济变化的强烈冲击而诉诸特权、垄断或其他强制权力的做法都是不正当的。虽然自由派深谙文化和思想精英在文明进化进程中扮演的重要角色，但也同样相信这些精英必须在适用于其他所有人的同等规则下，通过自身能力维持自己的地位，以此来证明自己的价值。[6]

请注意，上面这个观点呼应了康德伦理学中的绝对命令说。以自由市场为先看似简单，但结果却导致了怀疑和信念相混合的复杂状态：对一个人或一群人引导社会事务的能力表示怀疑，但对价格机制能产生最优结果却报以信任。

现代主义

现代主义文化运动虽然对人类的知识贡献甚少，但却为科学、技术和工业活动创造了文化背景。现代主义尝试破除传统、过时和阻碍进步的惯例和规范，以及机器、运动、干扰、大量生产、唐突和无组织的观点，以拥护进步、变化和现代化的艺术和文学。主智主义、世俗主义再加上对普遍品位的完全无视，催生了大量令大众惊骇的文学、音乐和艺术作品，但很难对它们的风格做出概括。其中比较典型的代表有乔伊斯的小说，尤其是《尤利西斯》(*Ulysses*)和《芬尼根的守灵夜》(*Finnegans Wake*)，毕加索的立体主义画作，埃兹拉·庞德（Ezra Pound）的诗歌，勒·柯比西耶（Le Corbusier）的建筑作品，勋伯格（Schönberg）的音乐，济加·韦尔托夫（Dziga Vertov）的电影，以及埃德蒙·胡塞尔（Edmund Husserl）和安东尼奥·葛兰西（Antonio Gramsci）的哲学思想。

驱使人类迈入现代化的强烈冲动，最后却都事与愿违。事实证明科学产生完美的思想与人类本身的完善无关。把道德和社会思想建立在理性的基础之上，这个目标永远都具有风险。人，作为道德行动和经济行为的主体，既然已经摆脱了阶级制度、宗教和社会压力的压迫，那么理应掌握主权。但这又引起一个疑问，那就是当这些权威都不存在了，我们如何在相互矛盾的主张之间做出评判。启蒙运动的设想是，理性思维可以提供一个普遍适用的基本方法。但是，如果我们无法找到理性思维，或者对它是什么持有不同意见，那么社会要解决争端就无所适从了。

对此做出的一个回应就是，抵达逻辑极限，拥护德国哲学家尼采的思想。他认为在缺少公认的理性思维和道德基石的情况下，很难阻止个人，即拥有至高权力的道德行动者，用他的权力意志取代理性思维，随意诠释和颠倒价值，也就是所谓的“重新估定一切价值”。这种非理性主义逾越了任何启蒙思想家的思想范畴，甚至是卢梭。它被尼采的妹妹歪曲后，在纳粹意识形态的发展过程中起了重要作用。所以，将20世纪的暴力政治冲突仅仅归咎于启蒙运动是不对的。从尼采开始，20世纪和21世纪的数名思想家都认为启蒙运动遗留问题的核心在于，它破坏了道德价值观的社会基础，把个人视为至高权力的拥有者。

西奥多·阿多诺和马克斯·霍克海默

阿多诺和霍克海默在1944年合著的《启蒙辩证法》(*Dialectic of Enlightenment*)是20世纪对启蒙运动做出的最重要的批判。这部著作自由地引用了尼采的思想，但也不总是跟他一致，也借鉴了黑格尔和马克思关于辩证思维的观点。阿多诺和霍克海默的基本论点是启蒙运动的消亡源于自身，这是典型的黑格尔思想。这个论点颇有道理，回想一下启蒙运动的怀疑主义，它对宗教谜团是致命性的打击，但同样也可以轻易地挑战牛顿的物理学、洛克的心理学和莱布尼茨的乐观主义。用阿多诺和霍克海默的话来讲，启蒙运动的目的是使人类摆脱神话，但是，为了达到此目的，启蒙运动自己却设立起了神话，因此也就栽在了自己的主张手中。例如，启蒙运动试图让万物都具备理性，却导致非理性上升；提倡自由，结果是力度更大的压制。一个极为有害的做法就是，将科学发展为一种理性的工具式思考模式去控制世界，从而造福资本主义和毫无意义的消费主义。“20世纪，所有文化价值观都被置于一个巨大的熔炉里，熔化后换来了大面积的工厂。”

阿多诺和霍克海默采用了康德的思想，即“敢于认知”，一个人应该在未受帮助的情况下，仅凭理性思维寻求真理。他们尽其所能地延展了这个思想，声称启蒙道德“真正”的代表并非康德，而是萨德侯爵。他的立场在阿多诺和霍克海默的描述中，与尼采极端和反社会的个人主义思想并无二致。代表科学的理性思维是无法支持道德评判的：“极权主义秩序对计算不施加任何约束，所以也就是遵照了科学。它的准则就是残酷的效率。”萨德侯爵的小说《朱丽叶》（*Juliette*）中狂热的性交情节便体现了这种效率。小说描写了一位修道院女孩，在 13 岁时受到诱惑，于是在整部书里，她为了寻找愉悦和刺激，通奸、谋杀，无所不用其极，丝毫不考虑其他人的感受。人类的工业化活动“与《朱丽叶》中的性交组合完全一致，有效利用每一秒钟，不放过人类身上每一个孔洞和每一种可用的功能”。

当亲密关系沦落为如此基本的配对时，“自由的程度已远超过人类祖先所构想。得到释放的市场经济，也就是社会活动简化为纯粹的工具性互动，它是理性思维的一种确切形式，也是摧毁理性思维的力量”。任何类型的崇拜、怜悯和同情都必须是理性的，若非如此，向情感屈服就会受到鄙视：热情非善物，这是启蒙运动时期普遍存在的观点。情感与“一切配得上知识或认知之名的事物”都划清了界限。它限制了冷静的理性思维，只关注眼前的生活，但它除了是对思想有害的原则之外，并无他用。按照逻辑，哪怕是家庭纽带也应该向社会的主张让步。

> 在善意，或怜悯心这一点上，甚至是康德本人也不例外。按他的话说，它可以是“有同情心的”，不具备“美德的高尚”。但他没有明白，他力图取代怜悯心而采取的“普遍以仁慈之心对待全人类”这个原则，其实也同样受可憎的非理性支配……

这再一次体现了重新评估一切价值的做法，这个极端的立场毫无疑问也是萨德侯爵热切想要研究的。但是，情感和理性思维的彻底分离并不是许多启蒙思想家感兴趣的问题，即使“笛卡尔将人类分为认知性物质和广延性（客观存在的）物质的学说已经暗指了”这一点。比如，洛克怀揣着开创现实主义心理学的目标，而休谟则大力强调理性不仅不能脱离情感，而且还是情感的奴隶。

但是，阿多诺和霍克海默对启蒙运动采用的确切立场兴趣并不大，这里的立场指的是萨德侯爵作品中所描述的思想立场。他们比较感兴趣的是，如果教条地发展启蒙运动的设想会产生什么样的极端后果。“与它的辩护者不同，资产阶级的黑人作家并没有尝试将各个理论统一起来，以回避启蒙运动的后果……而乐观的作家为了保护理性和犯罪、民间社会和统治之间牢不可破的联合，仅仅是矢口否认。黑人年代记录者们残忍地宣布了这个令人惊骇的真理。”尽管如此，把萨德侯爵这样的边缘人物视作启蒙运动的代表肯定是有点过了。

阿多诺和霍克海默将启蒙运动刻画为一股巨大的意识形态力量，但关于如何抵抗它，他们给出的引导寥寥无几。相反，康德在短文《什么是启蒙？》中花了大量笔墨论述个人应为未能让自己受到启蒙负责。

对阿多诺和霍克海默而言，个人是受害者，但是，康德则认为是个人的疏忽懈怠才导致人们犯下了过错，因为虽然整个社会并不开明，但个人仍然应该敢于认知。

《启蒙辩证法》产生的影响是弱化了人民能动性的作用，把失败归咎于文明。即使这种将问题社会化的做法是正确的，阿多诺和霍克海默也并未告知我们任何解决问题的方法。事实上，人类对大众文化的消费比我们所认为的要更复杂。耗费数小时观看没有价值的电视节目，并不是因为他们失去了审美价值观，而是他们赞同批评家的观点：夜晚坐在电视机前休息这个行为与审美价值观没有关系。

阿多诺和霍克海默的主张有了一个更现代化和更积极的版本，这个版本由丹·欣德（Dan Hind）提出。他认为在这过程中有两种分歧，分别是启蒙运动提倡的理性与反启蒙运动提倡的非理性二者之间的分歧，以及启蒙运动内部的两类人，即奔着善意的目的运用理性思维的人和偷偷摸摸利用理性思维和方法扩张政府和团体权力的人之间的分歧。这两种分歧相比，后者要比前者更重要。用尼采的话说就是，理性思维非但没有为道德价值起到支撑作用，反而时常被用作实现权力意志的工具。他结合了康德的《什么是启蒙？》来支撑自己主张：我们必须确保运用理性思维去践行启蒙运动的理想，使真理获得至高无上的地位，开展真挚的公众辩论和公开的信息交流。[7]

启蒙方案：涵盖启蒙运动宝贵遗产的愿望清单

意识形态的时代已接近尾声。提倡自由市场的新自由主义的处境紧张，原因是它未能给社会每个方面都带来福利，甚至在某些背景下还产生了破坏性影响。比如，新自由主义提倡解除管制和金融产品创新的哲学思想，间接导致了2007年由次级房贷有关的金融工具失败而引起的经济危机。而如今，启蒙运动又是如何与政治话语牵扯到一起的呢?

所谓的“启蒙方案”一般被视作一个提议，即在遇到伦理和道德两难的问题时运用理性思维。这个提议不像主要的意识形态那么野心勃勃。虽然二者的界定方法不同，但是基本想法相同，也就是一个人可以通过思考普通的原则和权利，通过淡化地域条件和偏见的影响，来解决伦理问题。

若把这个想法当作启蒙运动的主要思想，那就是在误述事实。现在，我们已经清楚地知道数名思想家都对人类理性的能力持正当的怀疑态度，包括洛克、贝尔、孟德斯鸠、休谟和斯密，尽管他们的怀疑方法不尽相同。当然，还有一些启蒙哲学家对理性报以坚定的信念，启蒙方案是从康德和他的绝对命令说中获得的启发。但是，该方案赖以依存的理性主义在非启蒙思想家的思想中也存在，柏拉图就是其中一位。

乔纳森·伊斯雷尔称启蒙方案是启蒙思想“激进的核心”，镶嵌在由斯宾诺莎、贝尔和狄德罗连成的弧线上，为后来现代性的建构提供了宝贵财富。相反，他称“许多传统上被视作启蒙运动主要英雄人物的科学家和哲学家，包括洛克、牛顿、休谟、伏尔泰、孟德斯鸠和康德，他们的思想并未被发展和阐释为一个具备一致性和连贯性的启蒙道德哲学体系”。对伊斯雷尔而言，启蒙方案可以总结为8个基本点。

1. 在判断什么是真理时，把哲学，包括数学和历史原因作为唯一专有的衡量标准。

2. 不予考虑任何超自然的意志、魔法、脱离肉体的精神和神的旨意。

3. 所有人，无论种族或性别，一律平等。

4. 伦理学中的世俗“普遍主义”扎根于平等，以及对公平、正义和仁爱的强调中。

5. 全面宽容和思想自由基于独立的批判性思考。

6. 到达法定性成熟年龄的成年人在生活方式和性行为方面拥有人身自由，保护未婚和同性恋人士的尊严和自由。

7. 公共领域里，人们享有言论自由、政治批评自由、出版自由。

8. 民主共和制是最合理的政治体制。[8]

虽然很明显启蒙人士并非接受这份清单里的所有内容，但它很好地总结了启蒙运动的宝贵遗产。更加温和的思想家曾经警告过，要小心尝试通过自上而下的方式将秩序强加给未做好准备的社会，而法国大革命产生的负面结果可以成为这些思想家观点的佐证。激进的启蒙运动必须等待几十年，甚至几个世纪，才可以迎来经济、社会和教育变革，来实现这个道德愿望清单上的内容。即使是现在，这份清单仍能引发很多争议和分歧。

启蒙方案在现代最主要的倡导者是约翰·罗尔斯（John Rawls）。他在著作《正义论》（*A Theory of Justice*）中纳入了一种解决伦理矛盾的方法。他的思想是一个理性的人应该支持立法机构，这个机构允许每个人去追寻自己关于道德上美好生活的想法，因为每个人都可以从这种宽容中获益。但我们仍然需要解决争端的方法，罗尔斯的建议是，先思考一下满足我们基本要求的最小制度是什么。如果我们对自己一无所知，就会产生最公平的结果，因为我们不会受到鼓动，将体制设置成对某一方有利，比如有利于男人、白人、异性恋、基督徒、穆斯林、接受大学教育的人等。所以我们应该想象一下，如果罗尔斯称之为“无知之幕”的东西以某种方式阻碍我们了解自己的生活和特性，甚至是性别，理性的人们会做何感想。尝试这种想法可以让我们理性地追求一个正义的体制。

这些思想意义非凡，而且受到了康德思想的极大影响，但是它们同样遭到了猛烈的攻击。攻击它们的人认为这层“无知之幕”是一个不合情理也不得人心的虚构事物，而且关于我们的各种事实，包括性别、为人父母的身份、文化身份等是构成我们个人身份的必要元素。这样罗尔斯的思想就会引出一个问题：我们如果把这些全部隐藏在这层幕后面，还可能当一个理性的人吗？道德并不仅仅是一套我们可能会或可能不会遵守的规则，它深植于文化之中，而且不可能轻易在极端时刻分离或妥协。

这些批评家包括阿拉斯代尔·麦金太尔（Alisdair Macintyre）、伯纳德·威廉姆斯（Bernard Williams）和安妮特·贝尔（Annette Baier），但是这个立场最初且最基本的陈述出自一位真正属于启蒙运动时期的人物——大卫·休谟。安妮特·贝尔在作品中曾表达过对休谟的支持，这并不是巧合。[9]

罗尔斯派人士则回应说，别这么严肃地看待“无知之幕”，它仅仅是为了说明更广泛的观点而采用的一种表达策略。要求人们去想象一个他们好似被剥夺了一些特征后的处境，这种做法并不会给他们造成多大的心理负担，而且也并非毫无意义。他们不需要真的卸下那些特征，只需在短时间内处于那个状态下，去思考关于正义的政治体制的问题。

还有一个批评罗尔斯思想的观点来自后现代主义理论家，他们拒绝接受任何关于历史或社会概莫能外的“叙述”，所以，他们也绝不会让理性、科学和世俗宽容拥有比其他思考方式更优越的地位。[10]关于什么构成了一个人，后现代主义者、女权主义者和社群主义者都拒绝接受在他们看来考虑得不够完善的思想。启蒙运动中的自我是独立自主的，可以独自行动，即使在社会中是被孤立的，只能通过不完美的感知去了解这个世界和其他人。所以，《鲁滨孙漂流记》在那时的出现并非凑巧。一个相反的观点则是，男人和女人都是群居动物，集体身份比启蒙理论家所想的要更加重要，而且意义是由集体创造出来的，所以自我也是依靠社会构造的。鲁滨孙在岛上很可能确实是一个人，但如果他没有适应社会，就不可能完成他所完成的任何一件事。

约翰·格雷也许是启蒙方案的最大死敌，他认为该方案中自我否定的特征粉碎了所有幻想。“有些愿望使启蒙思想家的观点在整个近代时期重新活跃起来，而事与愿违的是，我们发现在近代结束时，关于种族和宗教的特殊主义重生了。”罗尔斯犯下的错误是启蒙传统的必然结果，那就是“将道德观等同于公正……所以拒绝给予个人事务和感情道德地位，除非它们符合客观的正义标准”。[11]令人感到讽刺的是，许多启蒙人士认为宽容必然会带来多样化，在未受到启蒙的地方，人们才会被迫受到文化的束缚，反之则是错误的。

许多评论家强调启蒙运动带来的积极结果，最突出的就是宽容和个人自由的传播。比如，A. C. 葛瑞林（A. C. Grayling）认为西方社会能享有自由和良知的权利是值得庆贺的胜利。他还把启蒙思想家洛克、孟德斯鸠、狄德罗和伏尔泰等人，放在一个时间跨度更长的背景中，与马丁·路德（Martin Luther）、约翰·斯图尔特·穆勒和美国民权运动家罗莎·帕克斯（Rosa Parks）等一起讨论。伊斯雷尔认为启蒙方案的批评者犯了一个错误，他们把温和的启蒙运动和激进的启蒙运动混为一谈，还攻击启蒙运动的巨擘，比如康德，但激进的启蒙方案很多内容其实与他们无关。

最后这个问题太过复杂，以至于无法在这个初级读本中拆开论述。但是，启蒙方案的拥护者会同意伊斯雷尔得出的结论：安妮特·贝尔或伯纳德·威廉姆斯这种出于为自由着想的善意才贬损启蒙运动的人，“为广大的社会保守主义者、民族主义者、宗教激进主义者、反民主者以及反启蒙运动的追随者提供了巨大但却谬误的影响力……后现代主义者和后殖民主义者声称‘所有的价值观都同等有效’，这对民主价值观、平等主义价值观和个人自由构成了主要的威胁……为那些蓄意侵犯个人自由、民主的完整性以及所有人基本平等的做法提供了一块庞大的、由不正当的借口形成的遮羞布，相当于默许了将长期受到鄙夷的少数群体、妇女和同性恋者继续置于从属和不利地位”。[12]

宗教战争：宗教狂热与宗教宽容

宗教总令启蒙人士感到不安。自 18 世纪以来，他们对宗教的态度就从未改变过，正如亨利·梅（Henry May）所言："在信仰进步、理性、平衡、秩序和节制的人们看来，宗教情感的高涨在过去和现在都令人惊慌、恶心和费解。"宗教狂热是一种侮辱。"研究 18 世纪美国过度宗教热忱的批评家无法理解这种狂热情绪为何会在启蒙时代的中期激增。"大部分继承或接近启蒙传统的思想家设想，在经济进步、财富增长、教育和民主得到传播的背景下，加之科学这一优越的工具已成为理解世界的方式，宗教便会逐渐衰败，直至灭亡。

在很大程度上，这个说法适用于欧洲的背景。在欧洲，宗教信仰逐渐没落，当然肯定没有完全消失。在经济更加繁荣和更加宽容的地方，宗教没落的速度更快。但是，并不是世界所有地方都如此，比如美国，虽然是最发达和最自由的国度之一，但也仍然是对宗教最虔诚的国度之一。现代性的侵入，使伊斯兰教必须增添能量，而且在某种程度上使它变得更激进；网络和卫星电视的存在，也使伊斯兰教建立起了全球视野。同时，蒙受圣恩的宗教，比如五旬节派教会，在各个不同的地区快速发展，比如美国、南美和非洲。在南美，五旬节派的发展令天主教会感到不安。另外，尽管宗教仍然存在，但必须承认，在启蒙时代，启蒙运动已成功将紧随宗教改革之后的宗教斗争热潮给消灭了。

近些年来，尤其是 2001 年世界贸易中心发生骇人听闻的恐怖袭击后，无神论者们不再保持宽容，而是毫不隐讳地展开报复。理查德·道金斯（Richard Dawkins）①的畅销书《上帝的错觉》（*The God Delusion*）形成一道攻打宗教的主要阵线，他认为科学显然是更好的概念框架，宗教都是基于无任何价值且胡编乱造的故事。宗教能解释的事情为零，它阻碍进步，利用所谓的比科学优越的道德感，但结果却是带来更多伤害。丹尼尔·丹尼特（Daniel Dennett）②则尝试用科学的语言去解释宗教，去证明思想或思考过程其实与宗教传播没什么关系。萨姆·哈里斯（Sam Harris）③补充道，信仰应该为不容异己、对同性恋的憎恶、各团体间的暴力、恐怖袭击、荣誉谋杀这些卑劣的罪行负责。在大规模杀伤性武器存在的时代，如果信仰得到宽容就意味着理性退居次位的话，那么就不应该这么做。宗教只会得寸进尺。[13]

有人反对道金斯的观点，称鲜有信仰宗教的人把他们的宗教看作一个“概念框架”。对他们而言，宗教通常是比这更深刻也更有意义的事物。道金斯的观点就好比阿多诺和霍克海默对康德思想的夸张描述：“按照启蒙思想来理解，思考就是创造统一和科学的秩序，从众多原则中获取事实性知识，不管后者被解释为随意假定的公理、天赋观念还是更高级的抽象概念。”对此，基督徒很有可能会回应说，这个关于宗教信仰的观点非常苍白无力。大主教罗恩·威廉姆斯（Rowan Williams）

① 理查德·道金斯：牛津大学教授，英国皇家科学院院士，有“达尔文的斗犬”之称的进化生物学家，“新无神论四骑士”之一，“第三种文化”推动者。至今仍活跃在文坛的最杰出“非虚构类”作家，创作了《自私的基因》《解析彩虹》《上帝的错觉》等多部畅销作品。他的自传《道金斯传》于2016年6月由湛庐文化出品。

② 丹尼尔·丹尼特：世界著名哲学家、认知科学家，美国艺术与科学院院士，塔夫茨大学讲席教授，“新无神论四骑士”之一。2001年，荣获被誉为“心灵哲学诺贝尔奖”的让·尼科奖。新书《直觉泵和其他思考工具》于2018年10月由湛庐文化出品。

③ 萨姆·哈里斯：美国著名神经学家、哲学家和畅销书作家，“新无神论四骑士”之一，在美国科普界有巨大影响。其作品《自由意志》由湛庐文化出品。

认为，启蒙思想家挟持了“理性”这个词，将它打造成一个被崇拜的对象。理性在过去通常是指一个人与所处的时代和宇宙保持一致。而启蒙定义下的理性，会告诉你一个主张是否正确，但这只是思想的很小一部分。这便造成一个危险的情况，即涵盖范围更广的价值观很容易被漠视。他还补充说，基于“缺少理性”来评价是否卑微的理念是用来支持欧洲帝国主义的。

威廉姆斯指出，虽然启蒙思想家一般会谴责奴隶制，但是他们并没有为铲除它而采取行动；属于基督教福音派的威廉·威尔伯福斯（William Wilberforce）积极投入废除奴隶制的战斗中，他坚信“理性的基督教”仅仅只是“名义上的基督教”。简言之，威廉姆斯的观点就是关于如何创造一个充满道德和仁爱的世界，理性无法给出全部答案，而宗教在这个过程中充当着重要角色。安妮特·贝尔和伯纳德·威廉姆斯在世俗化的背景下都提出过相似的主张，玛丽·米奇利（Mary Midgley）也有类似的观点，她认为理性和科学就好比与其他信仰共存的另一个信仰。

本杰明·卡普兰（Benjamin Kaplan）站在时间跨度更长的历史视角提出，遍布欧洲的宗教宽容不仅在启蒙运动时期出现，还出现在受尽战争蹂躏的17世纪。如果认为“在一个多样化社会里，宗教若要在政治和公共生活中扮演重要角色，势必会导致冲突”，或者“那些法律、风俗、体制和价值观都受到宗教影响的社会会认为自己有义务去迫害异教徒并向他们发动圣战”，这不仅在历史上看来是不准确的，而且“会怂恿我们去惧怕并谴责宗教”。

还有一些主张认为启蒙观念应为西方国家和伊斯兰世界之间的裂缝负责。埃及小说家亚拉·阿斯万尼（Alaa al Aswany）写道，受过西方教育的埃及知识分子被教导说“进步”和“西方国家”实际上是同义词，而且他们全部都尊崇西方价值观，包括民主、自由、正义、勤奋和平等，反倒对埃及的遗产一无所知，还鄙视埃及的传统，因为他们认为这些传统使埃及落后。尽管事实上在欧洲漫长的黑暗时期，许多关键的数学和科学成果以及许多古代哲学思想，都是由伊斯兰教徒发现和保存的，但启蒙运动依然把伊斯兰教妖魔化为缺乏理性的宗教。启蒙著作中出现了大量反伊斯兰教的文章。吉本写过鄙视死亡的古罗马人是如何被狂热并热衷死亡的摩尔人消灭的，在博马舍的原创作品《费加罗的婚礼》中，他借费加罗之口表达过东西方关系问题成堆。

> 我简要叙述了一个关于富人妻妾生活的喜剧故事；作为一名西班牙作家，我设想，对待穆罕默德，我可以毫无顾忌抱着失礼的态度；但是，不知道哪个地方的使节控诉说，我的诗句是在冒犯奥斯曼、波斯、部分印度地区、整个埃及，以及巴卡、的黎波里、突尼斯、阿尔及尔和摩洛哥王国；为了取悦一些根本不知道怎么阅读的穆罕默德王子们，我的喜剧作品惨遭焚烧，他们不停地咒骂我们所有人为“基督教走狗”。他们无法贬低人文精神，只好通过恶言相向来施展报复。

只要启蒙运动是冷静合理的，便不会对宗教造成不利影响，但是21世纪的主张呈两极化，启蒙思想的继承人因而抵触宗教，任何中间立场都被抹杀了。即使如此，对宗教满怀敌意的道金斯、丹尼特、哈里斯继承了伏尔泰和托马斯·佩因的传统思想，前者激烈地攻击宗教领袖，后者在《理性时代》（*Age of Reason*）中开始摧毁基督教并以自然神论者的观点取代之。[14]

开明的利己主义：反全球化与各文明之间的冲突

启蒙运动时期的理论建设产生了诸多重要影响，针对荣誉、高尚的品质、利己行为和贸易出现的一套全新理念便是其中之一。罗伊·波特指出，欧洲思想中，古希腊、古罗马以及犹太教、基督教的传统思想都把对财富的热爱妖魔化了，但并未明显影响拥有巨额财富或者渴望拥有财富这类人的数量。金钱很粗俗，贪婪是罪恶，价格和工资几乎固定不变，从短缺中获利违反了道德，这些思想遭到启蒙思想家的反对，尤其是继承了英格兰或苏格兰传统的思想家，最著名的当然是亚当·斯密，还包括笛福、曼德维尔、艾迪生和休谟。启蒙运动鼓励每个人成为自己生活中的判断标尺，不接受跨代观念，比如原罪。到最后，一个人的行为为什么不以利己为目的反而变得难以理解。

这种转变在启蒙运动时期和之后的时间里遭到许多思想家的批评，表达最言简意赅的是黑格尔。他认为虽然人们像动物一样，肯定会受到个人利益的驱使，但在对他人认可的需求，即作为尊贵的存在被其他人接纳这一点上，他们与动物不同。从力求认可这一角度来看，便可以理解历史为什么会发生，法国大革命的意义在于销毁了社会上奴隶和主人之间的分化，在革命后的世界里，每个人都可以得到认可。正如洛克和美国开国元勋们所坚信的那样，人类权利的存在并不是允许一些人拥有私人空间，让他们按照自己认为的好坏生活，而是授予了对一个人价值的认可。

20 世纪 80 年代末，不断变幻的地缘政治局势有了新的名号，叫作“新世界秩序”，联合国在国际政治中扮演着理性的角色。政治学家弗朗西斯·福山（Francis Fukuyama）发展了自己的理论：我们最终实现了启蒙运动梦想中的完美体制，并与黑格尔所说的人类获得认可相结合，历史到达了终点。

福山这番话当然不是指以后不会再发生更多的事了。他的思想认为自由民主体制提供了驱动人类积极性的两样东西，物质欲望和认可需求。

当然，福山在出版《历史的终结》（*The End of History*）一书后的几年内，日子并不好过。启蒙价值观似乎并不能被人们普遍接纳。许多人和文化都极不情愿“享受这些利益”。不同性质和规模的反全球化势力来袭，发生在卢旺达、索马里、刚果、利比里亚和塞拉利昂的事件表明，拥有大砍刀、路边炸弹或 AK-47 步枪的人可以在不受惩处的情况下把联合国压制下去，至少在短期内如此。同时，资本主义也面临着自身的问题。亚当·斯密的职业道德、公民责任、宽容以及贸易和交流的意愿变成了猖獗的消费主义，导致不平等现象，以及更严重的环境问题。气候变化很可能带来毁灭性影响，但要弄清楚如何在一个政治家会因经济增长放慢而受惩罚的民主体制里有效解决这个问题，也极其困难。“在追求个人安逸的过程中，没有为更崇高的目标而奋斗……这种自私的生活方式，可能使人类灭绝。”这是福山的担忧，但似乎不太可能在历史上的这个节骨眼发生。

所以,有人开始质疑福山的论点也不足为奇。塞缪尔·菲利普斯·亨廷顿（Samuel Phillips Huntington）提出一个比较尖锐的观点，他认为，价值观深植于文化，所以全世界各个文明之间发生冲突是不可能避免的，而国际政治的目的只能是控制这些冲突，而不是解决。沃尔特·拉塞尔·米德（Walter Russell Mead）结合了福山和亨廷顿的论点，他认为，以温和的英美启蒙运动为根基的全球体系的确存在，但这不意味着停滞不前。第一，许多人将与它抗争，拒绝接受它，虽然他们也是在利用从资本主义中获取的利益攻击它。第二，人类的本性在于奋斗、创新和变革。资本主义自由民主制度可以通过助长变革，而不是停滞，做到与人性契合。比米德的观点更简单的一个假设是，资本主义自由民主制度仍然是许多价值观中的一个，而认为人类是依据个人的利益、目标和抱负来选择价值观的这种思想，并没有证据可以证实。[15]

行为经济学和神经经济学：向一些科学假设提出质疑

经济学领域很大程度上是由启蒙理论家开创的，其中最著名的是亚当·斯密。该领域在长时间里为坚信人类本质是理性的人提供了最后的藏身之所。但是，即使在这个领域，关于理性动机的思想也遭到了质疑。

一直以来，启蒙思想中有一个非常夸张的观点，就是理性承载一切。一些启蒙思想家对此深信不疑，但是也有持不同观点的思想家，比如狄德罗和拉·梅特里，关于心理动机这个问题，宿命论思想将他们逼入困境，而休谟和卢梭则思考得更彻底，坚称理性和我们所知的感情是相互作用的。社会科学领域的研究也得出了相似的结论：谈到对行为的影响，情感起着重要作用，而相较之下，理性则退居次位。

行为经济学和神经经济学这两个尚新的领域各自使用了行为心理学和神经心理学，尤其是通过功能性磁共振成像扫描得出的见解向一些科学假设发出了质疑，比如自私和理性。必须指出的是，这里的假设并不是亚当·斯密关于无意识的假设。人类的行为比我们通常所想的要更无私，信任感和合作程度也超过我们能够合理解释的范围。人类拥有渴望获取公平和正义的天赋本能，或者说是高度社会化的本能，于是携手去处理盛行于经济活动中的不确定因素和风险。这些都不会破坏经济学家的传统观点，但是我们需要重新思考许多经济学工具，如博弈论的应用问题。丹尼尔·卡尼曼（Daniel Kahneman）因开创了替代标准效用理论的前景理论而获得诺贝尔经济学奖，这表明动机的复杂性和信任、合作的重要性已被经济学学科采纳。[16]

最后一个科技术语：互联网

最后，我们将回顾20世纪末最具影响力的发展成果之一，互联网。互联网对知识分子和反知识分子而言都有很大帮助，是启蒙方案的一个典型分支。这可以从两个方面说起。

第一，互联网管理思想崇尚宽容，互联网上的链接的确形成了连贯的地图，呈现出互相关联的内容，但是它的处理原理基于使用记录的数据，而不是上级下达的命令。

第二，互联网的工程原理要求信息自由流通。互联网去中心化不仅仅是一个突发奇想，对互联网工程而言，它是必不可少的，因为中心化结构不能改变大小。如果只有少量内容，一个中心化的互联网也许可以运行，但是如果内容增加，互联网便会停止运行，而互联网存在的意义在于内容可以无限扩充。另外，如果它是中心化的，也就很难称为互联网。既然互联网这个空间存在的目的是让信息流通，为配合和协作创造机会，那么我们便可以说互联网是一个自由的人工制品，也必然是启蒙理想的体现。狄德罗撰写过一篇关于“百科全书”的文章，收录于《百科全书》中，阅读这篇文章后你会发现，关于互联网的诸多思想早已出现在这部典型的启蒙著作中。不仅如此，互联网还跨越了国界，贯彻了狄德罗寻求的国际化视角。

反对互联网的声音有许多来源，但他们的中大部分都非常乐于将互联网用作组织、交流和散布信息的工具。也有人认为拥有华而不实的网站和巨大吸引力的互联网推动了全球化进程，因而摧毁网络可能会造成无政府状态，使线上世界正常化。批评言论中充斥了大量新词，比如“网络霸权”和“网络依赖”。用户主导生成内容的新网络模式被称为第二代互联网，它的产生让许多批评家无话可说。

为了让互联网促进全球福祉，它的开发者们必须在这些争论中小心翼翼地行走。关键的是，不能使互联网成为全球的单一文化，同时也要避免其分解为几个小型网络。一直以来，任何范围的人类活动都难以在尊重他人的观点和正当维护自己的观点之间达成平衡。现在，互联网的连接性硕果累累，令我们惊喜不已。保持这个特性是一件很重要的事情。信息的流通尤其关键，但是这也对其他我们极为珍视的价值产生明显影响，比如我们的隐私。联合国互联网治理工作组在 2005 年发布的报告中给出了一系列建议，希望让更多利益相关者参与到互联网的治理工作中。虽然互联网是虚拟的，但它目前仍然是启蒙方案最明显、最切实的体现。[17]

要点总结

1. 全盘反对启蒙运动的思想家、作家、政治人物和教会人士是存在的，他们憎恶对伏尔泰等人的英雄崇拜情结。
2. 启蒙运动对之后几个世纪的思想家都产生了影响。这些思想家考虑如何改进科学，以解释我们生活的环境和控制环境的能力。
3. 只要启蒙运动是冷静合理的，便不会对宗教造成不利影响，但是 21 世纪的主张呈两极化，启蒙思想的继承人因而抵触宗教，任何中间立场都被抹杀了。
4. 行为经济学和神经经济学这两个尚新的领域各自使用了行为心理学和神经心理学，尤其是通过功能性磁共振成像扫描，得出的见解向一些科学假设发出了质疑，比如自私和理性。
5. 启蒙运动对知识分子和反知识分子而言都有很大帮助，是启蒙方案一个典型的分支。

在当今世界看启蒙运动

启蒙运动现在依然是一个人们极度关心的议题。那么，我们的结论是什么呢?

就我个人而言，我必须明确肯定的是，理性和宽容的的确确让世界变得更加美好。在西方国家，许多对启蒙运动做出最尖锐评论的批评家都在宜人城市里的名牌大学担任要职，而这些城市自由的思想文化正是由他们反对的哲学家所塑造的。其他人也自由地秉持着不同意见，但他们一旦掌管事务，便将拒绝给予对手这种自由。

这并不意味着理性和宽容是所有问题的解决办法。其他来源的价值观也是存在的，启蒙传统也曾给与之不同的生活方式和优秀观念带来巨大的伤害。往最坏处说，理性可能成为一种粗俗的工具主义，金钱的价值和科学的进步会粉碎一片森林的美好，瓦解家庭内部的义务和关系，或者破坏一处荒野的宁静。科学和技术可以解决问题，但同时也会带来问题。

暂且把启蒙运动的遗产放在一边，来看看它本身的成就，我们会发现它们良莠不齐，与历史上其他时代并无二致。令人颇为诧异的是，启蒙运动时期并不是科学或数学的黄金时代。虽然当时社会取得了进步，也有伟大的人物出现，但是，它之前和之后的一个世纪更能让那些学科的历史学家们感到兴奋。另外，启蒙运动时期也称不上是视觉艺术的辉煌时期，在最伟大画家名录上，18 世纪画家的名字并没有占据重要地位。但是，小说这种文学形式，尤其是英文小说，以民主的方式在艺术领域取得了胜利，而且也只有启蒙运动时期，诞生了四大声名显赫的音乐天才，他们是巴赫、亨德尔、海顿和无与伦比的莫扎特。

政治方面，启蒙运动时期毋庸置疑是一个进步的时代。战乱依然稀松平常，但是正义和宗教自由正缓慢地在整个大陆蔓延。人们的身体变得更加健康，日子过得更加富裕，尤其是在 18 世纪末。一些问题通过英国“光荣革命”和美国独立战争得到持久解决。法国大革命仍然是人们激烈辩论的话题。在我看来，虽然 1789 年以前的法国十分糟糕，以至于人们很难拒绝这场革命，但是大屠杀和之后拿破仑时期的帝国主义都为法国大革命的积极意义蒙上了阴影。

启蒙运动的遗产是什么以及启蒙运动真正的含义是什么，这两个问题在当今世界备受争议。谁更能代表启蒙运动？是由洛克、伏尔泰、休谟和孟德斯鸠为代表的温和、怀疑、宽容的启蒙人士，还是像狄德罗、孔多塞和卢梭这样的民主人士和激进分子？我的答案，在现在看来可能已经很明显，那就是“二者都是”。两种立场之间存在关联，他们在过去和现在都有着共同的敌人。但他们也的确存在分歧，1793 年和 1794 年在巴黎发生的残忍事件使他们分道扬镳。

启蒙传统思想里的这两个分支也有许多值得一说的地方。温和派带来的危害微乎其微，而且使政治生活和社会生活逐步得到改善。他们在 1776 年推翻了管治不善的英国殖民政府，同时也在 1789 年的法国大革命中发挥了重要作用。但是，他们的温和似乎也体现为羸弱，特别是在与奴隶制国家往来的过程中。而激进分子则是危险且具有杀伤力的，卢梭的著作就像是一把明火。但不可否认的是，他们这种拒绝在自由和权利问题上妥协的态度，正是我们现在最珍视的。他们激发了民众的热情，并将启蒙价值观从中产阶级向外输出，而温和派人士则鲜有人对民主精神和底层社会怀抱很大信念。不过，到目前为止，对当今世界产生最大影响的启蒙人士属于温和派，他就是亚当·斯密。

以上便是我的观点。也许这本书的风格已经清楚地说明了我的观点，但是如果你把它们当作绝对真理，就不能成为启蒙运动值得尊敬的继承人。辩论依旧如火如荼，我期盼你的加入。

注释

1 启蒙运动的 6 大主题

1. 类似的观点还有皮埃尔·贝尔关于传统并不能为人们指明通往真理的道路的论述，请参见 Isaac Kramnick (ed.), *The Portable Enlightenment Reader*, New York: Penguin, 1995 (以下简称“Kramnick”)。

2. Cf. Bayle in Kramnick.

3. Isaiah Berlin, *Four Essays on Liberty*, London: Oxford University Press, 1969.

4. Joseph Priestley, “An Essay on the First Principles of Government”, quoted in Roy Porter, *Enlightenment: Britain and the Creation of the Modern World*, Allen Lane, London, 2000, 397.

5. James Boswell, *The Journal of a Tour to the Hebrides,* Edinburgh: Canongate Classics, 1996, 188.

6. Philippe Roger, *The American Enemy: The History of French*

Anti-Americanism, Chicago: University of Chicago Press, 2005, especially 1 ~ 29.

7. Jonathan I. Israel, *Enlightenment Contested: Philosophy, Modernity, and the Emancipation of Man 1670—1752*, Oxford: Oxford University Press, 2006.

8. Conor Cruise O'Brien, *The Long Affair: Thomas Jefferson and the French Revolution 1785—1800*, London: Pimlico, 1998, 12 ~ 13.

9. David Hume, *A Treatise on Human Nature*, Oxford: Clarendon Press, 1978, 415 (II.III.III), and Jean-Jacques Rousseau, "A discourse on the origin of inequality", in *The Social Contract and Discourses*, G. D. H. Cole (trans.), London: J.M. Dent, 1973, 31 ~ 126, at 61.

10. 想要更全面地了解启蒙运动里隐藏的种族歧视态度，请参见 Richard H. Popkin, "The philosophical bases of modern racism", in Richard H. Popkin, *The High Road to Pyrrhonism* (Richard A. Watson & James E. Force, eds.), Indianapolis: Hackett Publishing Company, 1993, 79 ~ 102。

11. Gibbon, *The Decline and Fall of the Roman Empire*, vol. iv, 19 (chapter 37).

12. Henry E. May, *The Enlightenment in America*, New York: Oxford University Press, 1976, xviii.

13. Leonard Krieger, *Kings and Philosophers* 1689—1789, New York: W. W. Norton & Company, 1970, 175.

14. Jenny Uglow, *The Lunar Men: Five Friends Whose Curiosity Changed the World*, London: Faber & Faber, 2002.

15. Gertrude Himmelfarb, *The Roads to Modernity: The British, French and American Enlightenments*, London: Vintage, 2008.

16. 关于此话题的一篇经典文章是 Jürgen Habermas, *The Structural Transformation of the Public Sphere*, Thomas Burger & Frederick Lawrence (trans.), Cambridge: Polity Press, 1989. See also Richard Sennett, *The Fall of Public Man*, London: Penguin, 2002, 1～122。

17. Gibbon, *The Decline and Fall of the Roman Empire,* vol. iii, 79 (chapter 27).

18. 关于这部分的观点，请参见 Richard Yeo, "Encyclopaedism and Enlightenment", in Martin Fitzpatrick, Peter Jones, Christa Knellwolf & Ian McCalman (eds.), *The Enlightenment World*, London: Routledge, 2007, 350～365 and Israel, *Enlightenment Contested*, 840～862. Robespierre is quoted in Habermas, *The Structural Transformation of the Public Sphere*, 69。

2 启蒙运动的时间进程

1. Leonard Krieger, *Kings and Philosophers 1689—1789*, New York: W. W. Norton & Company, 1970; Gertrude Himmelfarb, *The Roads to Modernity: The British, French and American Enlightenments,* London: Vintage, 2008; Norman Hampson, *The Enlightenment: An Evaluation of its Assumptions, Attitudes and Values*, London: Penguin, 1968; Roy Porter, *Enlightenment: Britain and the Creation of the Modern World*, Allen Lane, London, 2000; Christopher Hill, *The Intellectual Origins of the English Revolution*, Oxford: Clarendon Press, 1965; Theodor W. Adorno & Max Horkheimer, *Dialectic of*

Enlightenment, London: Verso, 1997, 3ff; Maurice Cranston, *Philosophers and Pamphleteers: Political Theorists of the Enlightenment*, Oxford: Oxford University Press, 1986; Jonathan I. Israel, *Radical Enlightenment: Philosophy and the Making of Modernity 1650—1750*, Oxford: Oxford University Press, 2002.

2. John Lynch, *Simón Bolíva*r: A Life, New Haven: Yale University Press, 2006.

3. Hampson, *The Enlightenment*, 128。关于沿着相似的思路从四个维度解读启蒙运动：温和的启蒙运动，持怀疑态度的启蒙运动，具有革命性质的启蒙运动以及说教式的启蒙运动（此乃发生在 19 世纪初的启蒙运动最终篇，当时社会上普遍对启蒙运动感到幻灭，思想家们见状，尝试着将启蒙运动时期最重大的发现保存下来）。以上内容请参见 Henry E. May, *The Enlightenment in America*, New York: Oxford University Press, 1976。

4. Israel, *Radical Enlightenment*.

3 启蒙运动的地域发展

1. Jonathan I. Israel, *Enlightenment Contested: Philosophy, Modernity, and the Emancipation of Man 1670—1752*, Oxford: Oxford University Press, 2006, 863 ~ 866.

2. Norman Hampson, *The Enlightenment: An Evaluation of its Assumptions, Attitudes and Values*, London: Penguin, 1968, 128 ~ 129, and Roger Pearson, "Introduction" in Voltaire, *Candide and Other Stories*, Oxford: Oxford University Press, 1990. vii ~ xxxix, at vii.

3. Henry E. May, *The Enlightenment in America*, New York: Oxford University

Press, 1976, 33.

4. Gertrude Himmelfarb 认为英国是启蒙运动的中心，并希望“将它恢复……至英国”（*The Roads to Modernity: The British, French and American Enlightenments*, London: Vintage, 2008, 3）。她坚信“理性的意识形态”是法国启蒙运动的特点，而相比于理性思维，更温和的英国人更加重视美德，尤其是社会美德（同情、仁慈和共鸣），只有当理性思维可以传播美德并做到帮助社会时才会支持理性思维。

5. The ideal of Inigo Jones (1573—1652).

6. Leonard Krieger, *Kings and Philosophers 1689—1789*, New York: W. W. Norton & Company, 1970, 176; Israel, *Enlightenment Contested*,11.

7. Himmelfarb (*The Roads to Modernity*) 认为美国的启蒙运动在性质上与英国和法国的启蒙运动不同。据她所述，美国的启蒙运动是带有政治色彩的（而不是针对意识形态或社会），涉及自由的（而不是理性思维或美德）。

8. May, *The Enlightenment in America*, 133 ~ 149 for scepticism in Virginia and South Carolina, 118 ~ 122 for reactions to European sceptics, 54 ~ 65 for the Massachusetts establishment.

9. Arthur Herman, *The Scottish Enlightenment: The Scots' Invention of the Modern World*, London: Fourth Estate, 2001, especially 15 ~ 63 for the roots of Enlightenment.

10. Jonathan I. Israel, *Radical Enlightenment: Philosophy and the Making of Modernity 1650—1750*, Oxford: Oxford University Press, 2002, for Spinoza's influence, and Hugh Dunthorne, "The Dutch Republic: 'that

mother nation of liberty'" in Martin Fitzpatrick, Peter Jones, Christa Knellwolf & Ian McCalman (eds.), *The Enlightenment World*, London: Routledge, 2007, 87 ~ 103.

11. Geoffrey Brereton, *A Short History of French Literature*, Harmondsworth: Penguin, 1954, 202.

12. 关于里斯本大地震的叙述，可参考 Nicholas Shrady, *The Last Day: Wrath, Ruin and Reason in the Great Lisbon Earthquake of 1755*, New York: Viking, 2008。

4 启蒙运动的思想起源

1. John Henry, *Knowledge is Power: How Magic, the Government and an Apocalyptic Vision Inspired Francis Bacon to Create Modern Science*, Duxford: Icon Books, 2002.

2. 2005 年，英国皇家学会发起的民意调查显示，就对科学和人类做出的贡献而言，牛顿比爱因斯坦更胜一筹。*Newton Beats Einstein in Polls of Scientists and the Public*, Royal Society press release, November 23, 2005, http://royalsociety. org/news. asp?id=3880。

3. For a good dicussion of Bayle, see Richard H. Popkin, *The History of Scepticism From Savonarola to Bayle*, Revised and Expanded Edition, New York: Oxford University Press, 2003, 283 ~ 301, or "The high road to Pyrrhonism", in Richard H. Popkin, *The High Road to Pyrrhonism* (Richard A. Watson & James E. Force, eds.), Indianapolis: Hackett Publishing Company, 1993, 11 ~ 37, at 25 ~ 37.

5 哲学

1. Voltaire, "The ingenu", in *Candide and Other Stories*, Roger Pearson (trans.), Oxford: Oxford University Press, 1990, 203 ~ 274, at 272. "Micromégas", in *Candide and Other Stories*, 101 ~ 121.

2. David Hume, *A Treatise on Human Nature*, Oxford: Clarendon Press, 1978, 93 (I.III.VI).

3. John Locke, *An Essay Concerning Human Understanding*, II. i. 2.

4. Richard H. Popkin, "Randall and British empiricism", in Richard H. Popkin, *The High Road to Pyrrhonism* (Richard A. Watson & James E. Force, eds.), Indianapolis: Hackett Publishing Company, 1993, 39 ~ 53, at 52 ~ 53。在整篇文章里，作者就许多关于"英国经验主义者的传统"的假设提出了质疑，洛克、贝克莱和休谟在大部分思想史家眼里的关系，作者也将它拆分开来分析。

5. Hume, *A Treatise on Human Nature*, 180 (I. IV. I). For an account of Hume's scepticism and the reaction to it, see Richard H. Popkin, "Skepticism and anti-skepticism in the latter part of the eighteenth century", in Popkin, *The High Road to Pyrrhonism*, 55 ~ 77, and "David Hume: his Pyrrhonism and his critique of Pyrrhonism", *The High Road to Pyrrhonism*, 103 ~ 132.

6. Bertrand Russell, *A History of Western Philosophy*, London: George Allen & Unwin, 1946.

7. Henry F. May, *The Enlightenment in America*, New York: Oxford University Press, 1976, 62 ~ 65.

8. Darrin M. McMahon, “Pursuing an Enlightened gospel: happiness from deism to materialism to atheism”, in Martin Fitzpatrick, Peter Jones, Christa Knellwolf & Ian McCalman (eds.), *The Enlightenment World*, Abingdon: Routledge, 2007, 164 ~ 176.

9. Roy Porter, *Enlightenment: Britain and the Creation of the Modern World*, Allen Lane, London, 2000, 383 ~ 396.

10. E.g. Richard Layard, *Happiness: Lessons From a New Science*, London: Allen Lane, 2005.

11. Arthur Herman, *The Scottish Enlightenment: The Scots' Invention of the Modern World*, London: Fourth Estate, 2001, 63 ~ 81.

12. 导致此问题的其中一个原因也许是，在启蒙运动之前的若干年里，理性思维和爱在人们眼里是敌对关系。例子有很多，其中一个请参见让 – 巴蒂斯特・吕里（Jean-Baptiste Lully）的歌剧《阿尔米德》(*Armide*)，其中好几幕都呈现了理性与爱之间的对立，尤其是第四幕里丹尼什・奈特（Danish Knight）与乌瓦尔德（Ubalde）之间的二重奏，以及第五幕里阿尔米德与雷诺（Renaud）之间的二重奏。吕里是一位来自法国的名人，正适合作为路易十四最青睐的作曲家。

13. Porter, *Enlightenment*, 339 ~ 363.

14. May, *The Enlightenment in America*, 32 ~ 34, 74.

6 政治理论和革命之路

1. Benjamin J. Kaplan, *Divided By Faith: Religious Conflict and the Practice of*

Toleration in Early Modern Europe, Cambridge MA: Bellknap Press, 2007。作者在文中表示这个局面太清晰不过了，宽容和不宽容早在三十年战争前就已经共存，直到启蒙时期依然如此。他还全面地叙述了各个宗教团体采取什么样的方式去寻求共处的模式。他认为人们为了使实际行为合理化，而提出自由主义宽容理论是错误的，事实也的确如此。但是，难以置信的是，他也低估了思想可以改变行为的力量。

2. In the *Persian Letters*, letter 83.

3. Aristotle, *Politics*, III.7。每个类型的政府都有一个“好”的类型（君主政体、贵族统治或宪政）和一个“坏”的类型（暴政、寡头统治或民主制）。注意，亚里士多德将民主制度视为坏政府的类型。

4. Quotes and references from Merrill D. Peterson (ed.), *The Portable Thomas Jefferson*, Harmondsworth: Penguin, 1977. Letter to Roger C. Weightman, June 24, 1826, 584～585, “A summary view of the rights of British America”, 1～21, “The declaration of independence”, 236～241. The version in Peterson contrasts Jefferson's original text (available in Kramnick) with the amended version; this quote is taken from the amended version, but is very little altered from Jefferson's original.

5. Samuel Scheffler (ed.), *Consequentialism and its Critics*, Oxford: Oxford University Press,1988; Stephen Darwall (ed.), *Consequentialism*, Oxford: Blackwell Publishing, 2003. The former collects twentieth century papers, while the latter also includes primary sources from Bentham and John Stuart Mill.

6. 关于启蒙时期保守主义的文章，请参见 Jerry Z. Muller (ed.), *Conservatism:*

An Anthology of Social and Political Thought from David Hume to the Present, Princeton: Princeton University Press, 1997, 32 ~ 77. As well as the *Reflections*, Burke is quoted from the following pieces in Isaac Kramnick (ed.), *The Portable Edmund Burke*, New York: Penguin 1999: "Observations on a late publication entitled 'The present state of the nation'", 246 ~ 254; "Letter to William Burgh, Esq.", 534 ~ 536; "Vindication of natural society", 29 ~ 63 (for the Preface of the "Vindication", see Muller, *Conservatism*, 66 ~ 69); and "Speech on Mr Fox's East India Bill", 363 ~ 378。关于对 *Reflections* 的评论，请参见 Conor Cruise O'Brien, "Introduction" in Edmund Burke, *Reflections on the Revolution in France*, London: Penguin, 1968, 9 ~ 76, and Frances Ferguson, "Burke and the response to the Enlightenment", in Martin Fitzpatrick, Peter Jones, Christa Knellwolf & Ian McCalman (eds.), *The Enlightenment World*, Abingdon: Routledge, 2007, 610 ~ 620. For John Adams, see Henry F. May, *The Enlightenment in America*, New York: Oxford University Press, 1976, 279 ~ 283. For Johnson, see Nicholas Hudson, "The nature of Johnson's conservatism", *English Literary History*, 64(4), 1997, 925 ~ 943。从总体上观察带有怀疑色彩的保守主义哲学，请参见 Kieron O'Hara, *After Blair: Conservatism Beyond Thatcher*, Cambridge: Icon Books, 2005。

7. Albert Camus, *The Rebel*, Anthony Bower (trans.), Harmondsworth: Penguin, 1962, 85.

8. Jean-Jacques Rousseau, "The social contract", in *The Social Contract and Discourses*, G. D. H. Cole (trans.), London: J. M. Dent, 1973, 179 ~ 309, at 181 (Book I, Chapter 1)。据对该书的草稿进行审阅的匿名人士称，开头的

正确译文应为“人类以前生而自由”。而负责出版社版本的编辑认为，“这两种译法都符合卢梭的大意，即既是历史性的，又与道德相关”(349)。Later quotes in this section from “The social contract” Book I, Chapter 6, 7 and 8。

9. John Locke, *Two Treaties of Government*, London, J. M. Dent, 1924, II. 82, 156～157.

10. Edward Gibbon, *The Decline and Fall of the Roman Empire*, London: Everyman, 1910, first quote from vol. iv, 20, the second from vol. iv, 7 (both chapter 37)。书里有大量的例子表明作者将态度和风格的性别化从实际真实的性别中脱离出来。没有男子气概的男人是坏男人，而有男子气概的女人又是好女人。比如，第36章，吉本对勇敢的墨乔里安皇帝（Emperor Majorian）深表同情，因他无法找到足够多的“充满男子气概的”意大利青年组建“罗马”军队，因此，“他沦落到与懦弱的前任皇帝一样，采用不光彩的权宜之计，用野蛮人顶替了他那些不好战的臣民们”。第32章中，作者还离奇地攻击了阉人尤特罗匹斯（Eutropius），说“他的第一个人造性别居然敢承担起罗马地方法官和将军的角色”。另一方面，他在第35章中谈论皇帝瓦伦丁尼安（Valentinian）的姐姐霍诺利亚（Honoria）怀孕一事时，宛如生活在21世纪的人们，激烈地抨击了性别双重标准；而在第44章中，他又义正词严地批评了妇女在家庭法中受到的不公正对待。

11. Lucy Peltz, “‘A revolution in female manners’: women, politics and reputation in the late eighteenth century”, in Elizabeth Eger & Lucy Peltz (eds.), *Brilliant Women: Eighteenth-Century Bluestockings*, London: National Portrait Gallery Publications, 2008, 94～125.

12. Norman Hampson, *The Enlightenment: An Evaluation of its Assumptions, Attitudes and Values*, London: Penguin, 1968, 81.

13. Richard H. Popkin, "The philosophical bases of modern racism", in Richard H. Popkin, *The High Road to Pyrrhonism* (Richard A. Watson & James E. Force, eds.), Indianapolis: Hackett Publishing Company, 1993, 79～102, at 84～90. For Hume, see "Of national characters", in *Essays Moral, Political and Literary*, Indianapolis: Liberty Fund, 1985, 197～215, at n. 10, and "Of the populousness of ancient nations", in *Essays Moral, Political and Literary*, 377～464, at 383～386.

14. May, *The Enlightenment in America*, 70～71 and 99～100.

15. May, *The Enlightenment in America*, 95～101; John Duan, *Setting the People Free: The Story of Democracy*, London: Atlantic Books, 2005, 71～84.

16. Dunn, *Setting the People Free,* 102～111.

17. The pieces mentioned in this section are Burke, *Reflections*, 128, James Madison, Alexander Hamilton & John Jay, *The Federalist Papers*, London: Penguin, 1987, Joseph de Maistre, *Considerations on France*, Richard A. Lebrun (trans.), Cambridge: Cambridge University Press, 1994, first published in 1797 (see also the "Introduction" by Isaiah Berlin) and de Maistre, "Essay on the generative principle of political constitutions and of other human institutions", in Muller, *Conservatism*, 136～145. See also the introduction to this essay by Muller, at 134～136. The essay was first written in 1815. For a selection of passages from Burke, see Russell Kirk,

The Portable Conservative Reader, New York: Viking Penguin, 1982, 3 ~ 48.

18. Quotes from Thomas Paine, “The rights of man”, in *The Thomas Paine Reader*, London: Penguin, 1987, 201 ~ 364, at 20, and “Letter to George Washington”, in *The Thomas Paine Reader*, 490 ~ 502, at 502.

19. Cf. e.g. Peter Marshall, *Demanding the Impossible: A History of Anarchism*, London: Fontana, 1993, 191 ~ 219, Roy Porter, *Enlightenment: Britain and the Creation of the Modern World*, London: Allen Lane, 2000, 455 ~ 459.

20. May, *The Enlightenment in America*, 178 ~ 179, 192 ~ 292.

7 自然和科学

1. Roy Porter, *Enlightenment: Britain and the Creation of the Modern World*, London: Penguin, 2000, 295.

2. Jonathan I. Israel, *Enlightenment Contested: Philosophy, Modernity, and the Emancipation of Man 1670—1752*, Oxford: Oxford University Press, 2006, 6 ~ 7.

3. 关于导致《自然哲学的数学原理》推迟出版的那些幼稚言论，请参见 Colin A. Ronan, *The Cambridge Illustrated History of the World's Science*, Cambridge: Cambridge University Press, 1983, 347 ~ 348。显然，牛顿和胡克这类启蒙权威人士的出现，理性思维并非唯一动力。

4. See Steven Shapin, *A Social History of Truth: Civility and Science in Seventeenth-Century England*, Chicago: University of Chicago Press, 1994; Ronan, *The Cambridge Illustrated History of the World's Science*, 373 ~ 374;

Henry E. May, *The Enlightenment in America*, New York: Oxford University Press, 1976, 34; Luciano Boschiero, *Experiment and Natural Philosophy in Seventeenth-Century Tuscany*, Dordrecht: Springer, 2007.

5. B.J.T. Dobbs, *The Foundations of Newton's Alchemy, or the Hunting of the Greene Lyon*, Cambridge: Cambridge University Press, 1975。约瑟夫·普里斯特利是另一位研究过预言类书籍的启蒙科学家，但是在他那个时代，这种做法已经很罕见。See Porter, *Enlightenment*, 414。

6. May, *The Enlightenment in America*, 136, and 375n. 6.

7. William J. Baumol, *The Free-Market Innovation Machine: Analyzing the Growth Miracle of Capitalism*, Princeton: Princeton University Press, 2002, 20.

8. Adam Smith, *An Inquiry into the Nature and Causes of the Wealth of Nations*, Book One, XI, Part I.

9. Jenny Uglow, *The Lunar Men: Five Friends Whose Curiosity Changed the World*, London: Faber & Faber, 2002.

10. Cf. http://www.leonhard-euler.ch/ and Emil A. Fellman, Leonhard Euler, Basel: Birkhäuser-Verlag, 2007, or Carl B. Boyer, *A History of Mathematics*, Princeton: Princeton University Press, 1968, 481 ~ 507.

11. Immanuel Kant, *Lectures on Logic*, Cambridge: Cambridge University Press, 1992. This contains a number writings on logic; for the lectures published as *Logik* see 521 ~ 642.

8 宗教

1. 关于作者有效地借机抨击并粗略叙述基督教的不良影响，请参见 Edward Gibbon, *The Decline and Fall of the Roman Empire*, London: Everyman, 1910，尤其是 15、16、20、21 以及 28 章节。

2. David Hume, *An Enquiry Concerning Human Understanding*, Oxford: Oxford University Press, 2000, 83 ~ 99.

3. Gibbon, *The Decline and Fall of the Roman Empire*, vol. i, 433 ~ 434 (chapter 15).

4. James Boswell, *The Journal of a Tour to the Hebrides*, Edinburgh: Canongate Classics, 1996, 218。想要了解牧师运用理性思维的讽刺版，请参见亨利·菲尔丁的《约瑟夫·安德鲁》。书中，帕森·亚当斯运用理性思维去宽慰受难的约瑟夫，这段“故意编排的故事，是为了指导读者并提升他们的思维水平”。Henry Fielding, “Joseph Andrews”, in *Joseph Andrews* and *Shamela*, Oxford: Oxford University Press, 1999, 1 ~ 303, at 230 ~ 232 (Book II, Chapter XI)。

5. Henry F. May, *The Enlightenment in America*, New York: Oxford University Press, 1976, 42 ~ 65.

6. Jonathan I. Israel, *Radical Enlightenment: Philosophy and the Making of Modernity 1650—1750*, Oxford: Oxford University Press, 2001, 599 ~ 609.

7. Christopher McCammon, “Overcoming deism: hope incarnate in Kant’s rational religion”, in Chris L. Firestone & Stephen R. Palmquist (eds.), *Kant and the New Philosophy of Religion*, Bloomington, IN: Indiana University

Press, 2006, 79 ~ 89; Alan Wood, "Kant's deism", in Philip J. Rossi & Michael Wreen (eds.), *Kant's Philosophy of Religion Reconsidered*, Bloomington, IN: Indiana University Press, 1991, 1 ~ 21; Onora O'Neill, *Kant on Reason and Religion*, The Tanner Lectures on Human Values delivered at Harvard University, 1996, http://www.tannerlectures.utah.edu/lectures/documents/onei1197.pdf.

8. 想要了解此事件的更多内容以及伴随革命的过度宗教热忱，请参见 Michael Burleigh, *Earthly Powers*, London: Harper Collins, 2005, 67 ~ 111。关于艾伯特·卡默斯（Albert Camus）对卢梭社会契约论到恐怖统治入木三分的描述，请参见 *The Rebel* (Anthony Bower, trans.), Harmondsworth: Penguin, 1962, 82 ~ 102。有些名字依然能唤起人们对于这几个月的回忆：Vendémiaire, Brumaire, Frimaire, Nivôse, Pluviôse, Ventôse, Germinal, Floréal, Prairial, Messidor, Thermidor and Fructidor。

9 艺术

1. Cf. Leonard Krieger, *Kings and Philosophers 1689—1789*, New York: W. W. Norton & Company Inc, 1970, 147 ~ 150.

2. Susan Sloman, catalogue note in Karen Hearn (ed.), *Van Dyck and Britain*, London: Tate Publishing, 2009, 210.

3. For works mentioned in this section, see the following excerpts in Charles Harrison, Paul Wood & Jason Gaiger (eds.), *Art in Theory 1648—1815: An Anthology of Changing Ideas*, Malden MA: Blackwell Publishing, 2000; Jonathan Richardson, *Essay on the Theory of Painting and The Science*

of the Connoisseur, 326～334; Denis Diderot, "Art", 581～587, and also examples of his critical commentaries at 602～625; William Hogarth, *The Analysis of Beauty*, 491～501; Edmund Burke, *A Philosophical Inquiry into the Origin of our Ideas of the Sublime and the Beautiful*, 516～526; Joseph Addison, *On the Pleasures of the Imagination*, 382～388; and Gotthold Lessing, "Laocöon: an essay on the limits of painting and poetry", 477～486. Excerpts from Burke's *Enquiry* also appear in Kramnick.

4. Cf. e.g. Edmund Burke, "A letter to a noble lord", in Isaac Kramnick (ed.), *The Portable Edmund Burke*, New York: Penguin, 1999, 213～229, at 226.

5. 这部分内容请参见 Michael Levey, *From Rococo to Revolution: Major Trends in Eighteenth-Century Painting*, London: Thames & Hudson, 1966。关于华多，请参见 52 至 83 页，关于新古典主义，请参见 164 至 199 页。虽然这本书并没有谈论戈雅的作品，但利维在 200 至 234 页中探讨了戈雅与大卫作品之间的连续性。关于肖像画艺术，请参见 Malcolm Baker, "The portrait after the antique", in *Citizens and Kings: Portraits in the Age of Revolution 1760—1830*, London: Royal Academy of Arts, 2007, 210～225; Robert Rosenblum, "Portraiture: facts versus fiction", in *Citizens and Kings*, 14～24, at 22～24。关于荷兰的艺术，请参见 R.H. Fuchs, *Dutch Painting*, London: Thames & Hudson, 1978, 143～147。关于凡・戴克对英国艺术的影响，请参见 Susan Sloman, "Van Dyck's Continuing Influence", in *Van Dyck and Britain*, 205～208。For Hogarth, see David Bindman, *Hogarth*, London: Thames & Hudson, 1981; David Bindman, *Hogarth and His Times*, London: British Museum Press, 1997; *William Hogarth (1967—1764): The Artist and the City,* Manchester: Whitworth Art Gallery, 1997。关于幻想画，请参见 Martin

Postle, *Angels and Urchins: The Fancy Picture in Eighteenth-Century British Art*, London: Draig Publications, 1998. For Wright, see Jane Wallis, *Joseph Wright of Derby 1734—1797*, Derby: Derby Museum & Art Gallery, 1997。

6. This section is indebted to John Summerson, *The Architecture of the Eighteenth Century*, London: Thames & Hudson, 1986. For the episode of the Hôtel Dieu, 128 ~ 130. Kenneth Clark, *Civilisation*, London: Penguin, 1987, 157 ~ 158, links rococo architecture and Bach. See also Jeremy Bentham, "Panopticon", in Jeremy Bentham, *The Panopticon Writings*, London: Verso, 1995, 29 ~ 95.

7. Cynthia Verba, "Music and the Enlightenment", in Martin Fitzpatrick, Peter Jones, Christa Knellwolf & Ian McCalman (eds.), *The Enlightenment World*, Abingdon: Routledge, 2007, 307 ~ 322.

8. Robert W. Gutman, *Mozart: A Cultural Biography*, San Diego: Harcourt, 1999, 124 ~ 127.

9. Quoted in Geoffery Brereton, *A Short History of French Literature*, Harmondsworth: Penguin, 1954, 200.

10. See for example an interesting review in R.W. Harris, *Reason and Nature in Eighteenth Century Thought*, London: Blandford Press, 1968, 195 ~ 227.

11. 也就是粗糙的土布。

12. Ian Watt, *The Rise of the Novel: Studies in Defoe, Richardson and Fielding*, London: Pimlico, 2000.

13. Mentioned in Michael Foot, "Introduction", in Jonathan Swift, *Gulliver's*

Travels, Harmondsworth: Penguin, 1967, 7 ~ 29, at 10.

14. Watt, *The Rise of the Novel*, 15.

15. J. Hector St John de Crèvecoeur, *Letters From an American Farmer*, Oxford: Oxford University Press, 1997, 21 ~ 22.

16. Samuel Johnson, *A Journey to the Western Isles of Scotland*, Edinburgh: Canongate Classics, 1996, 67.

17. Gutman, Mozart, 318 ~ 331, quote from 329.

10 启蒙运动的遗产

1. Cf. Roy Porter, *Enlightenment: Britain and the Creation of the Modern World*, Allen Lane, London, 2000, 424 ~ 427, and John Gray, *Al Qaeda and What It Means To Be Modern*, London: Faber & Faber, 2003.

2. For the issues raised in this section, see Darrin M. McMahon, *Enemies of the Enlightenment: The French Counter-Enlightenment and the Making of Modernity*, New York: Oxford University Press, 2001. For the quote from More, see Porter, *Enlightenment*, 467. For Vico, see Isaiah Berlin, "The Counter-Enlightenment", in *Against the Current: Essays in the History of Ideas*, London: Pimlico, 1999, 1 ~ 25, at 4 ~ 6; "Vico's concept of knowledge", in *Against the Current*, 111 ~ 119; "Vico and the ideal of the Enlightenment", in *Against the Current*, 120 ~ 129. For Hamann, see Berlin, "The Counter-Enlightenment", 6 ~ 10. De Maistre is quoted in Isaiah Berlin, "Introduction" in Joseph de Maistre, *Considerations on France*, Cambridge: Cambridge University Press, 1994, xxviii-xxix. For middle class prudishness,

see Ben Wilson, *Decency and Disorder: The Age of Cant 1789—1837*, London: Faber & Faber, 2007.

3. Cf. Porter, *Enlightenment*, 461 ~ 463.

4. See Jürgen Habermas, *Knowledge and Human Interests*, Jeremy J. Shapiro (trans.), Cambridge: Polity Press, 1987。作者尤其在书中第 71 至 90 页探讨了实证主义。逻辑清晰的实证主义经典文章来自 A.J. Ayer, *Language, Truth and Logic*, London: Penguin, 2001。关于神经系统科学的重大发现，请参见 Chris Frith, *Making Up the Mind: How the Brain Creates Our Mental World*, Malden MA: Blackwell, 2007。关于社会工程学的内容，请参见 Rebeccan Lemov, *World as Laboratory: Experiments With Mice, Mazes and Men*, New York: Hill & Wang, 2005。

5. Karl, Marx, *The First International and After*, Harmondsworth: Penguin, 1974, 314, *The Revolutions of 1848*, Harmondsworth: Penguin, 87.

6. F.A. Hayek, *The Constitution of Liberty*, London: Routledge & Kegan Paul, 1960, 402 ~ 403.

7. For this section, the main reference is Theodor W. Adorno & Max Horkheimer, *Dialectic of Enlightenment*, John Cumming (trans.), London: Verso, 1997, quotes taken from xv-xvi and 86 ~ 118. Adorno and Horkheimer quote Kant from his *Observations on the Feeling of the Beautiful and Sublime*. See also Dan Hind, *The Threat to Reason: How the Enlightenment Was Hijacked and How We Can Reclaim It*, Cambridge: Verso, 2007。关于 Adorno 和 Horkheimer 有用的评论，请参见 Howard Williams, "An Enlightenment critique of the *Dialectic of Enlightenment*", in Martin Fitzpatrick, Peter

Jones, Christa Knellworlf & Ian McCalman (eds.), *The Enlightenment World*, Abingdon: Routledge, 2007, 635 ~ 647, and Lawrence E. Cahoone, *The Dilemma of Modernity: Philosophy, Culture and Anti-Culture*, Albany: State University of New York Press, 1988, 181 ~ 193。

8. Jonathan I. Israel, *Enlightenment Contested: Philosophy, Modernity, and the Emancipation of Man 1670—1752*, Oxford: Oxford University Press, 2006, 866. Quote in previous paragraph, 868.

9. Alisdair Macintyre, *After Virtue: A Study in Moral Theory*, London: Gerald Duckworth & Co Ltd, 1981; Bernard Williams, *Ethics and the Limits of Philosophy*, Cambridge MA: Harvard University Press, 1985; Annette C. Baier, *Moral Prejudices: Essays on Ethics*, Cambridge MA: Harvard University Press, 1994; *The Commons of the Mind*, Chicago: Open Court, 1997. For Hume, see "Of moral prejudices", in *Essays Moral, Political and Literary*, Revised Edition, Indianapolis: Liberty Fund, 1987, 538 ~ 544, and Baier's endorsement, *Moral Prejudices*, 51 ~ 94.

10. Jean-François Lyotard, *The Postmodern Condition: A Report on Knowledge*, Geoff Bennington & Brian Massumi (trans.), Manchester: Manchester University Press, 1984.

11. John Gray, *Enlightenment's Wake: Politics and Culture at the Close of the Modern Age*, London: Routledge, 1995, 145, and 4 ~ 5.

12. A.C. Grayling, *Towards the Light: The Story of the Struggle for Liberty and Rights That Made the Modern West*, London: Bloomsbury, 2007, and Israel, *Enlightenment Contested*, 806 ~ 808 and 869.

13. Richard Dawkins, *The God Delusion*, London: Bantam Press, 2006; Daniel C. Dennett, *Breaking the Spell: Religion as a Natural Phenomenon*, London: Allen Lane, 2006; Sam Harris, *The End of Faith: Religion, Terror, and the Future of Reason*, London: Free Press, 2005. For energised Islam, see Olivier Roy, *Globalized Islam: The Search for a New Ummah*, New York: Columbia University Press, 2004. For the quote from May, see Henry F. May, *The Enlightenment in America*, New York: Oxford University Press, 1976, 42.

14. For the quote from Adorno & Horkheimer, *Dialectic of Enlightment*, 81 ~ 82. For Wilberforce, Porter, *Enlightenment*, 469 ~ 470。关于威廉和米奇利在理性思维研讨会上的现身，请参见 *New Scientist*，该作品集可读性很高，包含来自 Noam Chomsky, Roger Penrose 和 A.C. Grayling 的作品。"Reason stands against values and morals", *New Scientist*, July 26, 2008, 44 ~ 45, and Mary Midgley, "Reason's just another faith", 50 ~ 51。关于卡普兰的历史视角，请参见 Benjamin J. Kaplan, *Divided By Faith: Religious Conflict and the Practice of Toleration in Early Modern Europe*, Cambridge MA: Bellknap Press, 2007, 358。关于伊斯兰教的简短争议，请参见 Ziauddin Sardar, "The erasure of Islam", *The Philosophers' Magazine*, 3rd quarter, 2008, 77 ~ 79。关于埃及的知识分子们，请参见 Alaa al Aswany, *The Yacoubian Building*, Humphrey Davies (trans.), London: HarperPerennial, 2007, 73. See also Thomas Paine, "The age of reason part one", in Michael Foot & Isaac Kramnick (eds.), *The Thomas Paine Reader*, London: Penguin, 1987, 399 ~ 451。关于博马舍的摘录，请参见 Kramnick 的作品。

15. Francis Fukuyama, *The End of History and the Last Man*, London: Penguin, 1992 (quote from 328). See also Samuel P. Huntington, *The Clash of Civilizations and the Remaking of the World Order*, London: Simon & Schuster UK, 1997, and Walter Russell Mead, *God and Gold: Britain, America and the Making of the Modern World*, London: Atlantic Books, 2007。关于态度和贸易发生的变化，请参见 Porter, *Enlightenment*, 384～385。

16. Daniel Kahneman & Amos Tversky, "Prospect theory: an analysis of decision under risk", *Econometrica*, 47, 1979, 263～291, and see Pete Lunn, *Basic Instincts: Human Nature and the New Economics*, London: Marshall Cavendish Business, 2008.

17. See Tim Berners-Lee (1999), *Weaving the Web: The Past, Present and Future of the World Wide Web by its Inventor*, London: Texere Publishing, and Tim Berners-Lee, Wendy Hall, James A. Hendler, Kieron O'Hara, Nigel Shadbolt & Daniel J. Weitzner, "A framework for Web Science", *Foundations and Trends in Web Sicence*, 1(1), 2006, 1～130, at 107～109, from which this section is adapted。关于后现代主义背景下对网络的抵抗，请参见 David Resnick, "Politics on the Internet: the normalization of cyberspace", in Chris Toulouse & Timothy W. Luke (eds.), *The Politics of Cyberspace*, New York: Routledge, 1998, 48～68, or William Dan Perdue, "The new totalitarianism: cyber-hegemony and the global system", *International Roundtable on the Challenges of Globalization*, http://i-p-o.org/perdue.htm, 1999。关于网络 2.0 的内容，请参见 Don Tapscott & Anthony D. Williams, *Wikinomics: How Mass Collaboration*

Changes Everything, London: Atlantic, 2007, and Charles Leadbeater, *We Think: Mass Innovation, Not Mass Production*, London: Profile, 2008。关于公平分配网络利益的问题，请参见 Kieron O'Hara & David Stevens, *inequality.com: Power, Poverty and the Digital Divide*, Oxford: Oneworld, 2006, and the *Report of the Working Group on Internet Governance*, http://www.wgig.org/docs/WGIGREPORT.pdf, 2005, (http: //www.wgig.org/ 上有多种语言和格式的版本)。关于隐私，请参见 Kieron O'Hara & Nigel Shadbolt, *The Spy in the Coffee Machine: The End of Privacy As We Know It*, Oxford: Oneworld, 2008。

首先我会介绍一些一手资料，然后会给大家罗列一个资料清单，以供阅读、观看和聆听。这些资料会按照本书的章节主题来分类，以便读者能就感兴趣的话题进行进一步研究。

一手资料

这些作品中，大部分都有多个版本。而之所以将以下版本而不是其他版本罗列出来，是因为我认为这些版本的介绍部分很有用，拓展阅读资料详尽，译文质量上乘，短篇作品集有价值，但这并不代表其他版本的就不能看了。最重要的是要去阅读启蒙思想家们用他们自己的语言创作的原作。

Robert J. Allen (ed.), *Addison and Steele: Selections From* The Tatler *and* The Spectator, 2nd edition, Fort Worth: Holt, Rinehart and Winston, 1970.

James Boswell, *The Life of Johnson*, Harmondsworth: Penguin, 1979.

Edmund Burke, *Reflections on the Revolution in France*,

London: Penguin, 1968.

Robert Burns, *Poetical Works of Robert Burns*, Edinburgh: Chambers, 1990.

George Crabbe, *Selected Poems*, London: Penguin, 1991.

J. Hector St John de Crèvecoeur, *Letters From an American Farmer*, Oxford: Oxford University Press, 1997.

Daniel Defoe, *Moll Flanders*, London: Penguin, 1989.

Daniel Defoe, *Robinson Crusoe*, London: Penguin, 1985.

Daniel Defoe, *A Tour Through the Whole Island of Great Britain*, London: Penguin, 1971.

Danis Diderot, *Jacques the Fatalist*, David Coward (trans.), Oxford: Oxford University Press, 1999.

Simon Eliot & Beverley Stern (eds.), *The Age of Enlightenment: An Anthology of Eighteenth-Century Texts*, 2 volumes, London: Ward Lock Educational, 1979.

Peter Fairclough (ed.), *Three Gothic Novels* (Walpole, *The Castle of Otranto*; Beckford, *Vathek*; M. Shelley, *Frankenstein*), London: Penguin, 1968.

Michael Foot & Isaac Kramnick (ed.), *The Thomas Paine Reader*, London: Penguin, 1987.

William Godwin, *Enquiry Concerning Political Justice*, London: Pelican, 1973.

Johann Wolfgang von Goethe, *Faust*, Walter Arndt (trans.), New York: W.W. Norton & Co Ltd, 1976.

Charles Harrison, Paul Wood & Jason Gaiger (eds.), *Art in Theory 1648—1815: An Anthology of Changing Ideas*, Malden MA: Blackwell Publishing, 2000.

David Hume, *Dialogues Concerning National Religion*, New York: Hafner, 1948.

David Hume, *An Enquiry Concerning Human Understanding*, Oxford: Oxford University Press, 2007.

David Hume, *Essays Moral, Political and Literary*, Indianapolis: Liberty Fund, 1985.

David Hume, *A Treatise on Human Nature*, Oxford: Clarendon Press, 1978.

Immanuel Kant, *The Critique of Pure Reason*, Norman Kemp Smith (trans.), Basingstoke: Macmillan, 1929.

Isaac Kramnick (ed.), *The Portable Edmund Burke*, New York: Penguin, 1999.

Isaac Kramnick (ed.), *The Portable Enlightenment Reader*, New York: Penguin, 1995.

John Locke, *Two Treaties of Government*, London, J.M. Dent, 1924.

James Madison, Alexander Hamilton & John Jay, *The Federalist Papers*, London: Penguin, 1987.

Joseph de Maistre, *Considerations on France*, Richard A. Lebrun (trans.),

Cambridge: Cambridge University Press, 1994.

Montesquieu, *Persian Letters*, C.J. Betts (trans.), London: Penguin, 2004.

Montesquieu, *The Spirit of the Laws*, Anne M. Cohler, Basia C. Miller & Harold S. Stone (trans.), Cambridge: Cambridge University Press, 1989.

Merrill D. Peterson (ed.), *The Portable Thomas Jefferson*, Harmondsworth: Penguin, 1977.

Alexander Pope, *Selected Poetry*, Oxford: Oxford University Press, 1994.

Maximilien Robespierre, *Virtue and Terror* (John Howe trans.), London: Verso, 2007, also called *Slavoj Žižek Presents Robespierre: Virtue and Terror*.

Jean-Jacques Rousseau, *The Social Contract and Discourses*, G.D.H. Cole(trans.), London: J.M. Dent, 1973.

Adam Smith, *The Wealth of Nations Books I-III*, London: Penguin, 1999.

Adam Smith, *The Wealth of Nations Books IV-V*, London: Penguin, 1999.

Laurence Sterne, *Tristram Shandy*, London: J.M. Dent, 1912.

Jonathan Swift, *Gulliver's Travels*, Harmondsworth: Penguin, 1967.

Voltaire, *Candide and Other Stories*, Roger Pearson (trans.), Oxford: Oxford University Press, 1990。虽然市面上还有更好的译本，但是这版可谓是伏尔泰的最佳中篇小说集。

Voltaire, *Letters on England*, Leonard Tancock (trans.), London: Penguin, 2005.

Voltaire, *Philosophical Dictionary*, Theodore Besterman (trans.), Harmondsworth: Penguin, 1971.

Mary Wollstonecraft, *A Vindication of the Rights of Men*; *A Vindication of the Rights of Women*; *An Historical and Moral View of the French Revolution*, Oxford: Oxford University Press, 1993.

7 启蒙运动的 6 大主题

From Isaac Kramnick (ed.), *The Portable Enlightenment Reader*, New York: Penguin, 1995: Kant, "What is Enlightenment?" D'Alembert, "The human mind emerged from barbarism." Diderot, "*Encyclopédie*." Condorcet, "The future progress of the human mind." Bayle, "On superstition and tolerance." Locke, "A letter concerning toleration." In general, see the selections from pp. lx-xxvi and 1 ~ 38.

Kenneth Clark, *Civilisation*, Harmondsworth: Penguin, 1982.

Robert Darnton, *The Forbidden Best-Sellers of Pre-Revolutionary France*, New York: W.W. Norton & Company, 1996.

Martin Fitzpatrick, Peter Jones, Christa Knellwolf & Ian McCalman (eds.), *The Enlightenment World*, Abingdon: Routledge, 2007, chapters 11, 17, 21, 22, 23 & 33.

Jürgen Habermas, *The Structural Transformation of the Public Sphere*, Thomas Burger & Frederick Lawrence (trans.), Cambridge: Polity Press, 1989.

Jonathan I. Israel, *Radical Enlightenment: Philosophy and the Making of Modernity 1650—1750*, Oxford: Oxford University Press, 2002.

Haydn Mason (ed.), The Darnton Debate: Books and Revolution in the Eighteenth Century, Oxford: The Voltaire Foundation, 1998.

Civilisation: A Personal View by Lord Clark: The Complete Series, BBC DVD, 2 Entertain Video。关于启蒙运动，请观看第 9 集和第 10 集。

2 启蒙运动的时间进程

Tim Blanning, *The Pursuit of Glory: Europe 1648—1789*, London: Allen Lane, 2007.

Norman Hampson, *The Enlightenment: An Evaluation of its Assumptions, Attitudes and Values*, London: Penguin, 1968.

Civilisation: A Personal View by Lord Clark: The Complete Series, BBC DVD, 2 Entertain Video。关于 17 世纪的先驱们，请观看第 8 集。

3 启蒙运动的地域发展

Martin Fitzpatrick, Peter Jones, Christa Knellwolf & Ian McCalman (eds.), *The Enlightenment World*, Abingdon: Routledge, 2007, chapters 6, 7, 8, 9 & 24.

Arthur Herman, *The Scottish Enlightenment: The Scots' Invention of the Modern World*, London: Fourth Estate, 2001.

Gertrude Himmelfarb, *The Roads to Modernity: The British, French and American Enlightenments*, London: Vintage, 2008.

Henry E. May, *The Enlightenment in America*, New York: Oxford University Press, 1976.

Roy Porter, *Enlightenment: Britain and the Creation of the Modern World*, Allen Lane, London, 2000.

Nicholas Shrady, *The Last Day: Wrath, Ruin and Reason in the Great Lisbon Earthquake of 1755*, New York: Viking, 2008.

E. N. Williams, *The Ancien Régime in Europe: Government and Society in the Major States 1648—1789*, Harmondsworth: Penguin, 1970.

4 启蒙运动的思想起源

From Kramnick: D' Alembert, "The human mind emerged from barbarism".

Gregory S. Kavka, *Hobbesian Moral and Political Theory*, Princeton: Princeton University Press, 1986.

Steve Pincus, *1688: The First Modern Revolution*. New Haven: Yale University Press, 2009.

Bernard Williams, *Descartes: The Project of Pure Enquiry*, London: Penguin, 1978.

5 哲学

From Kramnick: Rousseau, "Children and civic education." See the selections from pp. 181 ~ 242.

Martin Fitzpatrick, Peter Jones, Christa Knellwolf & Ian McCalman (eds.), *The Enlightenment World*, Abingdon: Routledge, 2007, chapters 2, 4, 10, 12 & 14.

6 政治理论和革命之路

From Kramnick: Kant, “What is Enlightenment?” Condorcet, “The future progress of the human mind.” Bacon, “The new science.” Lock, “A letter concerning toleration.” Shaftesbury, “On enthusiasm.” “The American declaration of independence.” Frederick the Great, “Benevolent despotism.” “The declaration of the rights of man and the citizen.” Kant, “The difference between the races.” Encyclopaedia Britannica, “Negro.” See the selections on pp. 351 ~ 670.

Maurice Cranston, *Philosophers and Pamphleteers: Political Theorists of the Enlightenment*, Oxford: Oxford University Press, 1986.

William Doyle, *The French Revolution: A Very Short Introduction*, Oxford: Oxford University Press, 2001.

John Dunn, *Setting the People Free: The Story of Democracy*, London: Atlantic Books, 2005.

Martin Fitzpatrick, Peter Jones, Christa Knellwolf & Ian McCalman (eds.), *The Enlightenment World*, Abingdon: Routledge, 2007, chapters 5, 16, 25, 26, 27, 28, 29, 30, 35 & 36.

Jonathan I. Israel, *Enlightenment Contested: Philosophy, Modernity, and the Emancipation of Man 1670—1752*, Oxford: Oxford University Press, 2006.

Paul A. Rahe, *Republics Ancient and Modern Volume III: Inventions of Prudence: Constituting the American Regime*, Chapel Hill: University of North Carolina Press, 1994.

Simon Schama, *Citizens: A Chronicle of the French Revolution*, London: Penguin, 2004.

Hugh Thomas, *The Slave Trade: History of the Atlantic Slave Trade 1440—1870*, New York: Simon & Schuster, 1997.

7 自然和科学

From Kramnick: see the selections on pp. 39 ~ 74.

Carl B. Boyer, *A History of Mathematics*, New York: John Wiley & Sons, 1968, 367 ~ 543.

Martin Fitzpatrick, Peter Jones, Christa Knellwolf & Ian McCalman (eds.), *The Enlightenment World*, Abingdon: Routledge, 2007, chapters 1 & 5.

James Gleick, *Isaac Newton*, London: Harper Perennial, 2004.

John Gribbin, *Science: A History*, London: Penguin, 2003.

William Kneale & Martha Kneale, *The Development of Logic*, Oxford: Clarendon Press, 1984, 320 ~ 350.

John Losee, *A Historical Introduction to the Philosophy of Science*, 4th edition, Oxford: Oxford University Press, 2001, 46 ~ 102.

Colin A. Ronan, *The Cambridge Illustrated History of the World's Science*, Cambridge: Cambridge University Press, 334 ~ 418.

8 宗教

From Kramnick: Shaftesbury, "On enthusiasm." Newton, "The argument for a deity" See the selections on pp. 75 ~ 180.

Derek Beales, *Prosperity and Plunder: European Catholic Monasteries in the Age of Revolution 1650—1815*, Cambridge: Cambridge University Press, 2003.

Owen Chadwick, *The Popes and European Revolution*, Oxford: Oxford University Press, 1980.

Martin Fitzpatrick, Peter Jones, Christa Knellwolf & Ian McCalman (eds.), *The Enlightenment World*, Abingdon: Routledge, 2007, chapter 3.

John McManners, *Church and Society in Eighteenth-Century France* Volume 2: *The Religion of the People and the Politics of Religion*, Oxford: Oxford University Press, 1998.

Jeffery R. Wigelsworth, *Deism in Enlightenment England: Theology, Politics and Newtonian Public Science*, Manchester: Manchester University Press, 2009.

9 艺术

From Kramnick: Beaumarchais, *Le Mariage de Figaro*. Mozart, The Magic Flute. Burke, "The sublime." See selections from pp. 314 ~ 350.

Martin Fitzpatrick, Peter Jones, Christa Knellwolf & Ian McCalman (eds.), *The Enlightenment World*, Abingdon: Routledge, 2007, chapters 18, 19 & 20.

Boris Ford (ed.), *The New Pelican Guide to English Literature* Vol. 4: *From*

Dryden to Johnson, Harmondsworth: Penguin, 1982.

Robert W. Gutman, *Mozart: A Cultural Biography*, San Diego: Harcourt, 1999.

Michael Levey, *From Rococo to Revolution: Major Trends in Eighteenth-Century Paining*, London: Thames & Hudson, 1966.

Susan Manning, "Literature and society in colonial America", in Boris Ford (ed.), *The New Pelican Guide to English Literature Vol. 9: American Literature*, London: Penguin, 1988, 3 ~ 26.

John Summerson, *The Architecture of the Eighteenth Century,* London: Thames & Hudson, 1986.

Christoph Wolff, *Johann Sebastian Bach: The Learned Musician*, Oxford: Oxford University Press, 2001.

建筑

我在这里只罗列启蒙运动时期众多伟大建筑作品中的一小部分，供大家作为在欧洲大陆和英国参观的参考。只要参观了任何一处，更别说参观全部，就会让你对启蒙运动时期的世界有一个更全面的了解。奢华的宫殿和富丽堂皇的住所多不胜数：

Blenheim Palace (Oxfordshire, UK) built by John Vanbrugh (c1664—1726) for Lord Marlborough;

The Sanssouci Palace and other buildings built in Potsdam by George von Knobelsdorff (1699—1753) for Frederick II;

The Imperial Palace of Schönbrunn, near Vienna, built by Fischer von Erlach (1656—1723) for Emperor Leopold I;

The Royal Palace of Stockholm, built by Nicodemus Tessin the Younger (1654—1728) for Charles XII（这是它在这个地址上的第二所宫殿，第一所在刚完工不久就被烧毁了）；

The Grand Peterhof Palace, Peterhof Palace Chapels, Smolny Convent, Vorontsov Palace and the Winter Palace by Bartolomeo Rastrelli for Tsar Peter the Great and his successor Elisabeth in St Petersburg.

整个欧洲还有很多宏伟的小教堂、大教堂和大修道院：

The Karlskirche in Vienna;

St Sulpice and Ste Geneviève, now the Panthéon in Paris;

St Mary le Strand, St John's, Smith Square and St Martin in the Fields in London;

Banz Abbey (now Banz Castle) in Bavaria, Germany;

Melk Abbey in Austria.

文中提到的新古典主义风格的建筑，可以考虑参观：

The Palace of Versailles, the extension by Jacques-Ange Gabriel (sometimes called Ange-Jacques Gabriel, 1698—1782), and the same architect's Château of the Petit Trianon;

The Rotonde de la Villette, Place de Stalingrad, Paris, by Claude-Nicolas Ledoux (1736—1806), originally part of the city wall of Paris;

Chiswick House and gardens, by Lord Burlington;

Monticello, the University of Virginia and the Virginia State Capitol by Thomas Jefferson.

绘画

有很多美术馆里都藏有启蒙时期的珍贵作品，其中最突出的请见以下列表。但是，美术馆会轮换作品的展出时间，所以不是所有作品都可以随时看到。

The Louvre, Paris. Boucher: *Mme de Pompadour, Odalisque*. David: *The Death of Marat* (copy from David's studio-the original is in the Royal Museum of Fine Ars, Brussels), *The Oath of the Horatii, The Lictors Being the Body of Brutus to His Sons*. Tiepolo: *Virgin and Child*. Watteau: *Departure from the Island of Cythera, Pierrot*.

The Frick Collection, New York。尤其可以看看弗拉戈纳尔（Fragonard）的房间，来自《爱的进程》（*The Progress of Love*）里的四大张帆布图与现代的瓷器、家具、雕塑和配件相得益彰。在布歇的房间，他的作品《艺术与科学》得到展出。该博物馆里还包括布歇的《四季》（*The Four Seasons*）和雷诺兹、庚斯博罗、荷加斯的作品。

The Metropolitan Museum of Art, New York. David: *The Death of Socrates*. Fragonard: *The Stolen Kiss*. Fuseli: *The Night-Hag Visiting Lapland Witches*. Tiepolo: *The Glorification of the Barbaro Family*. Watteau: Mezzetin.

The Derby Museum and Art Gallery。该馆是约瑟夫·赖特作品的最大收藏馆。

The National Gallery, London. Boucher: *Pan and Syrinx*. Gainsborough: *Mr and Mrs Andrews*. Hogarth: *Marriage-à-la-Mode* (1—6). Stubbs: *Whistlejacket*. Tiepolo: *An Allegory With Venus and Time*. Wright: *An Experiment on a Bird in an Air Pump*.

The National Portrait Gallery, London.

Sir John Soane's Museum, London。该馆尤其藏有荷加斯的出色作品。

The Wallace Collection, London。藏有包含布歇、华多、庚斯博罗等画家的作品。

The Scottish National Gallery, Edingurgh。藏有启蒙运动时期英格兰和苏格兰艺术家的作品。

The National Museum of Western Art, Tokyo. See *the Apotheosis of Admiral Vettor Pisani* by Giovanni Battista Tiepolo and the splendidly icy *Madonna and Child with Three Saints* by his son Giovanni Domenico Tiepolo, as well as works by Fuseli, Fragonard and Boucher。馆内还有一些杰出的作品来自知名度略低的艺术家们。

Gallerie dell'Accademia, Venice。藏有威尼斯艺术家们的作品。

音乐

C.P.E Bach, *Die Auferstehung and Himmelfahrt Jesu* (*The Resurrection and Ascension of Jesus*), H777, Sigiswald Kuijken, Hyperion, CDA67364.

C.P.E Bach, J.C.F. Bach & J.C Bach, *Sonatas and Fantasies/Chamber Music*, Andreas Staier, Deutsche Harmonia Mundi, 82876 67374 2.

J.S. Bach, *Christmas Oratorio*, John Eliot Gardiner, Archiv, 423 232-2.

J.S. Bach, *Mass in B Minor*, John Eliot Gardiner, Archiv, 415 514-2.

J.S. Bach, *Matthäus-Passion* (*St Matthew Passion*), Nikolaus Harnoncourt, Teldec, 8573-81036-2.

J.S. Bach, *St John Passion*, John Eliot Gardiner, Archiv, 419 324-2.

C.W. Gluck, *Orfeo ed Eurydice (Orpheus and Eurydice)*, René Jacobs, Harmonia Mundi, HMC 901742. 43.

G.F. Handel, *Giulio Cesare*, René Jacobs, Harmonia Mundi, HMC 901385.87.

G.F. Handel, *Israel in Egypt*, Andrew Parrott, Virgin Veritas, 7243 561350 2 4.

G.F. Handel, *Orchestrak Works*, Trevor Pinnock, Archiv, 423 139-2.

J. Haydn, *The Seasons*, René Jacobs, Harmonia Mundi, HMX 296 1829. 30.

J. Haydn, *The Paris Symphonies 82-87*, Sigiswald Kuijken, Virgin Veritas, 7243 5 61659 2 2.

J. Haydn, *String Quartets Vols. 1 and 2*, The Lindsays, ASV, CD QS 6144 & CD QS 6145.

W.A. Mozart, *Le Nozze di Figaro (The Marriage of Figaro)*, Vittorio Gui, EMI Classics, 7243 5 73845 2 0. For the libretto (not included) see *The Marriage of Figaro* (English National Opera Guide 17), London: Calder Publications, 1983.

W.A. Mozart, *Piano Concertos Nos. 17 and 21*, Maria João Pired & Claudio Abbado, Deutsche Grammophon, 429 941-2.

W.A. Mozart, *Symphonies 25, 29 38 and 40*, Benjamin Britten, Decca, 444 323-2.

W.A. Mozart, *Die Zauberflote (The Magic Flute)*, Karl Bőhm, Deutsche Grammophon, 449 749-2.

10 启蒙运动的遗产

From Kramnick: Kant, "What is Enlightenment?" Diderot, "Encyclopédie". Beaumarchais, *Le Mariage de Figaro*.

Theodor W. Adorno & Max Horkheimer, *Dialectic of Enlightenment*, John Cumming (trans.), London: Verso, 1997.

Isaiah Berlin, "The Counter-Enlightenment", in *Against the Current: Essays in the History of Ideas*, London: Pimlico, 1999, 1 ~ 25.

Andrew Collier, *Marx*, Oneworld: Oxford, 2004.

Richard Dawkins, *The God Delusion*, London: Bantam Press, 2006.

Martin Fitzpatrick, Peter Jones, Christa Knellwolf & Ian McCalman (eds.), *The Enlightenment World*, Abingdon: Routledge, 2007, chapters 37, 38 & 39.

Francis Fukuyama, *The End of History and the Last Man*, London: Penguin, 1992.

John Gray, *Enlightenment's Wake: Politics and Culture at the Close of the*

Modern Age, London: Routledge, 1995.

F. A. Hayek, *The Constitution of Liberty*, London: Routledge & Kegan Paul, 1960.

Dan Hind, *The Threat to Reason: How the Enlightenment Was Hijacked and How We Can Reclaim It*, Cambridge: Verso, 2007.

R. J. Hollingdale (ed.), *A Nietzsche Reader*, Harmondsworth: Penguin, 1977.

Eugene Kamenka (ed.), *The Portable Karl Marx*, New York: Viking Penguin, 1983.

Darrin M. McMahon, *Enemies of the Enlightenment: The French Counter-Enlightenment and the Making of Modernity*, New York: Oxford University Press, 2001.

John Stuart Mill, *On Liberty and Other Essays*, Oxford: Oxford University Press, 2001.

John Rawls, *A Theory of Justice*, Oxford: Oxford University Press, 1972.

Civilisation: A Personal View by Lord Clark: The Complete Series, BBC DVD, 2 Entertain Video。关于启蒙时代到浪漫主义时代的过渡，请观看第 11 集。

译者后记

在承接翻译任务前，我对启蒙运动只是一知半解。所以，整个翻译过程，于我而言，也是学习的过程。我必须紧跟作者的文字和思路，不遗余力地辨识、思考、理解和成文，最后才能如期完成任务。

哲学、政治、科学、宗教、艺术……启蒙运动可谓包罗万象，所以将这场声势浩大的运动讲解清楚，绝非易事。本书作者非常巧妙地将这幅拼图拆解开来，并贴心地交给读者一个放大镜，一步步地带领他们将这幅拼图拼凑完整。为了给读者化解晦涩难懂的知识点，作者可谓煞费苦心。旁征博引，深入浅出，其抽丝剥茧之高超，光凭我在这里的三言两语，是无法诠释的，全得倚赖您自己一页一页去领会啦。但我肯定，阅读本书时，你一定会有豁然开朗、醍醐灌顶的感觉。

身为西方思想史上 3 大思想解放运动之一，启蒙运动距今已有 300 多年，它对我们现代人有什么启示呢？我想我们这个时代，仍然急切需要一种启蒙精神——用理性之光驱散黑暗，引领人们走向光明。所谓黑暗，现代社会乱象丛生，缺乏理性思维，缺少科学精神，缺少宽容的态度，人们容易轻信、盲信，甚至在毫无根据的情况下，大放厥词、散布谣言，给诸多社会问题提供了滋生蔓延的土壤，这无疑会阻碍社会实现真正意义上的现代化。所谓光明，以充分的证据和逻辑推理去怀疑、去求证、去探索真理。而这束光芒正是源自启蒙运动，翻开这本书，你便能感受到被启蒙精神环绕的微光。

最后，我要感谢在我抓耳挠腮、百思不得其解时，伸出援手的金泓和李婷燕，有你们为我答疑解惑，我才得以顺利完成本书的翻译工作。感谢翻译工作各个阶段，所有参与其中的工作人员。感谢你们的群策群力，这本书才可以成功出版，作为翻译专业出身的我，也了却了一个心愿。

牛靖懿
2018 年 7 月 18 日于重庆

未来，属于终身学习者

我这辈子遇到的聪明人（来自各行各业的聪明人）没有不每天阅读的——没有，一个都没有。巴菲特读书之多，我读书之多，可能会让你感到吃惊。孩子们都笑话我。他们觉得我是一本长了两条腿的书。

——查理·芒格

互联网改变了信息连接的方式；指数型技术在迅速颠覆着现有的商业世界；人工智能已经开始抢占人类的工作岗位……

未来，到底需要什么样的人才？

改变命运唯一的策略是你要变成终身学习者。未来世界将不再需要单一的技能型人才，而是需要具备完善的知识结构、极强逻辑思考力和高感知力的复合型人才。优秀的人往往通过阅读建立足够强大的抽象思维能力，获得异于众人的思考和整合能力。未来，将属于终身学习者！而阅读必定和终身学习形影不离。

很多人读书，追求的是干货，寻求的是立刻行之有效的解决方案。其实这是一种留在舒适区的阅读方法。在这个充满不确定性的年代，答案不会简单地出现在书里，因为生活根本就没有标准确切的答案，你也不能期望过去的经验能解决未来的问题。

湛庐阅读APP：与最聪明的人共同进化

有人常常把成本支出的焦点放在书价上，把读完一本书当作阅读的终结。其实不然。

时间是读者付出的最大阅读成本
怎么读是读者面临的最大阅读障碍
“读书破万卷”不仅仅在“万”，更重要的是在“破”！

现在，我们构建了全新的“湛庐阅读”APP。它将成为你“破万卷”的新居所。在这里：

- 不用考虑读什么，你可以便捷找到纸书、有声书和各种声音产品；
- 你可以学会怎么读，你将发现集泛读、通读、精读于一体的阅读解决方案；
- 你会与作者、译者、专家、推荐人和阅读教练相遇，他们是优质思想的发源地；
- 你会与优秀的读者和终身学习者为伍，他们对阅读和学习有着持久的热情和源源不绝的内驱力。

从单一到复合，从知道到精通，从理解到创造，湛庐希望建立一个“与最聪明的人共同进化”的社区，成为人类先进思想交汇的聚集地，与你共同迎接未来。

与此同时，我们希望能够重新定义你的学习场景，让你随时随地收获有内容、有价值的思想，通过阅读实现终身学习。这是我们的使命和价值。

湛庐阅读APP玩转指南

湛庐阅读APP结构图:

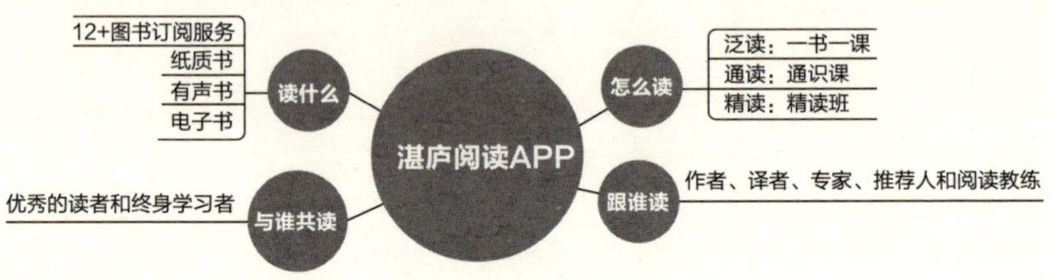

三步玩转湛庐阅读APP:

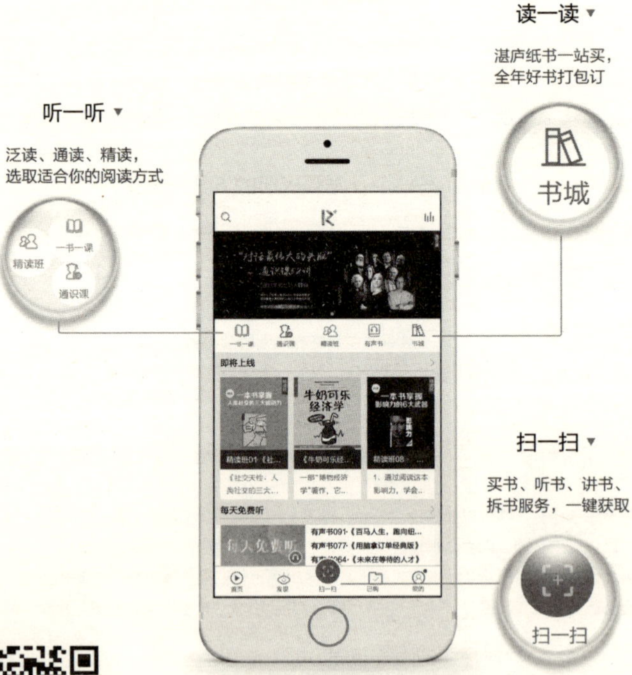

读一读 ▼

湛庐纸书一站买，
全年好书打包订

听一听 ▼

泛读、通读、精读，
选取适合你的阅读方式

书城

精读班 一书一课 通识课

扫一扫 ▼

买书、听书、讲书、
拆书服务，一键获取

扫一扫

APP获取方式：

安卓用户前往各大应用市场、苹果用户前往APP Store
直接下载“湛庐阅读”APP，与最聪明的人共同进化！

使用APP扫一扫功能，遇见书里书外更大的世界！

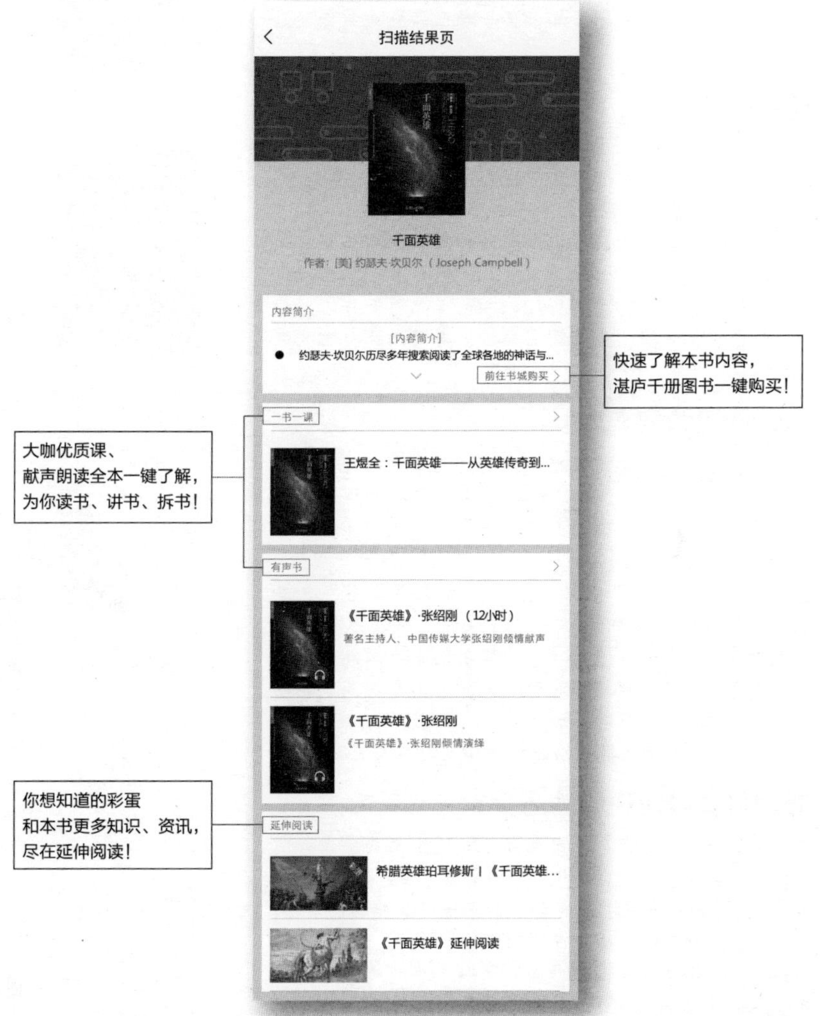

湛庐CHEERS

延伸阅读

《苏富比的早餐》

◎ 苏富比拍卖行资深董事，印象派与现代艺术部高级总监菲利普·胡克，揭示了艺术品与金钱之间复杂且微妙的关系，用全新的视角窗口，展现了一个不一样的艺术世界。

◎《苏富比的早餐》荣获《星期日泰晤士报》《旁观者》《金融时报》《卫报》《星期日邮报》等媒体评选的“年度最佳图书”之一。

《千面英雄》

◎ 20 世纪神话学大师、拯救人类心灵的哲学家与心理学家、西方流行文化的一代宗师约瑟夫·坎贝尔奠基之作，乔治·卢卡斯《星球大战》灵感之源。

◎ 华南师范大学心理学教授、心理分析师申荷永，复旦大学中文系教授严锋，硕石互动 CEO 吴刚，“十分心理”创始人王珲，“新精英”创始人古典，《三体》作者刘慈欣，知名作家苗炜，童话作家粲然，美国总统奥巴马联袂推荐。

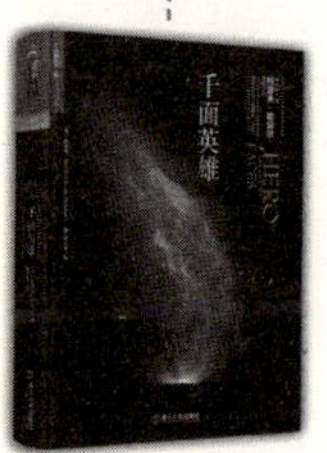

《宇宙：从起源到未来》

◎ 宇宙为何是今日之貌，又将迎来怎样的黄金时代？作为 Edge 系列之一，本书着重关注宇宙和宇宙学的种种问题，以及大众感兴趣的诸如宇宙大爆炸、循环宇宙、额外维度、多重宇宙等话题。

◎ “宇宙暴胀理论之父”阿兰·古斯、“弦理论之父”伦纳德·萨斯坎德、“永恒混沌暴胀理论之父”安德烈·林德、诺贝尔物理学奖获得者弗兰克·维尔切克、国际权威的额外维度物理学大师丽莎·兰道尔、加拿大圆周理论物理研究所创始人之一李·斯莫林、数学大师贝努瓦·曼德尔布罗特……各路大咖联袂解析宇宙的过去与未来！

《世界因何美妙而优雅地运行》

◎ 本书编者约翰·布罗克曼召集了 146 位知名科学家和思想家来回答这个“大问题”，直达物理宇宙、生命科学、人工智能、网络趋势、认知神经和心理学等领域的前沿，让你与伟大的头脑保持同步运转！

◎ 这本书将带你认识这些思想家，看他们在思考什么样的问题，从而开启你的脑力激荡。他们都是各个领域的“科学明星”，包括进化生物学家理查德·道金斯、语言学家史蒂芬·平克、生物地理学家贾雷德·戴蒙德、互联网思想家凯文·凯利、社会网络学家克莱·舍基等。

图书在版编目（CIP）数据

人人都该懂的启蒙运动 /（英）吉隆·奥哈拉著；牛靖懿译 . — 杭州：浙江人民出版社，2018.12

书名原文：The Enlightenment: A Beginner's Guide

ISBN 978-7-213-08967-1

Ⅰ. ①人…　Ⅱ. ①吉… ②牛…　Ⅲ. ①启蒙运动—通俗读物　Ⅳ. ① B504-49

中国版本图书馆 CIP 数据核字（2018）第 235960 号

浙江省版权局
著作权合同登记章
图字: 11-2018-400 号

上架指导：哲学通俗读物

人人都该懂的启蒙运动

[英] 吉隆·奥哈拉　著
牛靖懿　译

出版发行：浙江人民出版社（杭州体育场路 347 号　邮编　310006）
市场部电话：（0571）85061682　85176516
集团网址：浙江出版联合集团　http://www.zjcb.com
责任编辑：方　程
责任校对：戴文英
印　　刷：天津中印联印务有限公司
开　　本：147mm ×210mm　1/32　　印　　张：10.375
字　　数：220 千字
版　　次：2018 年 12 月第 1 版　　印　　次：2018 年 12 月第 1 次印刷
书　　号：ISBN 978-7-213-08967-1
定　　价：69.90 元